AF453020

# Catalogue Général

## 1912-1913

LIBRAIRIE
## GARNIER FRÈRES
6, rue des Saints-Pères
PARIS

# DIVISION DU CATALOGUE

# CATALOGUE GÉNÉRAL

## DE LA

# LIBRAIRIE GARNIER FRÈRES

## DICTIONNAIRES FRANÇAIS

**Nouveau Dictionnaire National** ou DICTIONNAIRE UNIVERSEL DE LA LANGUE FRANÇAISE. — Répertoire encyclopédique des *Lettres*, de l'*Histoire*, de la *Géographie*, des *Sciences*, des *Arts* et de l'*Industrie*, par BESCHERELLE AINÉ.

CONTENANT :

La *nomenclature* la plus riche et la plus étendue que l'on puisse trouver dans aucun dictionnaire;
L'*étymologie* de tous les mots de la langue d'après les recherches les plus récentes;
La *prononciation* de tous les mots qui offrent quelque difficulté sous ce rapport;
L'*examen* critique et raisonné des principaux dictionnaires;
La *solution* de toutes les difficultés d'orthographe, de grammaire et de style, appuyée sur l'autorité des auteurs les plus estimés;
La *biographie* des personnages les plus remarquables de tous les pays et de tous les temps;
Les *noms* de tous les peuples anciens et modernes, de tous les souverains, des institutions publiques, des ordres monastiques ou militaires, des sectes religieuses, politiques, philosophiques; les grands événements historiques, sièges, batailles, etc. ;
La *géographie* ancienne et moderne, physique et politique.

Broché ............. **100 fr.**
Relié demi-chagrin, plats toile, tranches jaspées............ **120 fr.**

4 volumes in-4º illustrés, contenant 4.064 pages ou 16.256 colonnes, représentant la matière de 400 volumes in-8º.

*(Honoré d'une souscription du Ministère de l'Instruction publique.)*

---

**Dictionnaire classique de la Langue Française** par BESCHERELLE AINÉ.

COMPRENANT :

Les mots du Dictionnaire de l'Académie et un très grand nombre d'autres autorisés par l'emploi qu'en ont fait les bons écrivains : leurs acceptions propres et figurées et l'indication de leur emploi dans les différents genres de styles : les termes usités dans les sciences, les arts, les manufactures ou tirés des langues étrangères ; la prononciation de tous les mots qui présentent quelque difficulté ; un vocabulaire général de géographie, d'histoire et de biographie.

Broché ............. **12 fr.**
Relié demi-chagrin, plats toile ............. **16 fr.**

1 volume grand in-8º jésus de 1.500 pages, contenant 1.200 gravures, 40 cartes ou gravures d'ensemble et une planche en couleurs des pavillons du monde entier.

---

**Dictionnaire usuel de la Langue Française** par BESCHERELLE AINÉ et A. BOURGUIGNON.

COMPRENANT :

Les mots admis par l'Académie, les mots nouveaux dont l'emploi est suffisamment autorisé, les archaïsmes utiles à connaître pour l'intelligence des auteurs classiques, les étymologies, la solution des difficultés grammaticales : l'histoire, la mythologie et la géographie.

Relié toile ............. **6 fr.** ‖ 1 volume in-18 jésus.

**Nouveau Dictionnaire encyclopédique illustré** d'après le *Nouveau Dictionnaire National* de BESCHERELLE, rédigé et entièrement mis à jour par P. COMMELIN et E. RITTIER, agrégés de l'Université, professeurs honoraires de Lycées de Paris.

Cartonné .......... **3 fr. »**
Relié toile.... .... **3 fr. 50**
Relié mouton souple,
 tranches rouges.... **4 fr. 50**

1 volume in-18 de 1.370 pages, contenant environ 2.000 gravures, 21 tableaux synoptiques, 23 cartes géographiques.

---

**Petit Dictionnaire français** nouvelle édition entièrement refondue, d'après le *Dictionnaire encyclopédique* de COMMELIN et RITTIER.

Relié toile............ **2 fr.**
Mouton souple, papier
 bible.............. **4 fr.**

1 volume in-32 de 680 pages.

---

**Petit Dictionnaire Français** par MARTIN et VANIER.

Cartonné .......... **1 fr. 20** ‖ 1 volume in-32 de plus de 600 pages.

---

**Dictionnaire étymologique de la Langue Française** par BOURGUIGNON et BERGEROL.

Relié toile............. **5 fr.** ‖ 1 volume in-32 de 819 pages.

---

**Dictionnaire des synonymes de la Langue Française** par BOURGUIGNON et BERGEROL.

Relié toile............. **5 fr.** ‖ 1 volume in-32 de 768 pages.

---

**Dictionnaire usuel de tous les verbes français** tant réguliers qu'irréguliers, entièrement conjugués, par BESCHERELLE FRÈRES.

Brochés ............. **12 fr.**
Reliés demi-chagrin,
 plats toile........... **16 fr.**

2 volumes in-8° à deux colonnes.

---

**Dictionnaire classique d'histoire,** de biographie, de géographie et de mythologie, par L. GRÉGOIRE

Relié toile............. **5 fr.** ‖ 1 volume in-18 de 1.260 pages.

---

**Dictionnaire encyclopédique d'histoire,** de biographie, de géographie et de mythologie, par Maurice WAHL, ancien élève de l'Ecole normale supérieure, docteur ès-lettres, professeur agrégé d'histoire et de géographie au Lycée Condorcet, inspecteur général honoraire de l'Instruction publique aux colonies.

Broché .............. **20 fr.**
Relié demi-chagrin..... **25 fr.**

Nouvelle édition illustrée de 450 portraits et gravures.
1 volume grand in-8° jésus de 1.965 pages.

---

**Petit Dictionnaire d'histoire,** de géographie et de mythologie, par J.-P. QUITARD.

Broché ............. **1 fr. 50**
Relié toile.......... **2 fr. »**

1 volume in-32.

---

**Dictionnaire Général des Sciences** théoriques et appliquées.

Le volume broché...... **20 fr.**
Les 2 volumes reliés
 demi-chagrin........ **50 fr.**

*Même ouvrage*
*en quatre parties :*

Le volume broché...... **10 fr.**
Les 4 volumes reliés
 demi-chagrin ....... **56 fr.**

COMPRENANT :

*Les mathématiques. — Physique et chimie. — Mécanique et technologie. — Histoire naturelle et médecine. — Agriculture.*

Par Jules GAY et Louis MANGIN, avec la collaboration de savants, professeurs et ingénieurs, notamment : MM. B. Brunhes, F. Péchoutre, F. Gaustier, Paul Gay.

2 volumes in-8° jésus illustrés, d'environ 4.090 pages, imprimés à deux colonnes.

**Dictionnaire complet des Communes** de la France, de l'Algérie, des colonies et pays de protectorat, des stations thermales et balnéaires françaises, précédé de tableaux synoptiques, par GINDRE DE MANCY. Nouvelle édition revue et complètement mise à jour, faite sur un plan nouveau avec des signes fondus spécialement qui en facilitent la lecture et permettent de faire contenir en 1 volume la matière de 10 volumes.

Relié toile............. 5 fr. ‖ 1 volume in-32 de 1.090 pages.

**Dictionnaire des Termes de Marine** (marine à voiles et à vapeur), par A. POUSSART.
Relié toile.......... 3 fr. 50 ‖ 1 volume in-32.

**Dictionnaire Universel des monnaies courantes** par M. et A. MELIOT.
Renseignements relatifs à la monnaie de tous les pays, à la fabrication, à son rôle, à son influence, à ses variations. — Union latine. — Fausses monnaies. — Ateliers monétaires. — Index géographique. — Dictionnaire. — Tableau des systèmes monétaires du monde entier (nomenclature, diamètre, poids, titres, valeur.)

Relié toile............ 10 fr. ‖ 1 volume in-8º contenant de nombreux tableaux en couleurs des pièces en circulation dans le monde entier.

**Nouveau Dictionnaire des Rimes** précédé d'un traité de versification, par QUITARD.
Broché ............. 2 fr. » ‖
Relié toile.......... 2 fr. 50 ‖ 1 volume in-32 de 508 pages.

# DICTIONNAIRES EN 2 LANGUES

## ——o GRANDS DICTIONNAIRES IN 8° o——

**Français-Allemand et Allemand-Français** (avec la prononciation dans les deux langues), accompagné d'un tableau des verbes forts et irréguliers simples, par H.-A. BIRMANN.

*Le volume séparément :*
Broché .............. 10 fr.
Relié demi-chagrin..... 14 fr.

2 volumes grand in-8° imprimés à 3 colonnes, formant l'un la partie Allemand-Français et l'autre la partie Français-Allemand.

---

**Français-Anglais et Anglais-Français** (avec la prononciation dans les deux langues), par CLIFTON et A. GRIMAUX.

*Le volume séparément :*
Broché .............. 10 fr.
Relié demi-chagrin..... 14 fr.

2 volumes grand in-8° jésus d'environ 2.200 pages, imprimés à 3 colonnes, formant l'un la partie Anglais-Français et l'autre la partie Français-Anglais.

---

**Français-Espagnol et Espagnol-Français** (avec la prononciation dans les deux langues), rédigé d'après les matériaux réunis par D. VICENTE SALVA et les meilleurs dictionnaires anciens et modernes, par F. NORIÉGA et GUIM.

Broché .............. 16 fr.
Relié demi-chagrin..... 20 fr.
*En 2 volumes :*
Reliés demi-chagrin.... 24 fr.

1 volume grand in-8° d'environ 1.600 pages imprimé à 3 colonnes.

---

**Français-Italien et Italien-Français** (avec la prononciation dans les deux langues), par FERRARI et CACCIA, revu et corrigé par Arturo ANGELI.

Broché .............. 20 fr.
Relié demi-chagrin ..... 24 fr.
*En 2 volumes :*
Reliés demi-chagrin.... 28 fr.

1 volume grand in-8° imprimé à 3 colonnes.

---

**Français-Portugais et Portugais-Français** (avec la prononciation dans les deux langues), par Joâo-Fernandez VALDEZ.

Reliés demi-chagrin.... 19 fr.

2 volumes grand in-8° imprimés à 3 colonnes.

---

**Anglais-Espagnol et Espagnol-Anglais** (avec la prononciation dans les deux langues), par J.-M. LOPEZ et E.-R. BENSLEY.

Relié demi-chagrin..... 20 fr.

1 volume grand in-8°.

---

**Anglais-Portugais et Portugais-Anglais** (avec la prononciation dans les deux langues), par Joâo-Fernandez VALDEZ.

Reliés toile.......... 12 fr.

2 volumes in-16.

---

**Français-Latin (Dictionnaire)** rédigé spécialement à l'usage des classes et des étudiants en lettres, par Henri GŒLZER.

Relié toile pleine....... 10 fr.

1 volume in-8°.

---

**Latin-Français (Dictionnaire)** rédigé d'après les meilleurs travaux de lexicographie latine, par E. BENOIST et H. GŒLZER.

Relié toile pleine....... 10 fr.

1 volume in-8°.

---

**Français-Latin (Lexique)** destiné aux classes de grammaire, par H. GŒLZER.
Relié toile pleine........ 6 fr. ‖ 1 volume in-8°.

**Latin-Français (Lexique)** à l'usage des classes de grammaire, par H. Gœlzer et L. Martel.
Relié toile pleine........ **6 fr.** ‖ 1 volume in-8º.

**Français-Grec (Dictionnaire)** par D. Courtaud-Diverneresse.
Reliés toile pleine...... **25 fr.** ‖ 2 volumes grand in-8º à 3 colonnes.

**Français-Grec (Dictionnaire abrégé)** par D. Courtaud-Diverneresse.
Relié toile pleine....... **12 fr.** ‖ 1 volume grand in-8º, à 3 colonnes.

**Grec-Français (Dictionnaire)** par A. Chassang.
Relié toile pleine....... **12 fr.** ‖ 1 volume grand in-8º.

**Grec-Français (Lexique)** par A. Chassang et Durand.
Relié toile......... **7 fr. 50** ‖ 1 volume grand in-8º.

# NOUVEAUX DICTIONNAIRES
## EN DEUX LANGUES
### Format in-18 jésus
—o *Avec la prononciation dans les deux langues* o———

**Français-Allemand et Allemand-Français** par M. K. ROTTECK, édition entièrement refondue
Relié toile............. **6 fr.** ‖ par M. G. KISTER (sans prononciation).
1 volume de 1.154 pages.

**Français-Anglais et Anglais-Français** par CLIFTON et M. LAUGHLIN.
Relié toile ............. **6 fr.** ‖ 1 volume de 1.370 pages.

**Français-Espagnol et Espagnol-Français** par SALVÁ (en préparation).
Relié toile............. **6 fr.** ‖ 1 volume.

**Français-Hollandais et Hollandais-Français** par JANSSEN (en préparation).

**Français-Italien et Italien-Français** par LACOMBE et ROUÈDE.
Relié toile............. **6 fr.** ‖ 1 volume de 1.425 pages.

**Français-Portugais et Portugais-Français** par SOUZA PINTO et FONSECA.
Relié toile............. **6 fr.** ‖ 1 volume de 1.430 pages.

**Français-Russe et Russe-Français** par Th. DE VEYS-CHABOT.
Relié toile............. **12 fr.** ‖ 1 volume de 1.395 pages.

**Allemand-Russe et Russe-Allemand** par LOURIE (en préparation).

**Anglais-Espagnol et Espagnol-Anglais** par Arturo ANGELI et J.-Mc LAUGHLIN.
Relié toile............. **6 fr.** ‖ 1 volume de 1.352 pages.

**Anglais-Hollandais et Hollandais-Anglais** par KESLER (en préparation).

**Anglais-Italien et Italien-Anglais** par BIRMINGHAM, ENENKEL et Mc LAUGHLIN.
Relié toile............. **6 fr.** ‖ 1 volume de 1.100 pages.

**Russe-Anglais et Anglais-Russe** par GOLOWINSKI.
Relié toile............. **12 fr.** ‖ 1 volume de 1.480 pages.

**Italien-Espagnol et Espagnol-Italien** par SALVÁ et Arturo ANGELI-ENENKEL.
Relié toile............. **6 fr.** ‖ 1 volume de 1.064 pages.

# DICTIONNAIRES ᴇɴ DEUX LANGUES

### Format in-32

*Avec la prononciation dans les deux langues*

———o Reliés toile à biseau, tranches marbrées o———

Français-Allemand
                et Allemand-Français
    par K. ROTTECK, édition revue par G. KISTER.
1 volume........................ 5 fr.

Français-Anglais et Anglais-Français
    par CLIFTON, édition revue et augmentée par
    M. E. FENARD, agrégé de l'Université.
1 volume........................ 5 fr.

Français-Espagnol et Espagnol-Français
    par VICENTE SALVÁ.
1 volume........................ 5 fr.

Français-Italien et Italien-Français
    par FERRARI.
1 volume........................ 5 fr.

Français-Portugais
                et Portugais-Français
    par SOUZA PINTO.
1 volume........................ 5 rf.

Français-Russe et Russe-Français
    par SOKOLOFF.
2 volumes, chaque volume............. 5 fr.

Grec-moderne-Français
            et Français-Grec-moderne
    par Emile LEGRAND.
2 volumes, chaque volume............. 6 fr.

Allemand-Espagnol
                et Espagnol-Allemand
    par Arturo ENENKEL.
1 volume........................ 6 fr.

Allemand-Italien et Italien-Allemand
    par Arturo ENENKEL.
1 volume........................ 6 fr.

Allemand-Portugais
                et Portugais-Allemand
    par ENENKEL et SOUZA PINTO.
1 volume........................ 6 fr.

Anglais-Espagnol et Espagnol-Anglais
    par F. CORONA BUSTAMENTE.
2 volumes........................ 6 fr.

Anglais-Italien et Italien-Anglais
    par BIRMINGHAM.
1 volume........................ 5 fr.

Anglais-Portugais et Portugais-Anglais
    par CASTRO DE LAFAYETTE.
1 volume........................ 6 fr.

Espagnol-Italien et Italien-Espagnol
    par D.-J. CACCIA.
1 volume........................ 5 fr.

Espagnol-Portugais
                et Portugais-Espagnol
    par DE WILDICK.
2 volumes........................ 6 fr.

Espagnol-Russe et Russe-Espagnol
    par J.-D. LEVSKI.
1 volume........................ 12 fr.

Italien-Portugais et Portugais-Italien
    par Art. DE ROZZOL.
1 volume........................ 6 fr.

Latin-Français
    par DE SUCKAU.
1 volume........................ 5 fr.

Français-Latin
    par E. BENOIST.
1 volume........................ 5 fr.

Grec-Français
    par A. CHASSANG.
1 volume........................ 6 fr.

Dictionnaire de Slang
    Expressions familières anglaises, par LEGRAS.
1 volume in-16 relié toile................ 3 fr.

Novo Vocabulario Universal
                da lingua Portugeza
    par CASTRO DE LAFAYETTE.
1 volume in-32 relié toile................ 6 fr.

Nuovo Vocabolario Universale
                della lingua Italiana
    par MELZI.
1 volume in-18 toile.... ....... 6 fr.

# VOCABULAIRES GARNIER

## ——o NOUVEAUX VOCABULAIRES EN DEUX LANGUES o——

Avec la prononciation figurée, contenant les mots usuels de la vie pratique à l'usage des voyageurs.
Volumes format in-32 elzévir, reliés toile souple.......... 2 fr.
Reliure élégante, mouton souple, les 2 parties réunies en un volume........ 4 fr. 50

Français-Allemand par BIRMANN. 1 vol.

Français-Anglais par LAUGHLIN. 1 vol.

Français-Bulgare par K.-N. GORANOFF et F.-P. POPOFF. 1 vol.

Français-Danois-Norvégien par DESMOINEAUX. 1 vol.

Français-Espagnol par ROZZOL. 1 vol.

Français-Italien par ANGELI. 1 vol.

Français-Néerlandais par VAN CUYCK. 1 vol.

Français-Polonais par Th. de VEYS-CHABOT. 1 vol.

Français-Portugais par FONSECA. 1 vol.

Français-Roumain par RIZO. 1 vol.

Français-Russe par TKATCHEFF. 1 vol.

Français-Suédois par HAMMAR. 1 vol.

Allemand-Français par BIRMANN. 1 vol.

Allemand-Anglais par BLUM. 1 vol.

Allemand-Espagnol par ENENKEL. 1 vol.

Allemand-Italien par ENENKEL. 1 vol.

Allemand-Portugais par MESQUITA. 1 vol.

Allemand-Russe par WASSILIEW. 1 vol.

Anglais-Français par LAUGHLIN. 1 vol.

Anglais-Allemand par BLUM. 1 vol.

Anglais-Espagnol par J. PEREZ. 1 vol.

Anglais-Italien par CARDIN. 1 vol.

Anglais-Portugais par MESQUITA. 1 vol.

Anglais-Russe par WASSILIEW. 1 vol.

Danois-Norvégien-Français par DESMOINEAUX. 1 vol.

Espagnol-Français par ROZZOL. 1 vol.

Espagnol-Allemand par ENENKEL. 1 vol.

Espagnol-Anglais par J. PEREZ. 1 vol.

Espagnol-Italien par ANGELI. 1 vol.

Espagnol-Portugais par MESQUITA. 1 vol.

Italien-Français par ANGELI. 1 vol.

Italien-Allemand par ANGELI. 1 vol.

Italien-Anglais par CARDIN. 1 vol.

Italien-Espagnol par ANGELI. 1 vol.

Italien-Portugais par MESQUITA. 1 vol.

Italien-Russe par LOURIE. 1 vol.

Néerlandais-Français par VAN CUYCK. 1 vol.

Portugais-Français par FONSECA. 1 vol.

Portugais-Allemand par MESQUITA. 1 vol.

Portugais-Anglais par MESQUITA. 1 vol.

Portugais-Espagnol par MESQUITA. 1 vol.

Portugais-Italien par MESQUITA. 1 vol.

Roumain-Français par RIZO. 1 vol.

Russe-Français par TKATCHEFF. 1 vol.

Russe-Allemand par TKATCHEFF. 1 vol.

Russe-Anglais par WASSILIEW. 1 vol.

Russe-Italien par LOURIE. 1 vol.

# GUIDES POLYGLOTTES

**Manuels de Conversation** et de style épistolaire à l'usage des voyageurs et des écoles.

o Volumes format in-32 dit cazin, reliés toile souple .............. 2 fr. o

| | |
|---|---|
| Français-Allemand | Espagnol-Allemand |
| Français-Anglais | Espagnol-Italien |
| Français-Espagnol | Espagnol-Portugais |
| Français-Italien | Grec moderne-Français |
| Français-Portugais | Italien-Français |
| Français-Roumain | Italien-Allemand |
| Français-Russe | Italien-Portugais |
| Allemand-Français | Italien-Russe |
| Allemand-Anglais | Néerlandais-Français |
| Anglais-Français | Portugais-Français |
| Anglais-Espagnol | Portugais-Anglais |
| Anglais-Italien | Russe-Français |
| Anglais-Russe | Russe-Allemand |
| Espagnol-Français | Russe-Italien |
| Espagnol-Anglais | |

**Guide en quatre langues**
Français-Anglais-Allemand-Italien.
1 volume in-16 ....................... 3 fr.

**Guide en six langues**
Français-Anglais-Allemand-Italien-Espagnol-Portugais.
1 volume in-16...................... 5 fr.

*En préparation* : Français-Anglais-Allemand-Espagnol

**Guide en trois langues** Français-Anglais-Malgache. 1 volume in-16...... .............. 3 fr

*En préparation* : Français-Anglais-Espagnol

**Manuels de conversation avec la prononciation figurée**

Volumes format in-16, reliés toile souple................... 3 fr.

| | |
|---|---|
| Français-Allemand | Espagnol-Anglais |
| Français-Anglais | Espagnol-Allemand |
| Français-Espagnol | Espagnol-Italien |
| Français-Italien | Espagnol-Portugais |
| Français-Portugais | Italien-Français |
| Français-Russe | Italien-Anglais |
| Allemand-Français | Italien-Allemand |
| Allemand-Anglais | Italien-Espagnol |
| Allemand-Italien | Italien-Portugais |
| Allemand-Espagnol | Portugais-Français |
| Allemand-Portugais | Portugais-Anglais |
| Anglais-Français | Portugais-Allemand |
| Anglais-Espagnol | Portugais-Espagnol |
| Anglais-Italien | Portugais-Italien |
| Anglais-Portugais | Russe-Français |
| Anglais-Allemand | Russe-Italien |
| Espagnol-Français | |

# GRAMMAIRES EN DEUX LANGUES

———————o A L'USAGE DES FRANÇAIS o———————

**Grammaire Allemande** pratique et raisonnée à l'usage des classes de grammaire. Ouvrage rédigé conformément aux derniers programmes officiels, par BIRMANN. Nouvelle édition avec orthographe moderne allemande.
Relié toile............ 2 fr.  1 volume in-18.

**Grammaire de la Langue Anglaise** contenant : 1º Traité de la prononciation avec un syllabaire, exercices de lecture à l'usage des commençants ; 2º Cours de thème complet sur les règles et difficultés de la langue ; 3º Idiotismes ; 4º Dialogues par CLIFTON et MERVOYES.
Relié toile............ 2 fr. ‖ 1 volume in-18.

**Petite Méthode d'Anglais** pratique et facile à l'usage des commençants, par M. LAUGHLIN.
Relié toile.......... 1 fr. 25 ‖ 1 volume in-18.

**L'Arabe parlé (Spoken-Arabic) Français. Arabe. Anglais.** Grammaire. Conversation. Dictionnaire par BRUCE MILLIARD.
Relié toile............ 8 fr.  1 volume in-18.

**Grammaire synthétique et pratique de la Langue Espagnole** exposée d'après un nouveau plan et contenant la théorie de cette langue avec de nombreux exemples, une série de thèmes en forme de dialogues et des modèles de correspondance commerciale, par MIGUEL DE TORO y GOMEZ.
Toile ................ 2 fr. ‖ 1 volume in-18.

**Nouvelle Grammaire Espagnole-Française** avec des thèmes et un grand nombre d'exemples dans chaque leçon, par A. GALBAN.
Relié toile............ 2 fr.  1 volume in-18.

**L'Espagnol pratique** enseigné par la méthode FERRER, la plus simple et la plus rapide de toutes celles publiées jusqu'à ce jour.
Toile ................ 4 fr.  1 volume in-18.

**Cours d'Espagnol** à l'usage des établissements d'instruction et des personnes travaillant seules, par M. Th. ALAUX.

Cartonné ............ 2 fr.  *Cours élémentaire*, spécialement destiné aux enfants et aux commençants.
1 volume in-18.

Cartonné ............ 3 fr.  *Cours moyen* destiné aux personnes possédant déjà les premiers éléments de la langue.
1 volume in-18.

1er fascicule .......... 1 fr.  *Cours supérieur* à l'usage des candidats à un examen et des personnes désireuses de se perfectionner.
2e    —    .......... 1 fr.
3e    —    .......... 1 fr.

**Grammaire Française-Espagnole** de SOBRINO, complète et détaillée, contenant toutes les notions nécessaires pour apprendre à parler et à écrire correctement l'espagnol, édition refondue avec soin par A. GALBAN.
Relié toile............ 4 fr. ‖ 1 volume in-8º.

**Grammaire Grecque moderne** par Hubert PERNOT, avec une introduction et des index.
Le volume............ 5 fr. ‖ 1 volume in-8º.

**Méthode pratique de la Langue Hova** avec une carte idiomatique de Madagascar, par A. DURAND.
1<sup>re</sup> année ; relié toile.... **4 fr.**
2<sup>e</sup> — — ..... **4 fr.** | 3 volumes in-18.
3<sup>e</sup> — — ..... **4 fr.**

**Grammaire Italienne** en 25 leçons, d'après VERGANI, corrigée et complétée par C. FERRARI.
Relié toile............. **2 fr.** ‖ 1 volume in-18.

**Grammaire Italienne** simplifiée et réduite à 20 leçons, par VERGANI, corrigée et complétée par
Cartonné .......... **1 fr. 50** | ZIRARDINI.
| 1 volume in-18.

**Grammaire Portugaise** raisonnée et simplifiée, rédigée sur un plan nouveau, par P. DE SOUZA.
Relié toile............. **6 fr.** ‖ 1 fort volume in-18.

**Abrégé de la Grammaire Portugaise** par P. DE SOUZA, avec un cours gradué de thèmes.
Cartonné ............. **3 fr.** ‖ 1 volume in-18.

**Nouvelle Grammaire Russe** par N. SOKOLOFF avec exercices.
Relié toile.......... **3 fr. 50** ‖ 1 volume in-18.

**Méthode comparative graduée pour l'étude de la Langue Russe** par V. JACLARD.
Broché ............. **6 fr. »** | *En trois parties :*
Relié toile......... **7 fr. 50** | Chaque partie, broché. **2 fr. »**
| 1 volume in-8°

## A L'USAGE DES ESPAGNOLS

**Gramática de la Lengua Francesa** por CHANTREAU. Nueva edición revisada y corregida con
1 vol. relié toile........ **4 fr.** | esmero, por A. GALBAN.
| 1 volume in-8°.

**Clave del Método de Simonne** revisado por ISAZA.
Toile ............. **0 fr. 70** ‖ 1 volume in-18.

**Método para aprender á leer, escribir y hablar el francés.** Ordenado en lecciones progresivas, consistiendo en ejercicios orales y escritos ; enriquecido con la pronunciación figurada como se estila en la conversación y con un apéndice, abrazando las reglas de la sintaxis, la formación de los verbos regulares y la conjugación de los irregulares, por Teodoro SIMONNE. Nueva edición revisada y corregida con arreglo á la ortografía moderna, por Emiliano ISAZA.
Toile ............... **2 fr.** | 1 volume in-18.

**Clave del Método de Rozzol**
Cartonné .. .... **0 fr. 60** ‖ 1 volume.

**Método teórico y prático para aprender á leer, escribir y hablar el idioma alemán en veinticuatro lecciones** por Arturo DE ROZZOL.
Toile ............... **2 fr.** ‖ 1 volume in-18.

**Clave de la Gramática Española-Inglesa** por D. TIMOTEO CEMBORAIN ESPAÑA.
Toile ............. **1 fr.** ‖ 1 volume.

**Gramática Española - Inglesa** ó método para aprender el inglés los españoles, por D. Timoteo Cemborain y España.

Toile ................. 4 fr. | 1 volume.

---

## A L'USAGE DES ITALIENS

**Nuova Grammatica Francese- Italiana** di Lodovico Goudar, con nuove regole alla moderna. pronunzia, ricavate dalle opere dei migliori grammatici. Nuova edizione corretta ed arricchita per cura di Caccia.

Relié toile............. 2 fr. | 1 volume in-18.

**Metodo teorico e pratico** per apprendere a leggere, scrivere e parlare la lingua tedesca in venti-quattro lezione, compilato da Arturo Enenkel.

Relié toile............. 2 fr. | 1 volume in-18.

---

## A L'USAGE DES PORTUGAIS

**Nova Gramatica Franceza** por E. Sevène nova ediçâo correcta e augmentada com analyse logica pelo professor E. Doux.

Cartonné .............. 4 fr. | 2 volumes.

---

## A L'USAGE DES RUSSES

**Grammaire Française** par J. de Lewski.
Relié toile......... 3 fr. 50 | 1 volume in-18.

**Gramatica Castellana** par J. de Lewski.
Relié toile......... 3 fr. 50 | 1 volume in-18.

# SECRÉTAIRES EN DEUX LANGUES

───────────○ ET EN LANGUES ÉTRANGÈRES ○───────────

**Nouveau Correspondant commercial en Français et en Anglais** par J. Mc. LAUGHLIN.
*Circulaires. — Offres de services. — Lettres d'introduction. — Lettres de crédit. — Demandes de renseignements. — Ordres de bourse. — Demandes d'argent. — Plaintes. — Remises, traites, lettres de change. — Opérations de change. — Affaires en participation. — Consignations. — Transports. — Affaires maritimes. — Assurances, avaries. — Comptes courants, dettes, faillites. — Lettres d'affaires variées, annonces. — Formules d'actes sous seing privé.*

Broché ............ 3 fr. 50
Relié toile .......... 4 fr. »

1 volume in-18.

**Nouveau Manuel Épistolaire en Français et en Anglais** J. Mc. LAUGHLIN. Théorie pratique, *modèles. Lettres d'invitation. — Billets de faire-part. — Félicitations. — Condoléances. — Pétitions. — Demandes. — Prières, reproches. — Demandes d'emploi. — Conseils, remerciements. — Excuses. — Recommandations, introductions. — Affaires. — Lettres d'amitiés. — Lettres d'enfants.*

Broché ............ 3 fr. 50
Relié toile .......... 4 fr. »

1 volume in-18.

**Nouveau Secrétaire commercial Français-Allemand** par L. MENSCH.
*Circulaires. — Offres de service. — Entrée en relations. — Lettres de crédit, d'introduction, de recommandation. — Demande de renseignements. — Ordres de Bourse. — Remises. — Traites. — Lettres de change. — Affaires en participation. — Consignations. — Transports. — Assurances. — Avaries.*

Broché ............ 3 fr. 50
Toile ............. 4 fr. »

1 volume in-18.

## SECRÉTAIRES EN LANGUE ESPAGNOLE

**Correspondencia comercial** por H. PAGE. Circulares, ofrecimientos de servicios, entrada en relaciones, cartas de crédito, ordenes y pedidos, cobro de cuentas, letras de cambio y aceptaciones, operaciones de cambio, etc., etc. Arreglada al español de la última edición francesa, por E. ZEROLO.
Cartonné .......... 2 fr. 70 ‖ 1 volume in-18.

**Secretario Americano (Novísimo).** (Modelos de cartas sobre toda clase de asuntos ; documentos, cartas de los escritores más afamados españoles y franceses, etc.). Coleccionado por E. ZEROLO. Segunda edición.
Toile ............. 1 fr. 50 ‖ 1 volume in-18.

**Secretario de las felicitaciones (Novísimo).** (Cartas de cumplimientos, de pascuas, año nuevo, días del santo, cumpleaños, poesías alusivas, etc.), por A. DUBOIS. Arreglado del francés por DIEGO LOPEZ.
Toile ............. 1 fr. 50 ‖ 1 volume in-18.

**Secretario universal español.** Contiene modelos de cartas sobre toda clase de asuntos.
Cartonné .......... 2 fr. ‖ 1 volume in-18.

## SECRÉTAIRES EN LANGUE PORTUGAISE

**Correspondencia commercial** par H. PAGE, traduit du français par J. PINTO MONTEIRO.
Toile ............. 5 fr. ‖ 1 volume in-18.

**O Secretario Brazileiro** Contendo 306 Modelos de cartas sobre todos os assumptos e um formulario de requerimento e memorias.
Toile ............. 4 fr. ‖ 1 volume in-18.

## SECRÉTAIRES FRANÇAIS-ITALIEN ET ITALIEN

**Il Segretario Francese-Italiano** par A. ENENKEL. Modèles de lettres de toutes sortes : *Lettres de souhaits.* — *Lettres de consolation.* — *Lettres d'affaires.* — *Lettres de commerce,* etc.
Broché ............... 2 fr. ‖ 1 volume in-18.

**Il nuovissimo Segretario Italiano** par B. MELZI.
Broché ............ 1 fr. 50 ‖ 1 volume in-18.

**Il vero Segretario Italiano** o guida a scrivere ogni sorta di lettere, par B. MELZI.
Broché ............... 2 fr. ‖ 1 volume in-18.

# COLLECTION MÉRIMÉE
### Ouvrages publiés sous la direction de M. MÉRIMÉE
### Doyen de la Faculté des Lettres de Toulouse

*Ouvrages entièrement conformes aux derniers programmes des Lycées et Collèges.*

**ALARCÓN. — La Verdad sospechosa,** édition annotée par M. BARRY, professeur d'espagnol au lycée de Tarbes. 1 volume.................................................. **1 fr. 50**

**CALDERÓN DE LA BARCA. — La vida es sueño,** édition publiée par M. MORÈRE, 1 volume................................................................. **1 fr. 50**

**CERVANTES. — Don Quijote** (1re partie), édition annotée par M. DUBOIS, professeur d'espagnol au lycée de Toulouse. 1 volume illustré. — *Novelas ejemplares.* Edition annotée par M. DUBOIS. 1 volume.................................................................. **2 fr.**

**DIEGO DE MENDOZA. — Guerra de Granada,** édition annotée par M. DUFFO. 1 volume.................................................................. **1 fr. 50**

**ERCILLA. — La Araucana,** édition annotée par M. DUCAMIN. 1 volume............. **2 fr.**

**GAVEL. — Livre de lectures espagnoles** conforme aux programmes du 31 mai 1902, pour les classes de 6e et 5e, par Henri GAVEL, agrégé de l'Université......................... **2 fr.**

**GUILLÉN DE CASTRO. — Mocedades del Cid,** édition annotée par M. LACROIX, professeur au lycée de Foix. 1 volume.................................... **1 fr. 50**

**JUANITO. — Lecturas morales,** édition annotée par M. ROSIÈS, professeur d'espagnol au lycée d'Agen, 1 volume illustré................................... **2 fr.**

**LOPE DE VEGA. — El nuevo mundo descubierto,** édition annotée par M. BARRY. 1 volume................................................................. **1 fr. 50**

**MORATÍN. — El Sí de las niñas. La comedia nueva,** édition annotée par M. Fr. OROZ. 1 volume................................................................. **1 fr. 50**

**PITOLLET. — Morceaux choisis de prosateurs et poètes espagnols,** par M. C. PITOLLET. *Cours élémentaire* (8e, 7e et 6e). 1 volume in-18, relié toile............. **1 fr. 50**

**QUINTANA (M. J.). — Vidas de los Españoles celebres,** édition annotée par Mme LUCIE LARY, certificataire d'espagnol. 1 volume in-18, relié toile..................... **1 fr. 50**

**RAMÓN MESONERO ROMANOS. — Escenas Matritenses,** édition annotée par M. MORÈRE, agrégé d'espagnol, 1 volume in-18, relié toile....................... **1 fr. 50**

**ROMANCES ESCOGIDOS. — Extraits,** édition annotée par M. DUCAMIN, professeur au lycée de Mont-de-Marsan. 1 volume in-18, relié toile.......................... **1 fr. 50**

**SAMANIEGO É IRIARTE. — Fábulas escogidas,** édition annotée par M. ROSIÈS. 1 volume in-18 illustré, relié toile......................................... **1 fr. 50**

**SOLÍS (Antonio de). — Historia de 'la Conquista de Méjico,** édition annotée par Mme J. LUCIE LARY, certificataire d'espagnol. 1 volume in-18, relié toile............... **2 fr.**

N. B. — *Les ouvrages qui figurent dans cette collection, sont destinés aux élèves français qui étudient la langue espagnole.*

# BIBLIOTHÈQUE RELIGIEUSE

**Année Chrétienne (L')** (Jacquet). La vie d'un Saint pour chaque jour de l'année.

| | | |
|---|---|---|
| Le volume broché .. | **2 fr. 50** | 2 volumes in-18 illustrés. |
| — toile. | **3 fr. 50** | |

**Biblia sacra** Vulgatœ editionis Sixti V, Pontificis Maximi Jussu recognita et Clementis VIII auctoritati edita.

| | | |
|---|---|---|
| Broché .............. | **6 fr.** | 1 fort volume in-18 jésus. |
| Rel. 1/2 chag., plats toile, tr. dorées ou rouges ... | **8 fr.** | |

**Bible des enfants** par l'abbé Sachet.

| | | |
|---|---|---|
| Cartonné.......... | **1 fr. »** | 1 volume in-18 jésus, illustré de nombreuses gravures. |

**La Sainte Bible** traduite en français par Lemaistre de Sacy, accompagnée du texte latin de la Vulgate, avec magnifiques gravures sur acier, d'après Raphael, le Titien, le Guide, Paul Véronèse, Salvator Rosa, Poussin, H. Vernet, etc., avec une carte de la Terre-Sainte et un plan de Jérusalem.

| | | |
|---|---|---|
| Les 6 volumes....... | **100 fr.** | |
| Reliés demi-chagrin, plats toile, tranches dorées .......... | **136 fr.** | 6 forts volumes grand in-8º jésus. |

**La Sainte Bible** traduite en français par Lemaistre de Sacy, nouvelle édition revue par l'abbé Jacquet et illustrée de 40 gravures sur acier d'après les grands maîtres.

| | | |
|---|---|---|
| Broché .............. | **25 fr.** | |
| Relié demi-chagrin, tranches dorées...... | **31 fr.** | 1 volume grand in-8º jésus. |

**La Sainte Bible** traduite en français par Lemaistre de Sacy, édition revue par l'abbé Jacquet.

| | | |
|---|---|---|
| Le volume broché... | **3 fr. 50** | 2 volumes in-18 jésus. |
| Reliés demi-chagrin, tr. dorées, les 2 vol. | **11 fr. »** | Les 2 vol. reliés demi-veau, tr. peigne. **10 fr.** |
| | | Veau bigarré, tête dorée, fers spéciaux.. **13 fr.** |

**Les Femmes de la Bible.** Principaux fragments d'une histoire du peuple de Dieu, par Mgr Darboy, archevêque de Paris. Edition avec collection de portraits de femmes célèbres, de l'ancien et du nouveau testament, gravés d'après les dessins de Staal.

| | | |
|---|---|---|
| Le volume broché...... | **12 fr.** | |
| Les 2 volumes reliés demi-chagrin, tranches dorées........ | **36 fr.** | 2 volumes grand in-8º jésus. |
| *Même ouvrage.* | | Nouvelle édition ornée de vignettes sur acier par Staal. |
| Broché ............ | **3 fr. 50** | 1 volume in-18 jésus illustré. |
| Relié demi-veau tranches peigne........ | **5 fr. »** | |

**BOSSUET.** — **Œuvres Complètes** classées selon l'ordre logique et analogique, publiées par l'abbé Migne, éditeur de la Bibliothèque Nationale du Clergé.

| | | |
|---|---|---|
| Brochés ............ | **60 fr.** | 11 volumes grand in-8º. |

**—** **Discours sur l'Histoire Universelle** à Monseigneur le Dauphin, pour expliquer la suite de la religion et les changements des empires. Nouvelle édition revue sur les meilleurs textes, illustrée de gravures sur acier d'après les grands maîtres.

| | | |
|---|---|---|
| Broché .............. | **12 fr.** | |
| Relié demi-chagrin, tête dorée............. | **18 fr.** | |
| Amateur............. | **20 fr.** | 1 volume grand in-8º jésus. |

**—** **Oraisons funèbres et panégyriques.** Nouvelle édition illustrée de gravures sur acier.

| | | |
|---|---|---|
| Broché... .......... | **12 fr.** | |
| Relié demi-chagrin, tête dorée ............. | **18 fr.** | 1 volume grand in-8º jésus. |
| Amateur............. | **20 fr.** | |

**BOSSUET. — Méditations sur l'Évangile** revues sur les manuscrits originaux et les éditions
les plus correctes.

Broché .............. 12 fr.

Relié demi-chagrin, tête
dorée.............. 18 fr.

Amateur.............. 20 fr.

Edition ornée de gravures sur acier d'après Raphaël, Le Guide, Ribéra, Le Titien, Léonard de Vinci, Jouvenet, etc.

1 volume grand in-8º

**— Élévations à Dieu sur tous les Mystères de la Religion chrétienne** suivies de discours sur la vie cachée en Dieu, prières diverses, etc.

Broché .............. 12 fr.

Relié demi-chagrin, tête
dorée.............. 18 fr.

Amateur.............. 20 fr.

Edition revue sur les manuscrits originaux et les éditions les plus correctes, ornée de gravures sur acier.

1 volume grand in-8º jésus.

**— · Œuvres oratoires** panégyriques, sermons.

Brochés .............. 20 fr.

Reliés demi-chagrin,
tranches jaspées..... 28 fr.

Nouvelle édition suivant le texte de l'édition de Versailles, enrichie à l'aide des travaux les plus récents sur Bossuet et ses ouvrages.

4 volumes in-8º.

**— Œuvres diverses** 13 volumes in-18 jésus (*Voir page* 60).

---

**L'Imitation de Jésus-Christ.** Traduction nouvelle avec des réflexions à la fin de chaque chapitre par l'abbé F. DE LAMENNAIS. Nouvelle édition avec encadrements en couleur, illustrée de 10 gravures sur acier et d'un frontispice réhaussé d'or.

Broché .............. 15 fr.

Relié demi-chagrin,
tranches dorées ..... 21 fr.

1 volume grand in-8º jésus.

*Même ouvrage*, édition avec frontispice en couleurs gravé.

Broché .............. 3 fr. 50

Rel. 1/2 veau, tranches peigne........ 5 fr. »

Rel. 1/2 chagrin tr. dorées............ 5 fr. 50

Veau bigarré, tête dorée, fers spéciaux.. 6 fr. 50

1 volume in-18 jésus.

*Même ouvrage*, édition ornée de vignettes sur acier.

Broché .............. 7 fr. 50

Rel. 1/2 veau, tranches peigne...... 10 fr. 50

1/2 chagr. tranches dorées........ 11 fr. 50

Amateur.......... 12 fr. 50

1 vol. in-8º cavalier.

---

**LACORDAIRE. — Sainte Marie-Madeleine** nouvelle édition précédée d'une notice sur le Père Lacordaire et suivie des *Lettres à un jeune homme sur la vie chrétienne.*

Broché............. 3 fr. »

1/2 veau tr. peigne.. 4 fr. 50

1/2 chagr. tr. dorées.. 5 fr. »

1 volume in-18.

**— Vie de Saint Dominique.**

Broché........... 3 fr. »

1 2 veau tr. peigne.. 4 fr. 50

1 2 chagr. tr. dorées.. 5 fr. »

1 volume in-18.

---

**LAMENNAIS. — Essai sur l'indifférence** en matière de religion.

Brochés .............. 20 fr. ǁ 4 volumes in-8º.

**— Correspondance.**

Brochés .............. 10 fr. ǁ 4 volumes in-8º.

---

**Lectures spirituelles** approuvées par plusieurs archevêques et évêques et disposées par P. GŒDERT.

1. *Décembre.* BOURDALOUE. Lectures spirituelles pour le temps de l'Avent, 1 vol. | 2. *Janvier.* SAINT AUGUSTIN. Lectures pour le temps de Noël et de l'Épiphanie, 1 vol.

3. *Février*. Bossuet. Lectures spirituelles préparatoires au Carême, 1 vol.
4. *Mars*. Massillon. Lectures spirituelles pour le Carême, 1 vol.
5. *Avril*. P. Ventura. Lectures spirituelles sur la Passion de Notre-Seigneur Jésus-Christ, 1 vol.
6. *Mai*. Louis de Grenade. Lectures spirituelles sur les fêtes de la très sainte Vierge, 1 vol.
7. *Juin*. Saint Thomas d'Aquin. Lectures spirituelles pour la Pentecôte et la Fête-Dieu, 1 vol.

8. *Juillet*. Fénelon. Lectures spirituelles sur la Vie Intérieure, 1 vol.
9. *Août*. Saint Jean Chrysostome. Lectures spirituelles sur les Vertus chrétiennes, 1 vol.
10. *Septembre*. Saint Bernard. Lectures spirituelles sur la Vie chrétienne, 1 vol.
11. *Octobre*. Saint François de Sales. Lectures spirituelles sur la Piété, 1 vol.
12. *Novembre*. Saint Alphonse de Liguori. Lectures spirituelles sur les Fins dernières, 1 vol.

Chaque volume...... 2 fr. 50
Relié mouton souple, tranches rouges.... 4 fr. »

12 volumes in-18 broché.

---

**Légende dorée** Compilation de vies des saints, par Jacques de Voragine, ouvrage traduit du latin et précédé d'une notice historique et bibliographique par M. G. B.

Le volume broché.... 3 fr. 50
Les 2 vol. rel. demi-veau tr. peigne.... 10 fr. »
Veau bigarré, fers spéciaux, tête dorée. 13 fr. »

2 volumes in-18 jésus.

---

**Manuel de Droit ecclésiastique** texte et commentaires par Emile Ollivier.

Le vol. broché....... 3 fr. 50
Veau bigarré, tête dorée, fers spéciaux, les 2 vol. 13 fr. »

2 volumes in-18 jésus.

---

**Manuel ecclésiastique** ou répertoire, offrant alphabétiquement et en 640 pages blanches à deux colonnes, tout autant de titres avec divisions et sous-divisions sur le dogme, la morale, etc.

Relié ................. 6 fr.

1 volume in-4º.

---

**Les Saints Evangiles** traduction de Lemaistre de Sacy, nouvelle édition revue d'après les meilleurs textes par l'abbé Jacquet, illustration de Tony Johannot, Cavelier, Gérard, Seguin et Breviaire ; frontispice en couleurs, encadrements en couleurs.

Broché .............. 12 fr.
Relié demi - chagrin, tranches dorées...... 18 fr.

1 volume grand in-8º jésus.

---

**Les Saintes femmes** Fragments d'une histoire de l'Eglise, par Mgr Darboy, archevêque de Paris, avec portraits des femmes remarquables, gravés sur acier d'après les meilleurs artistes.

Broché .............. 12 fr.
Relié demi - chagrin, tranche dorées...... 18 fr.

1 volume grand in-8º jésus.

---

**Vies des Saints** classées pour chaque jour de l'année par ordre de dates, nouvelles écrites par une réunion d'ecclésiastiques et d'écrivains catholiques sous les auspices de NN. SS. les Archevêques et Evêques.

Brochés .............. 25 fr.
Les 4 tomes reliés en 2 volumes demi-chagrin, tête dorée....... 37 fr.

4 volumes grand in-8º, illustrés d'environ 1.800 gravures.

---

**Vies des Saints** les plus populaires et les plus intéressants, recueillies et précédées d'une introduction par l'abbé Jacquet. Edition illustrée.

Relié toile .......... 7 fr. 50
— demi-chagrin, tranches dorées.... 8 fr. 50

1 volume in-8º raisin.

---

# L'ABBÉ MIGNE

| PATROLOGIE GRECQUE | PATROLOGIE LATINE |
| --- | --- |
| 166 volumes in-8º. | 222 volumes in-8º. |

EN PRÉPARATION : Table des matières de la Patrologie grecque

*Voir le Catalogue spécial de cette magnifique collection*

# ALBUMS DIVERS

## COLLECTION à 0 FR. 50

1ᵉʳ Livre des Enfants. Alphabet orné de 6 gravures en couleurs................... 0 fr. 50
2ᵉ Livre des Enfants. Historiettes....................................... 0 fr. 50
3ᵉ Livre des Enfants. — ........................................ 0 fr. 50

## COLLECTION DU CHANOINE SCHMID

Le volume......... **0 fr. 50** ‖ Petits volumes in-18 cartonnés, titre en or.

Histoire de l'Ancien Testament, 1 volume. | La veille de Noël, 1 volume.
Histoire du Nouveau Testament, 1 volume. | Historiettes pour les Enfants, 1 volume.
Petits Contes, 1 volume. | La barque du Pêcheur, 1 volume.
Le petit Mouton et la Mouche, 1 volume. |

## COLLECTION à 2 FR. 50

Enfant dans la famille (L'). Album format in-4º cavalier, illustré de 32 figures coloriées de MORIN, RAFFIN, etc.
Cartonné Bradel ................................................ 2 fr. 50

Grotte enchantée (La), par Claudio SANTOS-GONZALEZ. Album in-4º, illustré en couleurs.
Cartonné Bradel................................................ 2 fr. 50

Mésaventures de Jean le Fripon (Les). Album in-4º, illustré de gravures en couleurs.
Cartonné Bradel................................................ 2 fr. 50

Voyage du haut Mandarin Ka-li-Ko et de son fidèle secrétaire Pa-Tchou-Li, par Eugène LE MOUEL. Album in-4º oblong, illustré de 32 gravures en chromotypographie.
Cartonné Bradel................................................ 2 fr. 50
Relié toile, tranches dorées................................... 3 fr. 50

## COLLECTION à 4 FRANCS

Alphabet, par Benjamin RABIER, album in-4º cavalier, illustré de 24 planches en couleurs.
1 volume cartonné Bradel, couverture illustrée..................... 4 fr.

Ecoutez-moi, par Benjamin RABIER, album in-4º cavalier, illustré en couleurs.
1 volume cartonné Bradel....................................... 4 fr.

Fond du sac (Le), par Benjamin RABIER, album in-4º cavalier, illustré en couleurs.
1 volume cartonné Bradel....................................... 4 fr.

Plus belle des histoires (La). Vie de l'enfant Jésus racontée à un enfant, par Mlle NETTEMENT, illustrations de Yan DARGENT.
Cartonné Bradel................................................ 4 fr.

**Robinson malgré lui,** par Alph. Crozière, dessins de Valvérane, album in-4º raisin.
Cartonné Bradel........................................................ **4 fr.**

**Tambour de Saragosse (Le),** par Alph. Crozière, album in-4º, illustré de dessins en couleurs.
Cartonné Bradel........................................................ **4 fr.**

# COLLECTION IN-4ᵘ ILLUSTRÉE EN COULEURS

Chaque album cartonné dos toile, couverture chromo................................ **4 fr. 25**
— — relié toile, plaque spéciale, tranches dorées........................ **6 fr. 25**

**Animaux sauvages et domestiques (Les),** illustré de vignettes et de gravures en chromolithographie. — 1 volume.

**Auto K. 6. ô. 20 (L'),** par O'Galop, illustré de dessins en couleurs. — 1 volume.

**Aventures de Robinson Crusoé.** Illustrations de Grandville et chromolithographies. — 1 volume.

**Aventures d'une poupée (Les),** par O'Galop, illustrations en couleurs. — 1 volume.

**Capitaine des Cranequiniers (Le),** par O'Galop et J. Rosnil, illustré de dessins en couleurs. — 1 volume.

**Choix de fables de La Fontaine.** Album avec de nombreuses illustrations par Grandville et des gravures en chromolithographie. — 1 volume.

**Contes de Mme d'Aulnoy.** *Gracieuse et Percinet. — La belle aux cheveux d'or. — L'oiseau bleu. — Finette Cendron. — Le nain jaune. — La biche au bois. — La chatte blanche.* Illustrés de vignettes et de gravures en couleurs. — 1 volume.

**Contes de Perrault (Les),** vignettes et gravures en chromolithographie. — 1 volume.

**Dernières merveilles de la science (Les),** par Daniel Bellet, gravures en chromolithographie. — 1 volume.

**Dirigeable « Cage à Mouches nº 1 » (Le),** illustré de planches en couleurs, par O'Galop. — 1 volume.

**Fées des fleurs, des bois et des eaux.** Nouveaux contes, par T. d'Auxois, illustrations de Ed. Zier. — 1 volume.

**Héros du siècle (Les).** Récits anecdotiques, par Dick de Lonlay. 20 grandes compositions en couleurs par L. Bombled et dessins de l'auteur. — 1 volume.

**Histoire de Don Quichotte,** par Miguel de Cervantès-Saavedra. Traduction de Florian, illustrée de vignettes et gravures en couleurs. — 1 volume.

**Histoire de Jeanne d'Arc,** par Louis Moland, illustrée de gravures en chromolithographie par Lix. — 1 volume.

**Je saurai lire.** Alphabet méthodique et amusant, illustré de gravures en couleurs par Lix. — 1 volume.

**Je sais lire.** Lectures et scènes enfantines, illustrations de Lix, imprimées en couleurs. — 1 volume.

**Je serai soldat.** Alphabet militaire, illustré de 25 compositions en couleurs et de nombreux dessins en chromotypographie. — 1 volume.

**Légende du Juif errant (La),** Compositions et dessins, par Gustave Doré. Poème avec prologue et épilogue par Pierre Dupont, avec la Ballade de Béranger mise en musique par Ernest Doré. — 1 volume.

**Nouveau voyage en France.** Conversations familières, instructives et amusantes, illustré de gravures imprimées en couleurs. — 1 volume.

**Péripéties de l'aviation (Les),** par XAUDARO, illustrations en couleurs. — 1 volume.

**Voyages de Gulliver** à Lilliput et à Brobdingnag, par SWIFT, illustré de vignettes et gravures en couleurs. — 1 volume.

## ALBUMS PAR BENJAMIN RABIER

Albums in-4º oblong de 50 planches en couleurs, reliés toile, plaque spéciale, tranches dorées.
    L'album ........................................................ **7 fr. 50**

| | |
|---|---|
| Animaux en liberté (Les). | Petites misères de la vie des animaux. |
| Animaux s'amusent (Les). | Scènes de la vie privée des animaux. |
| Ménagerie. | |

## ALBUMS PAR TOPFFER

Albums format in-8º jésus oblong, le volume broché............................................ **5 fr. »**
    — relié toile, plaque spéciale, tranches dorées.................................... **7 fr. 50**

| | |
|---|---|
| Histoire de M. Jabot. | Le docteur Festus. |
| — M. Vieuxbois. | Histoire d'Albert. |
| — M. Crépin. | Histoire de M. Cryptogame. |
| — M. Pencil. | |

**Chansons et rondes enfantines,** Album illustré format in-8º colombier avec notices et accompagnement de piano, par J.-B. WECKERLIN. Ouvrage enrichi de chromotypographies par Henri PILLE, nombreux dessins de J. BLASS, TRIMOLLE, STEINHEIL.
    1 volume relié étoffe riche, tranches dorées................................................ **8 fr.**

**Chansons et rondes enfantines des provinces de France.** Album in-8º colombier avec notices et accompagnement de piano. Ouvrage enrichi de huit dessins en chromotypographie par F. LIX et de nombreuses vignettes.
    1 volume relié étoffe riche, tranches dorées ............................................ **8 fr.**

**Nouvelles chansons et rondes enfantines.** Album in-8º colombier, illustré en chromotypographie. Musique de WECKERLIN, dessins de LANDEZ, POIRSON, etc.
    1 volume relié étoffe riche, tranches dorées................................................ **8 fr.**

# VOLUMES IN-8 ILLUSTRÉS
# POUR LA JEUNESSE

Le volume format in-8° raisin, *broché* ........ **5** fr. **»**
— *relié toile, fers spéciaux, tranches dorées* **7** fr. **50**
——————o — — *1/2 chagrin, tranches dorées*....... **8** fr. **50** o——————

**ANDERSEN**

CONTENANT :

**Contes danois** *La vierge des glaciers. — Ib et la petite Christine. — Elle se conduit mal. — Un crève-cœur. — Un couple amoureux. — Une histoire dans les dunes. — Caquets d'enfants. — Une feuille du ciel. — Ce que le vieux fait est bien fait. — Le Sylphe. — La reine des neiges. — Le fils du portier. — Sous le saule. — Les aventures du chardon. — La fille du roi de la vase. — Le schilling d'argent. — Le jardinier et ses maîtres.*

Traduits par E. GRÉGOIRE et L. MOLAND, illustrés d'après les dessins de Yan DARGENT

**— Nouveaux contes danois**

CONTENANT :

*Le camarade de voyage. — Le sapin. — Le porcher. — La petite sirène. — La soupe à la brochette. — Cinq dans une cosse. — L'histoire d'une mère. — Le vilain petit canard. — Petite Poucette — Grand Claus et petit Claus. — Le goulot de la bouteille. — Les habits neufs de l'Empereur. — Les cygnes sauvages. — Bougie et chandelle. — La plus heureuse. — Scènes de basse-cour. — La pâquerette. — Le Stercoraire. — Trésor doré. — Le rossignol. — L'enfant au tombeau. — L'histoire de Valdemar Dae. — La petite fille qui marchait sur le pain. — Le crapaud. — Chacun et chaque chose à sa place. — Jean Balourd. — Quelque chose. — Les voisins.*

Traduits par E. GRÉGOIRE et L. MOLAND, illustrés par Yan DARGENT

**— Les Souliers rouges** et autres contes.

CONTENANT :

*Le coffre volant. — Le rêve du chêne. — Le grand serpent de mer. — Le briquet. — Le vieux ferme l'œil. — Le sanglier de bronze. — La pierre philosophale. — L'histoire de l'année. — Le jardin du paradis. — Livre d'images. — Le papillon. — L'infirme. — Il faut une différence. — Les coureurs. — La petite fille aux allumettes. — La pierre tombale. — Margoton. — La théière. — La cloche. — Le roi des aunes. — La famille heureuse. — La vieille maison. — Le sarrasin. — Ce que racontait la vieille Jeanne. — L'intrépide soldat de plomb. — L'ange. — La comète. — Le gnome et l'épicier. — Le bisaïeul. — C'est le rayon de soleil qui parle. — Le bonheur dans une branche. — L'homme de neige. — Le livre muet. — Le jardin du paradis. — L'ombre. — La vieille lanterne. — La vieille cloche d'église. — Les galoches du bonheur. — La plume et l'encrier. — Le lin. — La tirelire. — Les deux coqs. — Les sauteurs. — Ogier le Danois. — Les feux follets sont dans la ville.*

Traduits par E. GRÉGOIRE et L. MOLAND, illustrés par Yan DARGENT

**BAYARD**

**Histoire** *La très joyeuse, plaisante et récréative histoire du bon chevalier sans peur et sans reproches, le gentil seigneur de Bayard, composée par le Loyal Serviteur.*

Edition avec une introduction et des notes, par Louis MOLAND, ornée de gravures hors texte et de vignettes, dessins de TOFANI.

**BELLOC**

**Le fond du sac de la Grand'mère**

Contes et historiettes, illustrations dans le texte et hors texte de STAAL. 1 volume.

CONTENANT :

*Une nuit en diligence. — Marguerite. — L'anniversaire. — Florence. — Les épreuves de Henriette. — Le bal. — Le pion. — Berthe, la fille du pêcheur. — Le journal de famille. — Persévérance.*

**— La tirelire aux histoires.**

Lectures choisies, illustrations dans le texte et hors texte, de STAAL. 1 volume.

CONTENANT :

*A quoi sert la lecture. — L'art de bien lire. — Une bonne petite fille. — Ce que c'est qu'un livre. — L'enfant soigneux. — La fourmi et l'abeille. — Le rêve de Robert. — Le petit tambour. — Le travail. — Les vendanges. — Voyage dans la lune, etc., etc.*

**BELLOT**

**Voyage aux mers polaires** à la recherche de sir John Franklin, avec une introduction par M. Paul BOITEAU et accompagné d'une carte des régions arctiques, édition illustrée par, M. Ad. BEAUNE. 1 volume.

**BERNARDIN DE SAINT-PIERRE**

**Paul et Virginie** suivi de la *Chaumière indienne*, édition précédée d'une notice par SAINTE-BEUVE, illustrée par Alexandre DE BAR. 1 volume.

**BERQUIN**

**L'ami des enfants** Edition précédée d'une notice biographique par J. N. BOUILLY, illustrée de nombreuses vignettes dessinées par STAAL et GÉRARD-SÉGUIN. 1 volume.

**— Sandfort et Merton** Suivis de :
*Le petit Grandisson. — Retour de croisière. — Les sœurs de lait. — Les joueurs. — Le page. — L'honnête fermier.*
Edition illustrée de vignettes sur bois, dessinées par STAAL. 1 volume.

**BERTHOUD**

**La cassette des sept amis** Contes.
CONTENANT :
*La cassette. — La tartine de confitures. — La ruche — Une mine de sel. — La vierge du Tasse. — La légende des chiens. — Amitiés de certains animaux pour l'homme. — Aventures d'une famille anglaise. — La Sainte Chapelle.*
Illustrations de YAN DARGENT. 1 volume.

**— L'homme depuis 5.000 ans** CONTENANT :
*Un habitant de la place Royale. — Le plus ancien livre du monde. — L'âge de pierre en Europe. — Les premiers habitants de Paris. — L'âge de pierre polie et l'âge de bronze. — Les cuisines du diable. — Quelques explications. — Le collier vivant. — Le moyen âge. — La justice du prince Baudoin. — La partie d'échecs du diable. — Le seizième siècle. — Les compagnons de la Hanse. — Le dix-septième siècle. — Le peintre de la reine. — Les aventures de Perle-d'Or. — L'herbier de Marie-Madeleine. — L'an deux mil huit cent soixante-seize.*
Illustrations de YAN DARGENT. 1 volume.

**— Les hôtes du logis** CONTENANT :
*Le monde végétal des appartements. — Les insectes. — Les déprédateurs. — Les plantes. — Force des insectes. — Les odeurs. — Une dépêche télégraphique. — Les aliments. — La glace. — Les mystères de la lune. — Un cuisinier célèbre. — Le pain. — La sœur de Rembrandt. — La faïence. — Les boissons. — Le gaz et l'huile de pétrole. — Les six souhaits de Fritz Mürger.*
Illustrations de YAN DARGENT. 1 volume.

**— Le monde des insectes** CONTENANT :
*Comment vient l'idée d'un livre. — Histoire d'un saule. — Où les amis dissertent. — La ménagerie du curé. — Autres histoires d'araignées. — La tour de Nesle dans un compotier. — Un drame entre deux rosiers. — Histoire de six cents sœurs jumelles. — Les éphémères. — L'entomologie à la Comédie-Française. — Un siège dans le bois de Vincennes. — La matinée d'un malade. — Le boucher de Charenton. — Le prisonnier. — Les insectes odorants. — Les longicornes. — Les mangeurs d'étoiles — Les limaçons. — Au bord de la mer. — Le monde invisible. — Un microscopique vivant. — Le taupin rouge. — L'épée du duc d'Albe. — Où survient mon chat Tonton.*
Illustrations de YAN DARGENT. 1 volume.

**— Soirées du Dʳ Sam** CONTENANT :
*Le retour. — Un mariage de savant. — Linné et Léna. — Dodo et Dédèle. — Marianne Chimot. — Le général Saint-Yvon. — Le caporal Jeune première. — Madame Anderson. — Le docteur Himly. — Un membre de l'Académie des inscriptions et belles-lettres. — Bemboche. — Une histoire de libraire. — Huber. — Les inconvénients de la célébrité. — Gertrude.*
Illustrations de YAN DARGENT. 1 volume.

**BUFFON**

**Buffon des familles** Histoire et description des animaux, extraites des œuvres de Buffon et de Lacépède par Aug. DUBOIS.
Ouvrage illustré de plus de 450 gravures dont 16 sujets hors texte. 1 volume.

**CERVANTÈS**

**Don Quichotte de la jeunesse** Traduit par Florian. Nouvelle édition illustrée de vignettes sur bois d'après les dessins de G. Staal. 1 volume.

**COZZENS**

**La contrée merveilleuse** Voyages dans l'Arizona et le Nouveau-Mexique, traduction de W. Battier.

**CUVELLIER**

**La vie du vaillant Bertrand Du Guesclin** D'après la chanson de geste du trouvère Cuvellier et la chronique en prose contemporaine, texte rajeuni par Mlle Dufaux de la Jonchère, avec une introduction et des notes par Louis Moland. Edition ornée de gravures hors texte et de nombreuses vignettes, dessins de Tofani. 1 volume.

**FABRE**

**Histoire de la bûche** Récits sur la vie des plantes, illustrations de Yan Dargent. 1 volume. (*N'existe plus que relié toile et demi-chagrin.*) Vignettes anglaises, illustrations de Yan Dargent. 1 volume.

**FÉNELON**

**Les aventures de Télémaque** et les aventures d'Aristonoüs, précédées de plusieurs études historiques et littéraires, par Villemain, S. de Sacy et J. Janin, et suivies d'un vocabulaire géographique et historique. Edition illustrée d'après les dessins de Tony Johannot, etc. 1 volume.

**FLORIAN**

**Fables** Illustrées par Grandville, suivies de *Tobie et Ruth*, poèmes tirés de l'Ecriture sainte et précédées d'une notice sur la vie et les ouvrages de Florian, par P.-J. Stahl. 1 volume.

**FOË (DE)**

**Robinson Crusoé** Illustré par Gavarni. 1 volume.

**GALLAND**

**Les mille et une nuits des familles** Contes arabes choisis et révisés avec la plus scrupuleuse attention. Illustrés par Français, Baron, Wattier, Laville, etc. 1 volume.

**GENLIS**

**Les veillées du château** ou cours de morale à l'usage des enfants. Edition illustrée par Staal. 1 volume.

**JACQUET**

**Vies des saints les plus populaires et les plus intéressants** Recueillies et précédées d'une introduction, édition illustrée de gravures dans le texte et hors texte. 1 volume.

**LEPRINCE DE BEAUMONT**

**Le magasin des enfants** ou dialogues d'une sage gouvernante avec ses élèves. Edition revue et corrigée d'après les plus anciennes et meilleures éditions, augmentée d'un conte du même auteur et précédée d'une notice par Mme Louise S. W. Belloc. Illustrations de G. Staal. 1 volume.

**LE VAILLANT**

**Voyage dans l'intérieur de l'Afrique** et au cap de Bonne-Espérance. Edition illustrée de 17 planches hors texte et de nombreuses vignettes par D. Semeghini. 1 volume.

**NODIER (Ch.)**

**Le génie Bonhomme** Contenant : *Séraphine. — François les bas bleus. — La neuvaine de la Chandeleur. — Les aveugles de Chamouny. — Baptiste Montauban. — La légende de sœur Béatrice. — Trilby. — Trésor des fèves et fleur des pois.*
Avec une introduction de Louis Moland, illustrations de Staal. 1 volume.

**PELLICO**

**Mes prisons** suivi des devoirs des hommes, traduction nouvelle par le comte H. DE MESSEY, revue par le vicomte de VILLENEUVE DE BARGEMONT.

Illustrations de GÉRARD-SEGUIN, DAUBIGNY, STEINHEIL, etc. 1 volume.

**PERRAULT**

**Contes des Fées** par PERRAULT, Mme D'AULNOY, HAMILTON et Mme LEPRINCE DE BEAUMONT.

CONTENANT :

PERRAULT : *Le petit Chaperon rouge.* — *Les Fées.* — *La Barbe-bleue.* — *La Belle au bois dormant.* — *Le maître chat ou le chat botté.* — *Cendrillon ou la petite pantoufle de verre.* — *Riquet à la houppe.* — *Le petit Poucet.* — *L'adroite princesse ou les aventures de Finette.* — *Peau d'âne.*
Mme D'AULNOY : *Gracieuse et Percinet.* — *La belle aux cheveux d'or.* — *L'oiseau bleu.* — *Le rameau d'or.* — *La bonne petit souris.* — *Le mouton.* — *Finette Cendron.* — *Fortunée.* — *Babiole.* — *Le nain jaune.* — *Serpentin vert.* — *La biche au bois.* — *La chatte blanche.* — *Belle-belle ou le Chevalier fortuné.*
HAMILTON : *Histoire de Fleur-d'Epine.* — *Histoire de Phénix.* — *Histoire de Sérène.*
LEPRINCE DE BEAUMONT : *Le prince chéri.* — *La belle et la bête.*
Edition illustrée de nombreuses vignettes dans le texte et de dix grands bois hors texte par STAAL, BERTALL, etc. 1 volume.

**SCHMID**

**Contes** Traduction de l'abbé MACKER, la seule approuvée par l'auteur.
Edition illustrée par G. STAAL d'un grand nombre de vignettes dans le texte et dix grands bois hors texte. 2 volumes.

CONTENANT :

TOME Ier : *La colombe.* — *Le serin.* — *Le ver luisant.* — *Les œufs de Pâques.* — *Le petit mouton.* — *La mouche.* — *La croix de bois.* — *L'enfant perdu.* — *La chapelle de la forêt.* — *Rose de Tannenbourg.* — *La veille de Noël.* — *Ludovico.* — *Histoire de Henri d'Eichenfels.* — *La corbeille de fleurs.* — *Geneviève de Brabant.*
TOME II : *La ferme des tilleuls.* — *Le bon Fridolin et le méchant Thierry.* — *Eustache ou les martyrs.* — *Les fruits d'une bonne éducation.* — *La bague trouvée.* — *Les Kreutzers rouges.* — *L'Incendie.* — *Itha, duchesse de Toggenbourg* — *Les deux frères.* — *Maria ou la fête des roses.* — *Une journée de bonheur.* — *Thérèse Muller.* — *La baraque du pêcheur.* — *Louise et Marie Fernando.* — *La guirlande de houblon.*

**SWIFT**

**Voyages de Gulliver** dans les contrées lointaines. Traduction nouvelle précédée d'une notice par Walter SCOTT, illustrations de GRANDVILLE. 1 volume.

**WISEMAN**

**Fabiola** ou l'église des catacombes. Traduction nouvelle par Mlle NETTEMENT, vignettes d'après les dessins de Yan DARGENT. 1 volume.

**WYSS**

**Le Robinson suisse** Traduit par Mlle Elise VOIART, précédé d'une introduction par Charles NODIER. Vignettes d'après les dessins de Ch. LEMERCIER. 1 volume.

# VOLUMES IN-18 ILLUSTRÉS
# POUR LES ENFANTS

Le volume broché.......................... **2 fr. 50**
————————o Relié toile, fers spéciaux, tranches dorées....... **3 fr. 50** o————————

### ANDERSEN

**Le camarade de voyage** — CONTENANT : *Sous le saule. — Les aventures du chardon. — La fille du Roi de la vase. — Le schilling d'argent. — Le vilain petit canard. — La petite sirène. — La soupe à la brochette. — Le sapin. — Le porcher. — Cinq dans une cosse. — L'histoire d'une mère.* Traduction GRÉGOIRE et L. MOLAND, illustrations de Yan DARGENT. 1 volume.

**— Le coffre volant** — CONTENANT : *Les souliers rouges. — Le papillon. — L'Infirme. — Il faut une différence. — Les coureurs. — La petite fille aux allumettes. — Margoton. — Le dernier rêve du chêne. — Le roi des aunes. — La vieille maison. — Le Sarrasin. — Le grand serpent de mer. — Le briquet. — L'intrépide soldat de plomb. — L'ange. — Le vieux ferme l'œil. — Le sanglier de bronze. — La comète. — C'est le rayon de soleil qui parle.* Traduction GRÉGOIRE et L. MOLAND, illustrations de Yan DARGENT. 1 volume.

**— L'homme de neige** — CONTENANT : *La pierre philosophale. — Le bonheur dans une branche. — Le livre muet. — L'histoire de l'année. — Le jardin du paradis. — L'ombre. — La vieille cloche d'église. — Les galoches du bonheur. — La plume et l'encrier. — Le lin. — Le livre d'images. — La vieille lanterne. — La tirelire. — Les deux coqs. — Jean Balourd. — Les voisins. — Les sauteurs. — Ogier le Danois. — Les feux follets sont dans la ville.* Traduction GRÉGOIRE et L. MOLAND, illustrations de Yan DARGENT. 1 volume.

**— Histoire de Valdemar Daac** — CONTENANT : *Petite poucette. — Grand Claus et petit Claus. — Les cygnes sauvages. — Scènes de basse-cour. — La pâquerette. — Le rossignol. — L'enfant du tombeau. — Le goulot de la bouteille. — Les habits neufs de l'Empereur. — Bougie et chandelle. — La plus heureuse. — Le Stercoraire. — Trésor doré. — La petite fille qui marchait sur le pain. — Le crapaud. — Chacun et chaque chose à sa place. — Quelque chose.* Traduction GRÉGOIRE et L. MOLAND, illustrations de Yan DARGENT. 1 volume.

**— La vierge des glaciers** — CONTENANT : *Ib et la petite Christine. — Elle se conduit mal. — Un crève-cœur. — Un couple d'amoureux. — Une histoire dans les dunes. — Caquets d'enfants. — Une feuille du ciel. — Ce que le vieux fait est bien fait. — Le Sylphe. — La reine des neiges. — Le fils du portier. — Le jardinier et ses maîtres.* Traduction GRÉGOIRE et L. MOLAND, illustrations de Yan DARGENT. 1 volume.

### ARMOR

**Les Vacances de Noël.** Illustrations par JORDIC, 1 volume.

### BARTOLOMÉ

**Histoire du paysan Bertoldo** Sa vie, ses faits et gestes, ses étonnantes malices; suivie de l'histoire de son fils Bertoldino et de son petit-fils Cacaseno. Illustrations de Albert GUILLAUME et Mme LAMI. 1 volume.

### BEECHER STOWE

**La Case de l'Oncle Tom ou la vie des nègres en Amérique** Illustrations de Jules DAVID. 1 volume.

### BELLOC

**Contes familiers** par Maria EDGEWORTH, dédiés aux parents et aux enfants, traduits par Mme L.-Sw. BELLOC. Illustrés 1 volume.

**— Contes pour le premier âge** Imprimés en gros caractères, vignettes de STAAL. 1 volume.

**BELLOC**

**Grave et gai, rose et gris** par miss Ann. FRASER TYTLER. Traduction de l'anglais par BELLOC et MONTGOLFIER, dessins de STAAL. 1 volume.

— **Histoires et contes de la Grand'mère** Illustrations de STAAL. 1 volume.

— **Lectures enfantines** Contes et récits du deuxième âge. 1 volume.

— **La tirelire aux histoires** Lectures choisies, illustrations de STAAL. 2 volumes.

**BERNARDIN DE SAINT-PIERRE**

**Paul et Virginie** suivi de la *Chaumière indienne*. Illustrations d'après les dessins de BERTALL et DEMARLE. 1 volume.

**BERQUIN**

**L'ami des enfants** et des adolescents, vignettes par STAAL. 1 volume.

— **Sandfort et Merton** suivi de *Le page*, édition illustrée de vignettes par G. STAAL. 1 volume.

— **Le petit Grandisson** Suivi de : *Le retour de Croisière. — Les sœurs de lait. — Les joueurs. — L'honnête fermier*. Edition illustrée de vignettes par STAAL. 1 volume.

— **Théâtre choisi** CONTENANT : *Les petites couturières. — Un bon cœur fait pardonner bien des étourderies. — Colin-Maillard. — Le petit joueur de violon. — La petite glaneuse. — L'oiseau du bon Dieu. — Les douceurs du travail. — Les pères reconciliés par leurs enfants. — La levrette et la bague. — Les étrennes — Le vieux champagne. — L'éducation à la mode. — La vanité punie. — L'école des marâtres. — L'épée. — L'incendie.* Vignettes par STAAL. 1 volume.

**BOCHET**

**Premier livre des enfants** 1 volume. Alphabet et lectures choisies pour le premier âge (gros caractères).

**BOUILLY (Œuvres de J.-N.)**

**Conseils à ma fille** Edition Magnien. 1 volume.

— **Les encouragements de la jeunesse** 1 volume relié toile seulement.

— **Causeries et nouvelles causeries** 1 volume relié toile seulement.

**BUFFON**

**Petit Buffon illustré** Histoire et description des animaux, extraite des œuvres de Buffon et de Lacépède. Nombreuses vignettes d'après les dessins de FREEMAN, MASSIEU, etc. 1 volume.

**CAMPE**

**Histoire de la découverte et de la conquête de l'Amérique** Traduction par Charles SAINT-MAURICE. Edition ornée de vignettes dessinées par STAAL, 1 volume.

**CERVANTÈS**

**L'ingénieux hidalgo Don Quichotte de la Manche** Edition pour la jeunesse, nouvelle édition illustrée de gravures sur bois, d'après les dessins de STAAL. 1 volume.

**CONTES**

**Contes et historiettes recueillies par un papa** Impression en gros caractères, illustrations de STAAL. Yan DARGENT. 1 volume.

**COZZENS**

**Voyage dans l'Arizona** Traduction de W. BATTIER. Vignettes anglaises, illustrations de Yan DARGENT. 1 volume.

— **Voyage dans le Nouveau-Mexique** suite du voyage dans l'Arizona. Traduction de W. BATTIER. vignettes anglaises, illustrations de Yan DARGENT. 1 volume.

**CUVELLIER**

**La vie du vaillant Bertrand Du Guesclin** d'après la chanson de geste du trouvère Cuvellier et la chronique en prose contemporaine, texte rajeuni par Mlle Dufaux de la Jonchère. Introduction et notes de Louis Moland, dessins de Tofani. 2 volumes.

**DEMESSE**

**Zizi** Histoire d'un moineau de Paris, 75 illustrations de Bertrand. 1 volume.

**DESBORDES-VALMORE** (Mme)

**Contes et scènes de la vie de famille** dédiés aux enfants, illustrés de nombreuses vignettes. 2 volumes.

CONTENANT :

Tome Ier : *L'enfant des Champs-Elysées. — La royauté d'un jour. — Les étrennes de Gustave. — Les vacances ou les petits politiques, etc.*
Tome II : *Le petit bègue. — Le grand cheval et le petit cavalier. — Le serment des petits Polonais. — Les petits Flamands. — Gino ou le danger des fleurs. — Deux philosophes sans le savoir. — Quatre lettres d'une mère à son fils.*
Ouvrages couronnés par l'Académie des sciences.

**DESBORDES-VALMORE** (Mme)

**Poésies de l'enfance** aux enfants, aux mères. 1 volume.

**FÉNELON.**

**Les aventures de Télémaque** suivies des aventures d'Aristonoüs, accompagnées de notes philologiques et littéraires et précédées de l'éloge de Fénelon par La Harpe, vignettes sur bois. 1 volume.

**FLORIAN**

**Fables** suivies de son théâtre, précédées d'un jugement par La Harpe et d'observations littéraires par Sainte-Beuve, vignettes par Grandville. 1 volume.

**— Le Don Quichotte** (Voir Cervantès).

**FOË** (DE)

**Aventures de Robinson Crusoé** traduction nouvelle, illustrations de Grandville. 1 volume.

**GAUDELETTE**

**La patrie à l'école** Récit des principaux faits de la guerre franco-allemande (1870-1871). 1 volume relié toile seulement.

**GALLAND**

**Mille et une nuits de la jeunesse** Contes arabes, traduits par Galland, choisis et revisés avec la plus scrupuleuse attention.

CONTENANT :

*Le marchand et le génie. — Histoire de Singbad, le marin. — Aladin ou la lampe merveilleuse. — Ali-Baba et les quarante voleurs.* 1 volume illustré.

**Les mille et une nuits des familles** Contes arabes, traduits par Galland, choisis et revisés avec la plus scrupuleuse attention. 2 volumes illustrés.

**GENLIS** (Mme DE)

**Adèle et Théodore** ou lettres sur l'éducation. Edition soigneusement revue et corrigée, illustrée. 2 volumes.

**— Les veillées du château** ou cours de morale à l'usage des enfants, édition illustrée de dessins par Staal. 2 volumes.

**GRIMM**

**Contes** traduits de l'allemand par E. Grégoire et L. Moland, illustrations de Yan Dargent. 1 volume.

**HÉRICAULT** (D') et L. MOLAND

**La France guerrière** Récits historiques d'après les chroniques et les mémoires de chaque siècle, édition illustrée de vignettes sur bois, 4 volumes se vendant séparément.

1re Partie : *Vercingétorix. — Du Guesclin ;*
2e Partie : *Jeanne d'Arc. — François Ier ;*
3e — : *Henri IV. — République ;*
4e — : *Rivoli. — Solférino.*

**HÉRODOTE**

**Récits historiques** avec une introduction et des notes par L. Humbert, nombreuses vignettes dans le texte. 1 volume relié toile seulement.

**JACQUET**

**L'année chrétienne** La vie d'un saint pour chaque jour, ouvrage approuvé par NN. SS. les archevêques et évêques, 2 volumes.

**LA FONTAINE**

**Fables** avec de nouvelles remarques explicatives philosophiques et littéraires et un choix de notes extraites de tous les commentaires par Félix Lemaistre. Edition illustrée d'après les dessins de Grandville et de Staal. 1 volume.

**LAMBERT (Mme)**

**Lectures de l'enfance** Petits contes, historiettes, anecdotes, dialogues tirés des meilleurs auteurs, imprimés en gros caractères.
Illustrations de G. Staal. 1 volume.

**LEPRINCE DE BEAUMONT (Mme)**

**Le magasin des enfants** Edition revue et corrigée par Mme L.-Sw. Belloc, illustrations de Staal. 2 volumes.

**LOISEAU DU BIZOT**

**Cent petits contes** pour les enfants bien sages, imprimés en gros caractères, illustrés de 125 gravures. 1 volume.

**MAISTRE (Xavier de)**

**Œuvres complètes** Contenant : *Voyage autour de ma chambre. — Expédition nocturne. — Le lépreux de la cité d'Aoste. — Les prisonniers du Caucase. — La jeune Sibérienne.*
Edition précédée d'une notice par Sainte-Beuve, illustrations de G. Staal. 1 volume

**MANZONI**

**Les Fiancés** Histoire milanaise du XVIIe siècle, traduction nouvelle par le marquis de Montgrand, illustrations de Staal. 1 volume.

**NODIER (Charles)**

**La neuvaine de la Chandeleur** Contenant : *Le génie Bonhomme. — Les aveugles de Chamouny. — Baptiste Montauban. — Trilby. — Jean François les bas-bleus.*
Illustrations de Staal. 1 volume.

**OLLIVIER (Mme Emile)**

**Petites histoires** Illustrations d'après les dessins de Tofani. 1 volume.

**PELLICO**

**Mes prisons** suivis des *Devoirs des hommes*, traduction nouvelle par le comte H. de Messey. 1 volume.

**PERRAULT**

**Contes des Fées** suivis des contes de Mme d'Aulnoy et de Mme Leprince de Beaumont, édition illustrée de nombreuses vignettes par G. Staal. 1 volume.

**PLUTARQUE**

**Vies des Grecs célèbres** avec une introduction et des notes par Louis Humbert, nombreuses vignettes d'après l'antique. 1 volume.

**— Vies des Romains illustres** avec une introduction et des notes par Louis Humbert, nombreuses vignettes d'après l'antique. 1 volume.

**RONCEY (P.-A. de)**

**Histoire de Charlemagne** ou les *Douze Pairs de France*. 1 volume in-18. Illustrations de Nunez.

**RUNEBERG (Jean-Louis)**

**Le roi Fialar** précédé de :
*Le porte-enseigne Stole. — La nuit de Noël. — Hama*, etc.
Traduits par Hippolyte Valmore, 1 volume.

**SACHOT**

**Inventeurs et inventions** avec de nombreuses vignettes dans le texte. 1 volume.

**SCHMID**

**Contes choisis** Traduction de l'abbé Macker, édition illustrée par G. Staal; 4 volumes se vendant séparément.
Tome Ier : *La colombe. — Le serin. — Le ver luisant. — Les œufs de Pâques. — Le petit mouton. — La mouche. — La croix de bois. — L'enfant perdu. — La chapelle de la forêt. — Ludovico. — Geneviève de Brabant.*
Tome II : *Rose de Tannenbourg. — La veille de Noël. — Histoire de Henri d'Eichenfels. — La corbeille de fleurs.*
Tome III : *La ferme des tilleuls. — Le bon Fridolin et le méchant Thierry. — Eustache.*
Tome IV : *Itha, duchesse de Toggenbourg. — Les fruits d'une bonne éducation. — Les deux frères. — Maria ou la fête des roses. — Une journée de bonheur. — Thérèse Muller. — La barque du pêcheur. — Louise et Marie.*

**SÉVIGNÉ (Mme DE)**

**Lettres choisies** accompagnées de notes explicatives sur les faits et les personnages du temps, précédées d'observations littéraires par Sainte-Beuve. 1 volume.

**SWIFT**

**Voyages de Gulliver** dans les contrées lointaines, édition précédée d'une notice biographique et littéraire par Walter Scott, illustrations de Grandville. 1 volume.

**TÖPFFER**

**Premiers voyages en zigzag** ou excursions d'un pensionnat en vacances dans les cantons suisses et sur le revers italien des Alpes. 2 volumes illustrés par Calame d'après les dessins de l'auteur.
Tome Ier : *Vallée d'Aoste. — Saint-Gervais. — Valais. — Saint-Gothard. — Schwitz. — Milan. — Côme. — Splugen.*
Tome II : *Chamonix. — L'Oberland. — Le Righi. — Le tour du lac de Genève. — Venise.*

**— Nouveaux voyages en zigzag** à la Grande-Chartreuse, autour du Mont-Blanc, précédés d'une notice par Sainte-Beuve. 2 volumes illustrés d'après les dessins originaux de Topffer.
Tome Ier : *Voyage à la Grande-Chartreuse et autour du Mont-Blanc.*
Tome II : *Voyages dans les vallées d'Hérens, de Zermatt, au Grimsel, à Gênes et à la Corniche.*

**— Nouvelles genevoises** illustrées d'après les dessins de l'auteur. 1 volume.

**VAULABELLE (DE)**

**Ligny-Waterloo** d'après les documents authentiques recueillis en France et à l'étranger, gravures par Worms et carte de la campagne. 1 volume.

**WISEMAN**

**Fabiola** ou l'Eglise des Catacombes. Traduction nouvelle par Mlle Nettement, précédée d'une introduction de Alfred Nettement, vignettes d'après les dessins de Yan Dargent. 1 volume.

**WYSS**

**Le Robinson suisse** traduit de l'allemand par Mme Elise Voiart, précédé d'une introduction par Charles Nodier, orné de vignettes d'après les dessins de Ch. Lemercier. 2 volumes.

# CHEFS-D'ŒUVRE

DE LA

# LITTÉRATURE FRANÇAISE

*Volumes format in-8° cavalier ornés de gravures sur acier*

Chaque volume broché.............. **7** fr. **50** | Relié 1/2 veau, tr. peigne .... ..... **10** fr. **50**
1/2 chagrin, t. dorée ............... **11** fr. **50** | Amateur ...................... **12** fr. **50**

————o *(Les ouvrages en plusieurs volumes ne se vendent pas séparément reliés.)* o————

**BOILEAU. — Œuvres complètes** accompagnées de notes historiques et littéraires et précédées d'une étude sur sa vie et ses ouvrages par A. Ch. GIDEL, 4 volumes, ornés de gravures sur acier d'après le dessin de STAAL.

CONTENANT :

TOME 1er : *Vie de Boileau. — Préfaces de Boileau-Despréaux pour les éditions complètes de ses ouvrages. — Discours au Roi. — Satires I à VI.*
TOME 2 : *Satires VII à XII. — Epîtres. — Art poétique. — Le Lutrin.*
TOME 3 : *Discours sur l'ode. — Odes, épigrammes et autres poésies. — Fragment d'un prologue d'opéra. — Poésies latines. — Pièces attribuées à Boileau. — Une satire inédite de Boileau. — Œuvres en prose.*
TOME 4 : *Œuvres en prose (suite). — Correspondance.*

**BUFFON. — Chefs-d'œuvre littéraires** avec une introduction par M. FLOURENS et le portrait de Buffon gravé sur acier, 2 volumes.

TOME Ier : *Discours prononcé à l'Académie Française par M. de Buffon le jour de sa réception. — Réponse à M. de la Condamine le jour de sa réception à l'Académie Française. — Histoire naturelle de l'homme. — Les Animaux domestiques.*
TOME II : *Vues de la nature. — Animaux de l'ancien continent. — Animaux du Nouveau Monde. — Animaux communs aux deux continents. — Histoire naturelle des animaux. — Des époques de la nature.*

**CHÉNIER (André). — Œuvres poétiques** précédées de la vie d'André CHÉNIER mises en ordre et annotées par Louis MOLAND avec les études de Sainte-Beuve sur André Chénier, les mélanges littéraires, la correspondance et une notice bibliographique. Edition ornée de gravures sur acier d'après les dessins de STAAL, 2 volumes.

TOME Ier : *Vie d'André Chénier. — Œuvres publiées du vivant de l'auteur. — Œuvres posthumes, bucoliques. — Elégies. — Elégies italiennes et orientales.*
TOME II : *Epîtres. — Théâtre. — Poèmes. — Poésies diverses. — Satires. — Hymnes. — Odes. — Iambes. — Mélanges littéraires. — Correspondance. — Appendice.*

**IMITATION DE JÉSUS-CHRIST (L')** Traduction nouvelle avec des réflexions à la fin de chaque chapitre par l'abbé DE LAMENNAIS, édition ornée de vignettes sur acier, 1 volume.

**LA BRUYÈRE (J. de). — Œuvres complètes.** Nouvelle édition avec une notice sur la vie et les écrits de La Bruyère, une bibliographie, des notes, une table analytique des matières, un lexique par A. CHASSANG et le portrait de La Bruyère gravé sur acier, 2 volumes.

TOME Ier : *Les caractères ou les mœurs de ce siècle.*
TOME II : *Les caractères (suite). — Les caractères de Théophraste traduits du grec. — Discours prononcé dans l'Académie Française le 15 juin 1693. — Dialogue sur le quiétisme. — Lettres. — Lexique.*

**LA FONTAINE. — Œuvres complètes.** Nouvelle édition très soigneusement revue sur les textes originaux, avec un travail de critique et d'érudition, aperçus d'histoire littéraire, vie de l'auteur, notes et commentaires, bibliographie, etc., par L. MOLAND, ornée de gravures sur acier d'après les dessins de STAAL, 7 volumes.

Tome Ier : *La fable depuis les origines jusqu'à La Fontaine. — La fable dans l'antiquité. — La fable au moyen âge. — La fable dans l'âge moderne. — La Fontaine et ses fables. — Jugements. — Fables, livres I à VI.*

Tome II : *Fables livres VII à XII. — Table des fables suivant la division des livres. — Table alphabétique des fables.*

Tome III : *Contes 1ʳᵉ et 2ᵉ parties.*

Tome IV : *Contes 3ᵉ, 4ᵉ et 5ᵉ parties.*

Tome V : *L'eunuque, comédie. — Les rieurs du Beau-Richard, ballet. — Clymène, comédie. — Ballet sur la paix. — Daphne, opéra. — Fragment de Galatée, opéra. — Ragotin ou le roman comique, comédie. — Le Florentin, comédie. — La coupe enchantée, comédie. — Le veau perdu, comédie. — Astrée, tragédie lyrique. — Je vous prends sans vert, comédie. — Achille, tragédie.*

Tome VI : *Les amours de Psyché et de Cupidon. — Adonis. — Fragment du songe de Vaux. — Poème de la captivité de Saint-Malo. — Poème du quinquina. — Elégies. — Odes. — Poésies diverses. — Traductions en vers.*

Tome VII : *La Fontaine, sa vie et ses ouvrages. — Ballades et rondeaux. — Sonnets. — Madrigaux. — Dizains. — Sixains. — Chansons. — Epitaphes. — Vers pour des portraits. — Epigrammes. — Epîtres. — Pièces diverses en prose. — Lettres de La Fontaine à sa femme. — Lettres à divers. — Pièces attribuées à La Fontaine.*

## LA ROCHEFOUCAULD. — Œuvres complètes avec notes de A. Chassang. 2 volumes.

Tome Ier : *Les Mémoires. — Portraits. — Apologie de Marcillac.*

Tome II : *Les maximes. — Réflexions diverses. — Correspondance.*

## LE SAGE. — Histoire de Gil Blas de Santillane avec les principales remarques des divers annotateurs, précédée d'une notice par Sainte-Beuve, des jugements et témoignages sur Le Sage et sur Gil Blas, suivie de *Turcaret* et de *Crispin rival de son maître*, ornée du portrait de Le Sage gravé sur acier. 2 volumes.

Tome Ier : *Livres I à VI.*

Tome II : *Livres VII à XII. — Turcaret. — Crispin rival de son maître.*

## MAROT (Clément). — Œuvres annotées, revues sur les éditions originales et précédées de la vie de Clément Marot par Charles d'Héricault, ornée du portrait de l'auteur d'après une peinture du temps. 1 volume.

## MASSILLON. — Œuvres choisies. Nouvelle édition accompagnée de notes et précédée d'une étude sur Massillon, par M. Godefroy, ornée du portrait de Massillon. 2 volumes.

Tome Ier : *Sermons.*

Tome II : *Sermons (suite). — Conférences. — Discours synodaux. — Pensées ou morceaux choisis.*

## MOLIÈRE. — Œuvres complètes collationnées sur les textes originaux et commentées par Louis Moland. Deuxième édition soigneusement revue et augmentée.

Une composition de Staal, gravée sur acier, accompagne chaque pièce. 12 volumes.

Tome Ier : *Biographie et bibliographie.*

Tome II : *Les deux farces et le ballet attribués à Molière. — Préface de l'édition de 1682. — L'étourdie ou les contre-temps. — Le dépit amoureux, comédie en cinq actes.*

Tome III : *Le dépit amoureux, comédie en deux actes. — Les précieuses ridicules. — Sganarelle ou le cocu imaginaire. — Don Garcie de Navarre ou le prince jaloux.*

Tome IV : *Le Gelosie fortunate del principe Rodrigo. — L'école des maris. — Les fâcheux. — L'école des femmes. — La critique de l'école des femmes.*

Tome V : *L'impromptu de Versailles. — Le mariage forcé. — Fêtes de Versailles en 1664 ; les plaisirs de l'île enchantée. — La princesse d'Elide.*

Tome VI : *Le Tartuffe ou l'imposteur. — Don Juan ou le festin de Pierre.*

Tome VII : *Le festin de Pierre. — L'amour médecin. — Le misanthrope.*

Tome VIII : *Le médecin malgré lui. — Mélicerte. — Pastorale comique. — Le Sicilien ou l'amour peintre. — Amphitryon.*

Tome IX : *George Dandin ou le mari confondu. — Le grand divertissement royal de Versailles, 1668. — L'avare. — La gloire du Val-de-Grâce.*

Tome X : *Monsieur de Pourceaugnac.* — *Les amants magnifiques.* — *Le bourgeois gentilhomme.* —
*Elomire Hypocondre ou les médecins vengés.*
Tome XI : *Psyché.* — *Les fourberies de Scapin.* — *La comtesse d'Escarbagnas.* — *Les femmes savantes.*
Tome XII : *Le malade imaginaire.* — *Poésies diverses.* — *Lexique de la langue de Molière.*

## MONTAIGNE (Michel de). — Essais. Nouvelle édition avec des notes de tous les commentateurs, choisies et complétées par M.-J.-V. Le Clerc, précédée d'une nouvelle étude sur Montaigne par Prévost-Paradol. 4 volumes avec portrait.

Tome Ier : *Essais,* livre Ier.
Tome II : *Essais,* livre II.
Tome III : *Essais,* livre II (*suite*), livre III.
Tome IV : *Essais,* livre III (*suite*). — *Correspondance de Michel de Montaigne.* — *Voyage de Michel de Montaigne.* — *La théologie naturelle de Raymond Sebon.* — *Pièces additionnelles et documents bibliographiques.* — *Etienne de la Boëtie.* — *La servitude volontaire ou le contre-un.*

## MONTESQUIEU. — Œuvres complètes avec les variantes des premières éditions, un choix des meilleurs commentaires et des notes nouvelles, par Edouard Laboulaye. 7 volumes.

Tome Ier : *Lettres persanes.*
Tome II : *Le temple de Gnide.* — *Céphise et l'amour.* — *Le temple de Gnide,* mis en vers par Léonard.
—*Grandeur et décadence des Romains.* — *Dialogue de Sylla et d'Eucrate.* — *Lysimaque.* — *Dissertation de la politique des Romains dans la religion.* — *Tibère et Louis XI.* — *Arsace et Ismenie.*
Tome III : *De l'esprit des lois,* livres I à X.
Tome IV : *De l'esprit des lois,* livres XI à XXI.
Tome V : *De l'esprit des lois,* livres XXII à XXX.
Tome VI : *De l'esprit des lois,* livre XXXI. — *Défense et suite de la défense.*
Tome VII : *Discours.* — *Essai sur le goût.* — *Pensées diverses.* — *Lettres.* — *Voyage à Paphos.*

## PASCAL. — Lettres écrites à un provincial. Nouvelle édition avec une introduction générale, une notice à l'ouvrage, les variantes des éditions originales, des notes d'histoire et de philologie, un commentaire sur le fond du livre et la bibliographie, par L. Derome. Édition ornée de portraits des personnages importants de Port-Royal gravés sur acier. 2 volumes.

## RACINE. — Œuvres complètes avec une vie de l'auteur et un examen de chacun de ses ouvrages, par Louis Moland. 8 volumes.

Tome Ier : *Vie de Racine jusqu'à sa première tragédie* (1639-1664). — *La Thébaïde ou les frères ennemis.* — *Alexandre le Grand.*
Tome II : *Andromaque.* — *Les plaideurs.* — *Vie de Racine,* 2e partie (1664-1677).
Tome III : *Britannicus.* — *Bérénice.* — *Bajazet.*
Tome IV : *Mithridate.* — *Iphigénie.* — *Phèdre.* — *Plan du premier acte d'Iphigénie en Tauride.*
Tome V : *Vie de Racine,* 3e et dernière partie (1677-1699). — *Esther.* — *Athalie.* — *Poésies diverses.* — *Œuvres diverses en prose.*
Tome VI : *Œuvres diverses en prose* (suite). — *Œuvres diverses en prose attribuées à Racine.*—*Traduction.*
Tome VII : *Remarques et annotations.* — *Discours académiques.* — *Correspondance.*
Tome VIII : *Correspondance* (suite). — *Mémoires sur la vie de Jean Racine par Louis Racine.* — *Dictionnaire critique de la langue de Racine.*

## RONSARD. — Œuvres choisies avec notice, notes et commentaires par Sainte-Beuve. Nouvelle édition revue et augmentée par M. L. Moland, ornée du portrait de Ronsard.

CONTENANT :
*Amours de Cassandre.* — *Amours de Marie.* — *Amours d'Astrée.* — *Poésies pour Hélène.* — *Amours diverses* — *Odes.* — *Le bocage royal.* — *Eglogues.* — *Elégies.* — *Hymnes.* — *Poèmes.* — *Gaietés.* — *Discours des mystères du temps.* — *Poésies diverses.* — *Abrégé de l'art poétique français.* 1 volume.

## ROUSSEAU (J.-B.). — Œuvres avec une introduction sur sa vie et ses ouvrages et un nouveau commentaire, par Antoine de Latour.

CONTENANT :
*Odes.* — *Cantates.* — *Epigrammes.* — *Poésies diverses.* 1 volume.

# COLLECTION HORS SÉRIE

**BUFFON. — Œuvres complètes.** Nouvelle édition comprenant la nomenclature linnéenne et la classification de Cuvier, revue sur l'édition in-4° de l'imprimerie royale et annotée par M. FLOURENS.

Le volume broché.. **12 fr. 50**

Les 12 volumes, rel. 1/2 chagrin ou 1/2 veau, tr. peigne.. **222 fr.** »

Ouvrage contenant 150 gravures sur acier coloriées d'après les dessins inédits de Ed. TRAVIÉS et HENRY GOBIN.

12 volumes grand in-8°.

TOME Ier : *Théorie de la terre. — Histoire générale des animaux.*

TOME II : *L'homme. — Les quadrupèdes.*

TOME III : *Les quadrupèdes.*

TOME IV : *Les singes. — Addition aux quadrupèdes.*

TOME V à VIII : *Les oiseaux.*

TOME IX : *Introduction aux minéraux. — Epoques de la nature.*

TOME X et XI : *Les minéraux.*

TOME XII : *Expériences sur les végétaux, Arithmétique morale et tables analytiques et raisonnee des matières contenues dans les 12 volumes.*

**CUVIER et LACÉPÈDE. — Œuvres réunies** comprenant le complément de Buffon ou l'histoire des mammifères et des oiseaux, l'histoire des cétacés, batraciens, serpents et poissons. Supplément aux œuvres complètes de Buffon, annotées par M. FLOURENS, 50 planches, 125 sujets coloriés avec le plus grand soin.

Le volume......... **12 fr. 50**

1/2 veau ou 1/2 chagrin. Les 4 volumes **74 fr.** »

4 volumes grand in-8° jésus.

TOME Ier : *Mammifères. — Oiseaux. — Cétacés.*

TOME II : *Quadrupèdes. — Ovipares. — Serpents. — Poissons.*

TOMES III et IV : *Poissons.*

**DIDEROT. — Œuvres complètes** revues sur les éditions originales, comprenant ce qui a été publié à diverses époques et les manuscrits inédits conservés à la bibliothèque de l'Ermitage. Notices, notes, table analytique. Etude sur Diderot et le mouvement philosophique au XVIIIe siècle, par J. ASSÉZAT pour les 16 premiers volumes ; par J. ASSÉZAT et Maurice TOURNEUX pour les tomes 17 à fin.

Le volume broché..... **7 fr.**

20 volumes 1/2 veau, tranche peigne...... **200 fr.**

1/2 chagrin, tranches dorées............ **220 fr.**

20 volumes in-8° cavalier.

DIVISIONS DE L'OUVRAGE :

TOME Ier : *Avertissement,* mémoires pour servir à l'histoire de la vie et des ouvrages de Diderot, par Mme DE VAUDEUIL, sa fille. — *PHILOSOPHIE : Principes de la philosophie morale ou essai sur le mérite et la vertu. — Pensées philosophiques. — La promenade du sceptique ou les allées. — De la suffisance de la religion naturelle. — Lettre sur les aveugles. — Lettres sur les sourds et muets. — Lettre à mon frère.*

TOME II : *PHILOSOPHIE : Pensées sur l'interprétation de la nature. — Principes philosophiques sur la matière et le mouvement. — Introduction aux grands principes. — Entretien entre d'Alembert et Diderot. — Sur les femmes. — Réfutation, suivie de l'ouvrage d'Helvétius intitulé « l'Homme ». — Principe de politique des souverains.*

TOME III : *PHILOSOPHIE : Essai sur les règnes de Claude et Néron. — Plan d'une Université pour le gouvernement de Russie.*

TOME IV : *PHILOSOPHIE, BELLES-LETTRES : Romans. contes, critique littéraire. — Miscellanea philosophique. — Les bijoux indiscrets. — L'oiseau blanc. — Qu'en pensez-vous ? — La marquise de Claye et Saint-Alban. — Cinq-Mars et Derville. — Mon père et moi. — Le Gulistan ou le rosier du poète Sadi.*

TOME V : *BELLES-LETTRES : La religieuse. — Observations sur les saisons. — Les deux amis de Bourbonne. — Entretien d'un père avec ses enfants. — Ceci n'est pas un conte. — Sur l'inconséquence du jugement publié de nos actions particulières. — Le neveu de Rameau.*

Tome VI : *BELLES-LETTRES : Jacques le fataliste et son maître. — Miscellanea littéraires. — Fragments échappés du portefeuille d'un philosophe.*

Tome VII : *BELLES-LETTRES : Théâtre, critique dramatique.— Le fils naturel. — Le père de famille. — De la poésie dramatique. — Le joueur.*

Tome VIII : *BELLES-LETTRES : Le Shérif. — Les pères malheureux. — La pièce et le prologue. — Est-il bon ? Est-il méchant ? — Paradoxe sur le comédien. — Miscellanea dramatiques.*

Tome IX : *BELLES-LETTRES : Poésies diverses. —SCIENCES : Mathématiques. — Physiologie.*

Tome X : *BEAUX-ARTS : Arts du dessin (Salon). — Recherches philosophiques sur l'origine et la nature du beau. — L'histoire et le secret de la peinture en cire. — Salons de 1759, 1761, 1763, 1765. — Essai sur la peinture.*

Tome XI : *BEAUX-ARTS : Salons de 1767, 1769, 1771.*

Tome XII : *BEAUX-ARTS, MUSIQUE : Salons de 1775, 1781. — Pensées détachées sur la peinture, la sculpture, l'architecture et la poésie pour servir de suite aux « Salons ».*

Tome XIII : *BEAUX-ARTS : Miscellanea. — ENCYCLOPEDIE : A.-B.*

Tome XIV : *ENCYCLOPÉDIE : C.-E.*

Tome XV : *ENCYCLOPÉDIE : F.-L.*

Tome XVI : *ENCYCLOPÉDIE : L.-Q.*

Tome XVII : *ENCYCLOPÉDIE : R.-Z.-VOYAGES, ŒUVRES DIVERSES : Lui et moi. — Sur la princesse Dashkoff.*

Tome XVIII : *ŒUVRES DIVERSES, CORRESPONDANCE : Lettre sur le commerce de la librairie. — Lettres à Falconet. — Lettres à Mlle Volland.*

Tome XIX : *CORRESPONDANCE : Lettres à Mlle Volland (fin). — Lettres à l'abbé Le Monnier. — Lettres à Mlle Jodin. — Correspondance générale I.*

Tome XX : *Correspondance générale II. — Appendices. — Table générale et analytique.*

---

## GRIMM, DIDEROT. — Correspondance littéraire, philosophique et critique,

| | |
|---|---|
| Le volume.......... 7 fr. | Nouvelle édition collationnée sur les textes originaux, comprenant, outre ce qui a été publié à diverses époques et les fragments supprimés en 1813 par la censure, les parties inédites conservées à la Bibliothèque ducale de Gotha et à l'Arsenal de Paris. Notice, notes, table générale, par M. Mauric Tourneux. |
| 16 volumes reliés demi-veau, gardes et tranches peigne genre antique .......... 160 fr. | |
| 1/2 chagrin, tranches dorées............. 176 fr. | 16 volumes in-8° cavalier ; (le caractère et le papier sont semblables à ceux des *Œuvres complètes* de Diderot.) |

---

## VOLTAIRE. — Œuvres complètes Nouvelle édition avec notices, préfaces, variantes, table

| | |
|---|---|
| Le volume broché..... 7 fr. | analytique, notes de tous les commentateurs et des notes nouvelles, publiée sous la direction de Louis Moland, conforme pour le texte à l'édition de Beuchot. |
| 52 volumes reliés, 1/2 veau tranches peigne. 520 fr. | |
| 1/2 chagrin, tranches dorées........ 572 fr. | 52 volumes in-8° cavalier, y compris les 2 volumes de tables, contenant les deux suites de gravures de Moreau jeune et de Philippoteaux. |

DIVISIONS DE L'OUVRAGE :

Tome Iᵉʳ : *ETUDES ET DOCUMENTS BIOGRAPHIQUES : Mémoires pour servir à la vie de M. de Voltaire. — Commentaire historique sur les œuvres de l'auteur de la Henriade. — Eloges de Voltaire. — Documents biographiques. — Pièces pour servir à l'histoire posthume de Voltaire.*

Tome II à VII : *THEATRE : Œdipe. — Fragments d'Artémise. — Mariamne. — L'indiscret. — Fête de Bélébat. — Brutus. — Les originaux. — Eriphyle. — Zaïre. — Samson. — Tanis et Zélide. — Adélaïde du Guesclin. — Duc d'Alençon ou les Frères ennemis. — Amélie ou le duc de Foix. — L'échange. — La mort de César. — Alzire. — L'enfant prodigue. — L'envieux. — Pandore. — Zulime. — Le fanatisme. — Mérope. — Princesse de Navarre. — Temple de la gloire. — La prude. — Sémiramis. — Femme qui a raison. — Nanine. — Oreste. — Rome sauvée. — L'orphelin de la Chine. — Socrate. — L'Ecossaise. — Tancrède. — Saül. — Le droit du Seigneur. — Le triumvirat. — Les Scythes. — Charlot. — Le dépositaire. — Les guèbres. — Le baron d'Otrante. — Les deux tonneaux. — Sophonisbe. — Les pélopides. — Les lois de Minos. — Don Pèdre. — Jules César, etc.*

Tome VIII : *La Henriade. — Poème de Fontenoy. — Odes. — Stances. — Temple du goût.*

Tome IX : *La pucelle. — Premiers contes en vers. — La Bastille. — Le pour et le contre. — Jean qui pleure et qui rit. — Le cadenas.*

Tome X : *Contes en vers. — Satires. — Epîtres. — Poésies mêlées. — Vers latins. — Vers anglais. — Traductions.*

---

**Suite de 90 Gravures Modernes.** dessins de Staal, Philippoteaux, etc. pour les œuvres complètes de VOLTAIRE.................................................... **30** fr.

*Il a été tiré 150 épreuves sur papier de Chine, 60 fr.*

**Suite de 109 Gravures Anciennes.** d'après les dessins de Moreau jeune, pour les mêmes œuvres de VOLTAIRE.................................................... **30** fr.

*Nouvelle édition tirée sur les planches originales.*
*Il a été tiré 150 épreuves sur papier de Chine et 150 sur papier Whatman, 60 fr.*

# COLLECTION DES COMPACTES

*(Une œuvre complète dans un seul volume.)*

Volumes grand in-8° jésus, à 2 colonnes, illustrés, brochés.
Reliure 1/2 chagrin, en plus par volume.............................. **6 fr.**
o — — amateur, tête dorée.............................. **8 fr.** o

**BEAUMARCHAIS. — Œuvres complètes** (Edition GARNIER). Nouvelle édition précédée d'une notice par Louis MOLAND améliorée et enrichie à l'aide des travaux les plus récents sur Beaumarchais et ses ouvrages, ornée de gravures sur acier d'après les dessins de STAAL.

CONTENANT :

*Eugénie. — Les deux amis ou le négociant de Lyon. — Le barbier de Séville ou la précaution inutile. —*

1 volume.......... **12 fr. 50** | *La folle journée ou le mariage de Figaro. — L'autre Tartuffe ou la mère coupable. — Tarare. — Mémoires. — Lettres.*

**— Œuvres complètes** (Edition LAPLACE). Nouvelle édition augmentée de quatre pièces de théâtre et de documents divers inédits avec une introduction par Edouard FOURNIER, ornée de vingt portraits en pied coloriés, dessinés par Emile BAYARD.

CONTENANT :

*Eugénie. — Les deux amis ou le négociant de Lyon. — Le barbier de Séville ou la précaution inutile.— La folle journée ou le mariage de Figaro. — L'autre Tartuffe ou la mère coupable. — Tarare. — Mémoires.*

1 volume.......... **18 fr.** | *— Lettres. — Œuvres inédites, Théâtre et affaires de théâtre, Lettres, Mélanges en prose et en vers.*

**BOILEAU. — Œuvres complètes** (Edition GARNIER). Nouvelle édition conforme au texte donné par BERRIAT-SAINT-PRIX, avec les notes de tous les commentateurs, publiée par Paul CHÉRON, précédée d'une notice sur la vie et les ouvrages de Boileau par SAINTE-BEUVE, illustrée de vignettes sur acier d'après les dessins de G. STAAL.

CONTENANT :

1 volume.......... **12 fr. 50** | *Satires. — Epîtres. — Odes. — Epigrammes. — Poésies diverses. — Pièces diverses. — Traité du sublime. — Lettres. — Le Bolœana.*

**— Œuvres complètes** (Edition LAPLACE). Nouvelle édition conforme au texte donné par BERRYAT-SAINT-PRIX, avec notes par Paul CHÉRON, précédée d'une notice par SAINTE-BEUVE, illustrée de vingt dessins en couleurs par Emile BAYARD.

CONTENANT :

*Préfaces de Boileau. — Œuvres de Boileau. — Epîtres. — L'art politique. — Le lutrin. — Odes, épigrammes*

1 volume.......... **18 fr.** | *et autres poésies. — Œuvres en prose. — Réflexions critiques. — Traité du sublime. — Correspondance. — Appendice.*

**CORNEILLE (P. et Th.). — Œuvres** (Edition GARNIER), précédées de la vie de Pierre Corneille par FONTENELLE et des discours sur la poésie dramatique, nouvelle édition illustrée de douze gravures sur acier.

CONTENANT :

*Discours sur le poème dramatique. — Médée. — Le Cid. — Horace. — Cinna. — Polyeucte. — Pompée. — Le menteur. — La suite du menteur. — Rodogune. — Héraclus. — Don Sanche d'Aragon. — Nicomède.*

1 volume.......... **12 fr. 50** | *— Sertorius. — Othon. — Poésies diverses. — Œuvres choisies de Th. Corneille. — Ariane. — Le festin de Pierre. — Le comte d'Essex.*

**— (Pierre). — Théâtre complet** (Edition LAPLACE), précédée de la vie de l'auteur par FONTENELLE et suivie d'un dictionnaire donnant l'explication des mots qui ont vieilli. Nouvelle édition imprimée d'après celle de 1682, ornée du portrait en pied colorié du principal personnage de chaque pièce.

CONTENANT :

*Mélite. — Clitandre. — La veuve. — La galerie du palais. — La suivante. — La place royale. — Médée. — L'illusion. — Le Cid. — Horace. — Cinna. — Polyeucte. — La mort de Pompée. — Le menteur. — La suite du menteur. — Théodore. — Rodogune. — Héraclius. — Andromède. — Don Sanche d'Aragon.*

1 volume.......... **18 fr.** | *— Nicomède. — Pertharite. — Œdipe. — La conquête de la Toison d'or. — Sertorius.— Sophonisbe.— Othon.— Algésilas. — Attila. — Tite et Bérénice. — Pulchérie. — Suréna. — Psyché.*

**CORNEILLE (Thomas).** — **Théâtre complet** (Edition LAPLACE). Nouvelle édition précédée d'une notice par Edouard THIERRY, illustrée de dessins en couleur et de fac-similés de gravures du XVIIᵉ siècle.

CONTENANT :

*Les engagements du hasard. — Le feint astrologue. — Don Bertrand de Cigarral. — L'amour à la mode. — Le charme de la voix. — Les illustres ennemis. — Le geôlier de soi-même. — Timocrate. — Bérénice. — La mort de l'empereur Commode. — Stilicon. — Le galant doublé. — Camma, reine de Galatie. — Maximian. — Persée et Démétrius. — Antiochus. — Laodice. — Le baron d'Albikrae. — La mort d'Annibal. — La comtesse d'Orgueil. — Ariane. — Don César d'Avalos. — Circé. — L'inconnu. — Le festin de Pierre. —*

1 volume ............ **18 fr.** | *Le triomphe des Dames. — Le comte d'Essex. — La devineresse. — Bradamante.*

**DELAVIGNE (Casimir).** — **Œuvres complètes** (Edition GARNIER). Théâtre, poésies, œuvres posthumes. Nouvelle édition ornée de vignettes gravées sur acier d'après les dessins de Paul DELAROCHE, Alfred JOHANNOT et Tony JOHANNOT.

CONTENANT :

THÉATRE : *Les vêpres siciliennes. — Les comédiens. — Le paria. — L'école des vieillards. — La princesse Aurélie. — Marino Faliero. — Louis XI. — Les enfants d'Edouard. — Don Juan d'Autriche. — Une famille au temps de Luther. — La popularité. — La fille du Cid. — Le conseiller rapporteur. — Charles VI. — POÉSIES : Messéniennes. — Chants populaires. — Poésies diverses. — Etudes sur l'antiquité. —*

1 volume ........... **12 fr. 50** | *Poésies de la jeunesse de l'auteur. — Derniers chants, poésies et ballades sur l'Italie. — Œuvres posthumes. — Melusine.*

**LA FONTAINE.** — **Œuvres complètes** (Edition GARNIER). Nouvelle édition, très soigneusement revue sur les textes originaux et précédée d'une étude sur la vie et les ouvrages de La Fontaine, par Louis MOLAND. Vignettes en taille-douce, gravées par les meilleurs artistes d'après les dessins de STAAL.

CONTENANT :

*La Fontaine, sa vie et ses ouvrages. — Fables. — Contes et nouvelles en vers. — L'eunuque. — Les rieurs du Beau Richard. — Clymène. — Daphné. — Fragment de Galatée. — Astrée. — Achille. — Ragotin. — Le Florentin. — La coupe enchantée. — Je vous prends sans vert. — Les amours de Psyché et de Cupidon. — Adonis. — La captivité de Saint-Malo. — Le quinquina. — Fragment du songe de Vaux. — Œuvres diverses. — Elégies. — Odes. — Epîtres. — Poésies diverses. — Ballades et Ron-*

1 volume ........... **12 fr. 50** | *deaux. — Sonnets. — Madrigaux. — Dizains. — Sixains. — Chansons. — Epigrammes. — Lettres.*

**LE SAGE.** — **Œuvres** précédées d'une introduction par SAINTE-BEUVE, illustrées de vignettes sur acier d'après les dessins de G. STAAL.

CONTENANT :

1 volume ........... **12 fr. 50** | *Histoire de Gil Blas de Santillane. — Histoire de Guzman d'Alfarache. — Crispin rival de son maître. — Turcaret. — La tontine.*

— **Histoire de Gil Blas de Santillane** (Edition LAPLACE), précédée d'une introduction de
1 volume ............ **12 fr.** | Jules JANIN, illustrations de GAVARNI.

**MARIVAUX.** — **Théâtre complet** (Edition LAPLACE). Nouvelle édition, contenant une pièce non encore recueillie, précédée d'une introduction sur la vie et les œuvres de l'auteur par Edouard FOURNIER, ornée de vingt portraits en couleurs par BERTALL.

CONTENANT :

*Le père prudent et équitable ou Crispin l'heureux fourbe. — Annibal. — Le dénouement imprévu. — L'île de la raison ou les petits hommes. — La seconde surprise de l'amour. — La réunion des amours. — Les serments indiscrets. — Le petit maître corrigé. — Le legs. — La dispute. — Le préjugé vaincu. — Félicie. — Les acteurs de bonne foi. — Arlequin poli par l'amour. — La surprise de l'amour. — La double inconstance. — Le prince travesti. — La fausse servante ou le fourbe puni. — L'île des esclaves. — L'héritier de village. — Le triomphe de Plutus. — Le jeu de l'amour et du hasard. — Le triomphe de l'amour. — L'école des mères. — L'heureux stratagème. — La méprise. — Les fausses confidences. — La mère confidente. —*

volume ............ **18 fr.** | *La joie imprévue. — Les sincères. — L'épreuve. — La colonie.*

**MOLIÈRE.** — **Œuvres complètes** (Edition GARNIER). Nouvelle édition accompagnée de notes tirées de tous les commentateurs avec des remarques nouvelles, par Félix LEMAISTRE, précédée de la vie de Molière par Voltaire, ornée de vignettes gravées sur acier d'après les dessins de STAAL

CONTENANT :

*La Jalousie du barbouillé. — Le médecin volant. — L'étourdi ou les contre-temps. — Le dépit amoureux. — Les précieuses ridicules. — Sganarelle. — Don Garcie de Navarre. — L'école des maris. — Les fâcheux. — L'école des femmes. — La critique de l'école des femmes. — L'impromptu de Versailles. — Le mariage forcé. — La princesse d'Elide. — Don Juan ou le festin de pierre. — L'amour médecin. — Le misanthrope. — Le médecin malgré lui. — Mélicerte. — Pastorale comique. — Le Sicilien ou l'amour peintre. — L'imposteur, ou le Tartuffe. — Amphitryon. — George Dandin ou le mari confondu. — L'avare. — Monsieur de Pourceaugnac. — Les amants magnifiques. — Le bourgeois gentilhomme. — Psyché. — Les*

1 volume............ **12 fr. 50**   *Jourberies de Scapin. — La comtesse d'Escarbagnas. — Les femmes savantes. — Le malade imaginaire. — Poésies diverses.*

— — **Œuvres complètes** (Edition LAPLACE). Nouvelle édition imprimée sur celles de 1679 et 1682, avec des notes explicatives sur les mots qui ont vieilli, précédée d'une introduction par Jules JANIN, ornée de portraits en pied coloriés.

CONTENANT :

*L'étourdi ou les contre-temps. — Le dépit amoureux. — Les précieuses ridicules. — Sganarelle. — Don Garcie de Navarre. — L'école des maris. — Les fâcheux. — L'école des femmes. — La critique de l'école des femmes. — L'impromptu de Versailles. — Le mariage forcé. — La princesse d'Elide. — Don Juan. — L'amour médecin. — Le misanthrope. — Le médecin malgré lui. — Mélicerte. — Pastorale comique. — Le Sicilien. — Le Tartuffe. — Amphitryon. — L'Avare. — Georges Dandin ou le mari confondu. — Monsieur de Pourceaugnac. — Les amants magnifiques. — Le bourgeois gentilhomme. — Psyché. —*

1 volume............ **18 fr.**   *Les Jourberies de Scapin. — La comtesse d'Escarbagnas. — Les femmes savantes. — Le malade imaginaire. — Poésies diverses.*

**MORALISTES FRANÇAIS (Les).** — **Pensées de Pascal.** — **Maximes et réflexions de la Rochefoucauld.** — **Caractères de la Bruyère.** — **Œuvres de Vauvenargues.** Textes soigneusement révisés, complétés et annotés à l'aide des travaux les plus récents de l'érudition et de la critique, précédés d'une notice sur chacun de ces écrivains par SAINTE-BEUVE, ornés de 4 portraits gravés sur acier.

CONTENANT :

*PASCAL : Pensées. — Lettres et opuscules divers. — LA ROCHEFOUCAULD : Réflexions, sentences et maximes morales. — Maximes posthumes. — Maximes supprimées par l'auteur. — Réflexions diverses. — LA BRUYÈRE : Les caractères ou les mœurs de ce siècle. — Discours prononcé dans l'Académie Française. — VAUVENARGUES : Introduction à la connaissance de l'esprit humain. — Réflexions sur divers sujets. — Conseils à un jeune homme. — Réponses aux conséquences de la nécessité. — Imitation de Pascal. — Réflexions critiques*

1 volume.......... **12 fr. 50**   *sur quelques poètes. — Méditations sur la foi. — Fragments. — Essai sur quelques caractères. — Dialogues. — Réflexions et maximes.*

**MUSSET (Alfred de).** — **Œuvres complètes.** (Edition GARNIER). Nouvelle édition revue, corrigée et complétée de documents inédits, précédée d'une notice biographique sur l'auteur et suivie de notes par Edmond BIRÉ, illustrée de 26 héliogravures d'après les dessins de MAILLART.

CONTENANT :

*Poésies. — Un spectacle dans un fauteuil. — Comédies et proverbes. — Nouvelles. — Contes. — Confession*

1 volume............ **15 fr.**   *d'un enfant du siècle. — Mélanges de littérature et de critique.*

**PICARD.** — **Théâtre** (Edition LAPLACE). Nouvelle édition, précédée d'une biographie de l'auteur par Edouard FOURNIER, ornée du portrait en pied colorié des principaux acteurs qui ont joué l'original.

CONTENANT :

*Encore des ménechmes. — Les visitandines. — Le conteur ou les deux postes. — Le cousin de tout le monde. — Les conjectures. — Les amis de collège ou l'homme oisif et l'artisan. — Médiocre et rampant ou le moyen de parvenir. — Le voyage interrompu. — Les comédiens ambulants. — Les voisins. — Le collatéral ou la diligence à Joigny. — Les trois maris. — La petite ville. — Duhautcours ou le contrat d'union. — Les provinciaux à Paris. — Le vieux comédien. — Monsieur Musard ou comme le temps passe. — L'acte de naissance. — Le susceptible. — La noce sans mariage. — Les marionnettes ou un jeu de la fortune. — Les ricochets. — Les capitulations de conscience. — Les oisifs. — L'alcade de Molorino. — Le lendemain de fortune ou les embarras du bonheur. — Le landair ou l'hospitalité. — La vieille tante ou les collatéraux. —*

  *Le café du printemps. — Les deux Philibert. — Le capitaine Belronde.*

1 volume............ **18 fr.**   *— Vauglas ou les anciens amis. — La maison en loterie - Les deux lions.*

**PLUTARQUE. — Les vies des hommes illustres** traduites en français par RICARD, précédées de la vie de Plutarque, édition illustrée de 14 gravures sur acier.

CONTENANT :

*Thésée. — Romulus. — Lycurgue. — Numa. — Solon. — Valerius Publicola. — Thémistocle. — Camille. — Périclès. — Fabius Maximus. — Alcibiade. — Coriolan. — Timoléon. — Paul Emile. — Pélopidas. — Marcellus. — Aristide. — Caton. — Philopœmen. — Flaminus. — Pyrrhus. — Marius. — Lysandre. — Sylla. — Cimon. — Lucullus. — Nicias. — Crassus. — Sertorus. — Eumène. — Agésilas. — Pompée. — Alexandre. — César. — Phocion. — Caton d'Utique. — Démosthène. — Cicéron. — Agis et Cléomène. —*

1 volume . . . . . . . . . . **12 fr. 50**    *Tibérius et Caïus Gracchus. — Démétrius. — Antoine. — Dion. — Brutus. — Aratus. — Artaxerxès. — Galba. — Othon.*

**RACINE. — Œuvres complètes** (Edition GARNIER), précédées des mémoires sur sa vie par Louis Racine. Nouvelle édition ornée d'un portrait de Racine et de 12 vignettes sur acier d'après les dessins de STAAL.

CONTENANT :

*La Thébaïde. — Alexandre le Grand. — Andromaque. — Les plaideurs. — Britannicus. — Bérénice. — Bajazet. — Mithridate. — Iphigénie en Aulide. — Phèdre. — Esther. — Athalie. — Plan du premier acte d'Iphigénie en Tauride. — Poésies diverses. — Œuvres diverses en prose. — Fragments historiques.*

1 volume . . . . . . . . . . **12 fr. 50**    *— Discours. — Lettres de Racine écrites dans sa jeunesse. — Correspondance. — Pièces diverses.*

**— Œuvres** (Edition LAPLACE), précédées des mémoires sur sa vie par Louis Racine. Nouvelle édition ornée du portrait en pied colorié des principaux personnages de chaque pièce, dessins de GEOFFROY et HALLOUARD.

CONTENANT :

*La Thébaïde. — Alexandre le Grand. — Andromaque. — Les plaideurs. — Britannicus. — Bérénice. — Bajazet. — Mithridate. — Iphigénie en Aulide. — Phèdre. — Esther. — Athalie. — Plan du premier acte d'Iphigénie en Tauride. — Poésies diverses. — Œuvres diverses en prose. — Fragments historiques.*

Le volume . . . . . . . . . . **18 fr.**    *— Discours. — Correspondance. — Pièces diverses.*

**REGNARD. — Œuvres complètes** (Edition LAPLACE). Nouvelle édition, augmentée de deux pièces inédites, précédée d'une introduction d'après les documents entièrement nouveaux, par Edouard FOURNIER, ornée de portraits en pied coloriés, dessinés par Emile BAYARD et Maurice SAND.

CONTENANT :

*La sérénade. — Le bal. — Le joueur. — Le distrait. — Attendez-moi sous l'orme. — Démocrite. — Le retour imprévu. — Les folies amoureuses. — Les menechmes ou les jumeaux. — Le légataire universel. — La critique du légataire. — Les souhaits. — Les vendanges ou le bailli d'Anières. — Sapor. — Le carnaval de Venise. — Poésies diverses. — Le divorce. — La descente d'Arlequin aux enfers. — L'homme à bonnes fortunes. — Les filles errantes ou les intrigues des hôtelleries. — La coquette ou l'académie des dames. — Les Chinois. — La baguette de Vulcain. — L'augmentation de la baguette de Vulcain. — La naissance*

1 volume . . . . . . . . . . **18 fr.**    *d'Amadis. — La foire Saint-Germain. — L'île Alcine ou l'anneau magique de Brunel. — Le marchand ridicule. — Voyages.*

**THÉATRE FRANÇAIS au XVI<sup>e</sup> et au XVII<sup>e</sup> siècle (Le).** (Edition LAPLACE), ou choix de comédies les plus curieuses antérieures à Molière avec une introduction, des notes et une notice sur chaque auteur, par Edouard FOURNIER, ouvrage couronné par l'Académie Française et illustré de portraits en pied coloriés dessinés par Maurice SAND et ALLOUARD.

CONTENANT :

JODELLE, *L'Eugène.* — RÉMY BELLEAU, *La reconnue.* — PIERRE DE LARIVEY, *Les esprits.* — ODET DE TURNÈBE, *Les conteurs.* — FRANÇOIS D'AMBOISE, *Les napolitaines.* — FRANÇOIS PERRIN, *Les escoliers.* — ADRIEN DE MONTLUC, *La comédie de proverbes.* — TABARIN, *Farces tabariniques.* — DU PESCHIER, *La comédie des comédies.* — PICHON, *Les folies de Cardenio.* — GOUGENOT, *La comédie des comédiens.* — PIERRE DE RYER, *Les vendanges de Suresne.* — ANTOINE MARESCHAL, *Le railleur.* — JEAN DE MAIRET, *Les galanteries du duc d'Ossonne.* — L.-C. DISCRET, *Alizon.* — DESMARETS SAINT-SORLIN, *Les visionnaires.* — ANONYME, *La comédie des chansons.* — ROTROU, *La sœur.* — CLAUDE DE

1 volume . . . . . . . . . . **18 fr.**    LESTOILLE, *L'intrigue des filous.* — BOIS-ROBERT, *La belle plaideuse.*

**THÉATRE FRANÇAIS avant la Renaissance (Le) (1450-1550).** Mystères, moralités et farces. Edition précédée d'une introduction et accompagnée de notes pour l'intelligence du texte par Edouard FOURNIER, ornée du portrait en pied colorié du principal personnage de chaque pièce.

CONTENANT :

*Le mystère du martyre saint Estiene. — Mystère de la conversion Saint Pol. — Le pasté et la tarte. — Mystère de la vie de saint Fiacre. — Marchebeau. — Mestier et marchandise. — Mieulx que devant. — Pou d'acquest. — Les gens nouveaux. — La vie et l'histoire du maulvais riche. — La farce de maistre Pierre Pathelin. — Messieurs de Mallepaye et de Baillevant. — L'obstination des femmes. — La pippée. — Le pont aux asnes. — L'aveugle et le boîteux. — Le munyer. — Le chevalier qui donna sa femme au diable. — Le cuvier. — Mundus, Caro, Demonia. — Les deux savetiers. — La condamnacion de Baucquet. — Le pèlerin passant. — Le savetier Calbain. — Fol conduit. — Le résclu. — Sottie du prince des Sotz. — Les deux amoureux. — Maistre Mimin. — Le boteleur. — Tout, rien et chascun. — Science et asnerye. — Le chauldronnier. — La vieille. — Moralité de l'empereur et de son nepveu. — Le goutteux. — Le bon payeur et le sergent boîteux et borgne. — Le viel et le jeune amoulreux. — La mère et la fille. — Les béguins. — Le monde. — Les trois pèlerins. — Le maistre d'ecoile. — Les théologastres. — Les sobres Sotz. — La cornette. — La prise de Calais. — Les trois galans. — Le porteur d'eau.*

(N'existe plus que relié demi-chagrin tr. dorées ou amateur, les exemplaires ont quelques mouillures.)   **24 fr.**

**VOLTAIRE. — Théâtre complet** précédé d'une introduction, par Edouard FOURNIER, édition
1 volume in-8°..................... **18 fr.**  ‖ ornée de 20 portraits en pied, coloriés. *(Pour le détail des pièces, voir page 36.)*

# OUVRAGES DE LUXE

—o GALERIES DE PORTRAITS ET OUVRAGES DIVERS o—

*Volumes format grand in-8° illustrés de gravures sur acier*

Le volume broché...................... **12 fr.** | Relié 1/2 chagrin, tête dorée ........... **18 fr.**
Amateur............................. **20 fr.** |

**BUFFON. — Galerie d'histoire naturelle** tirée des œuvres complètes. Edition ornée de 32 gravures sur acier coloriées et précédée d'une étude sur Buffon par SAINTE-BEUVE. 1 volume

**BUFFON et LACÉPÈDE. — Nouvelle galerie d'histoire naturelle** tirée des œuvres complètes. Edition précédée d'une vie de Buffon par FLOURENS et illustrée de gravures sur acier coloriées. 1 volume.

**CHÉNIER. — Œuvres poétiques** précédées d'une étude sur André Chénier par SAINTE-BEUVE, mises en ordre et annotées par L. MOLAND. Nouvelle édition, ornée de gravures sur acier d'après les dessins de STAAL. 1 volume par exception broché........................................ **10 fr.**

**DANTE. — La divine comédie** traduite en français et annotée par Artaud DE MONTOR, précédée d'une préface par Louis MOLAND. Illustrations de Yan DARGENT. 1 volume.

**DARBOY. — Les saintes Femmes.** Fragments d'une histoire de l'église avec portraits des femmes remarquables, gravés sur acier. 1 volume.

**— Les femmes de la Bible.** Principaux fragments d'une histoire du peuple de Dieu. Edition illustrée de portraits, gravés sur acier d'après les dessins de STAAL. 2 volumes.

**HÉRICAULT (Ch. d') et L. MOLAND. — La France guerrière.** Récits historiques d'après les chroniques et les mémoires de chaque siècle. Ouvrage enrichi de nombreuses gravures sur acier. 1 volume.

**LA FONTAINE. — Contes.** Edition précédée d'une introduction par L. MOLAND et illustrée de 150 vignettes dans le texte par T. JOHANNOT, etc., et de dessins hors texte par STAAL. 1 volume.

**LARCHER. — La Femme jugée** par les grands écrivains des deux sexes. Edition illustrée de portraits sur acier dessinés par STAAL. 1 volume.

**MENNECHET. — Histoire de France.** Ouvrage couronné par l'Académie Française. Edition illustrée de gravures sur acier. 1 volume.

**SAINTE-BEUVE. — Galerie de portraits littéraires,** Ecrivains politiques et philosophes, tirée des Portraits littéraires et Causeries du lundi. Edition illustrée de portraits gravés à l'eau-forte. 1 volume.

**— Galerie de portraits historiques** tirée des Causeries du lundi. Portraits gravés sur acier. 1 volume.

**— Galerie des grands écrivains français** tirée des Causeries du lundi et des Portraits littéraires. Edition illustrée de portraits gravés au burin d'après les dessins de STAAL, PHILIPPOTEAUX, etc. 1 volume.

**— Nouvelle Galerie des grands écrivains français** semblable au précédent pour l'exécution et les illustrations. 1 volume.

**— Galerie de femmes célèbres** tirée des Causeries du lundi, des Portraits littéraires et des Portraits de femmes. Edition illustrée de portraits gravés au burin d'après les dessins de STAAL. 1 volume.

**— Nouvelle galerie de femmes célèbres** semblable au précédent pour l'exécution et les illustrations. 1 volume.

**SÉVIGNÉ. — Lettres choisies** précédées d'une notice par GROUVELLE, accompagnées de notes explicatives. Edition ornée des portraits dessinés par STAAL. 1 volume.

**VOLTAIRE. — Lettres choisies** précédées d'une notice et accompagnées de notes explicatives par L. MOLAND. Edition illustrée de portraits gravés d'après les dessins de PHILIPPOTEAUX et STAAL. 1 volume.

## FORMATS ET PRIX DIVERS

**BALZAC. — Les contes drolatiques.** Colligez es abbayes de Touraine et mis en lumière pour l'esbattement des pantagruélistes et non aultres. Edition illustrée de 425 dessins par GUSTAVE DORÉ.

| | |
|---|---|
| Broché | 7 fr. » |
| Rel. toile, tr. ébarbées | 8 fr. 50 |
| 1/2 veau, tr. peigne... | 10 fr. » |
| 1/2 chagr., tête dorée. | 11 fr. » |
| Amateur | 12 fr. » |

1 volume petit in-8° sur papier vélin.

**BOCCACE. — Contes.** Traduction de SABATIER DE CASTRES. Edition illustrée par Tony JOHANNOT, Karl GIRARDET, etc., de 32 grandes gravures et dessins dans le texte.

| | |
|---|---|
| Broché | 15 fr. |
| Relié 1/2 chag. tête dorée | 21 fr. |
| Amateur | 23 fr. |

1 volume grand in-8°.

**DANTE ALIGHIERI. — La divine Comédie** traduite et commentée par A. MELIOT et ornée de portraits d'après GIOTTO et MASACCIO.

Broché ............. 7 fr. 50 — 1 volume in-8°.

**DECHARME. — Mythologie de la Grèce antique.** Ouvrage couronné par l'Académie Française et par l'association pour l'encouragement des études grecques. Troisième édition revue et corrigée, illustrée de 180 gravures et de chromolithographies d'après l'antique.

| | |
|---|---|
| Broché | 12 fr. |
| Relié 1/2 chagrin | 16 fr. |
| Amateur | 17 fr. |

1 volume grand in-8° raisin.

**— Euripide et l'Esprit de son théâtre.**

Broché ............. 7 fr. 50 — 1 volume in-8°.

**GAUTHIER (Théophile),** ARSÈNE HOUSSAYE, PAUL DE SAINT VICTOR. — **Les dieux et les demi-dieux de la Peinture.**

Broché ............. 12 fr. — 1 volume grand in-8°.

**GAVARNI. — Œuvres choisies.** Notice par MM. de BALZAC, Th. GAUTHIER, etc.

*La vie d'un jeune homme. — Les débardeurs.*

Broché ............. 10 fr. — 1 volume grand in-8° renfermant 80 gravures.

**GÉRARDS (Émile). — Paris souterrain** Préface de Paul WEISS. Ouvrage illustré de 19 planches en couleurs, de 87 plans, coupes et dessins en noir, de 2 vues stéréoscopiques des catacombes et de plus de 500 figures dans le texte.

*Formation et composition du sol de Paris. — Les eaux souterraines. — Barrières et catacombes. — Les égouts. — Voies ferrées souterraines. — Métropolitain municipal. — Chemin de fer électrique Nord-Sud. — Souterrains divers. — Faune et flore souterraines de Paris.*

| | |
|---|---|
| Broché | 12 fr. |
| Relié toile, plaque spéciale tranches dorées.. | 16 fr. |

1 volume grand in-8°.

**GRANDVILLE. — Les fleurs animées.** Texte par Alphonse KARR, Taxile DELORD et le comte FALIA. Nouvelle édition avec planches coloriées.

| | |
|---|---|
| Brochés | 25 fr. |
| Reliés 1/2 chagrin | 37 fr. |
| Amateur | 41 fr. |

2 volumes grand in-8º jésus.

**— Les métamorphoses du jour.** Texte par Albéric SECOND, Louis LURINE, Clément CARAGUEL, Taxile DELORD, H. DE BEAULIEU, Louis HUART, Charles MONSELET. Nouvelle édition complétée pour le texte par Jules JANIN et illustrée de 70 gravures coloriées, nombreux culs-de-lampe, têtes de page et frontispice colorié.

| | |
|---|---|
| Broché | 18 fr. |
| Relié 1/2 chagrin | 24 fr. |
| Amateur | 26 fr. |

1 volume grand in-8º jésus.

**— Les petites misères de la vie humaine.** Texte par Old NICK. Edition illustrée d'un portrait de GRANDVILLE et de nombreuses gravures.

| | |
|---|---|
| Broché | 10 fr. |
| Rel. 1/2 chag., tr. dorées | 16 fr. |
| Amateur | 18 fr. |

1 volume grand in-8º jésus.

**— Cent proverbes.** Texte par trois têtes dans un bonnet. Nouvelle édition revue et augmentée pour le texte par M. QUITARD. Illustrations en couleurs.

| | |
|---|---|
| Broché | 10 fr. |
| Rel. 1/2 chag., tr. dorées | 16 fr. |
| Amateur | 18 fr. |

1 volume grand in-8º jésus.

**LA FONTAINE. — Fables** illustrées par GRANDVILLE de 240 gravures, un sujet pour chaque fable. Edition augmentée de nombreux culs-de-lampe, faux-titres, têtes de pages.

| | |
|---|---|
| Broché | 12 fr. |
| Rel. 1/2 chag., tr. dorées | 18 fr. |
| Amateur | 20 fr. |

1 volume grand in-8º jésus.

**MANZONI. — Les Fiancés.** Histoire milanaise du XVIᵉ siècle. Traduction nouvelle par le marquis DE MONTGRAND, illustrations de STAAL.

| | |
|---|---|
| Broché | 10 fr. |
| Rel. 1/2 chag., tr. dorées | 16 fr. |

1 volume grand in-8º jésus.

**MAQUET. — Paris sous Louis XIV** Monuments et vues.

| | |
|---|---|
| Illustré, broché | 15 fr. |
| Relié toile, plaque | 20 fr. |

1 volume in-4º.

**MILLE et une nuits.** Contes arabes, revus et corrigés sur l'édition princeps de 1704, augmentés d'une dissertation par le baron Sylvestre DE SACY. Ouvrage illustré par FRANÇAIS, H. BARON, Ed. WATTIER, LAVILLE, etc.

| | |
|---|---|
| Broché | 15 fr. |
| Rel. 1/2 chag., tr. dorées | 21 fr. |

1 volume grand in-8º jésus.

**RABELAIS. — Œuvres illustrées par Gustave Doré.** 60 grandes compositions, 250 en-têtes de chapitre, environ 240 culs-de-lampe et nombreuses vignettes dans le texte.

| | |
|---|---|
| Brochés | 70 fr. |
| Reliés toile, plaque spéciale, tr. ébarbées | 80 fr. |
| 1/2 chag., fers spéciaux, tranches dorées ou amateur | 90 fr. |

2 volumes in-4º.

**Même édition tirée à 50 exemplaires sur papier de Chine** dont il nous reste quelques exemplaires.

| | |
|---|---|
| Les 2 volumes | 200 fr. |

**— Même ouvrage, première édition.**

| | |
|---|---|
| Rel. toile, plaque spéciale, tr. ébarbées | 200 fr. |
| Rel. 1/2 chag., plaque spéc., tr. dorées ou amateur | 250 fr. |

2 volumes in-folio colombier, imprimés sur papier vélin.

**Même édition sur papier de Hollande,**

| | |
|---|---|
| Reliés toile | 300 fr. |

2 volumes, plaque spéciale, tranches ébarbées.

**ROUSSEAU (J.-J.).** — **Julie ou la nouvelle Héloïse.** Edition illustrée de vignettes par Tony JOHANNOT, E. WATTIER, LEPOITEVIN, etc.

Boché.............. 15 fr.

Rel. 1/2 chag., tr. dorées 21 fr.

Amateur............. 23 fr.

1 volume grand in-8º jésus.

— **Les Confessions** suivies des rêveries d'un promeneur solitaire. Edition illustrée de vignettes par Tony JOHANNOT, BATAILLE, LAVILLE, LEPOITEVIN, etc.

Broché ............. 15 fr.

Rel. 1/2 chag., tr. dorées 21 fr.

Amateur............. 23 fr.

1 volume grand in-8º jésus.

**TÖPFFER.** — **Premiers voyages en zigzag** ou excursions d'un pensionnat en vacances dans les cantons suisses et sur le revers italien des Alpes. Magnifiquement illustrés, d'après les dessins de l'auteur, de 35 grandes compositions par CALAME et d'un grand nombre de dessins dans le texte.

Le volume............ 10 fr.

Relié 1/2 chagrin, tran-

ches dorées........ 16 fr.

1 volume grand in-8º jésus.

— **Nouveaux voyages en zigzag** à la Grande-Chartreuse, au Mont-Blanc, dans les vallées d'Herenz, de Zermatt, au Grimsel et dans les états Sardes, splendidement illustrés de 42 gravures tirées à part et de 320 sujets dans le texte, d'après les dessins originaux de Töpffer, par CALAME, GIRARDET, DAUBIGNY, etc.

Le volume............ 10 fr.

Rel. 1/2 chag., tr. dorées 16 fr.

1 volume grand in-8º jésus.

— **Les nouvelles genevoises** illustrées d'après les dessins de l'auteur dans le texte et de 40 gravures hors texte, gravées par BEST, LELOIR, HOTELIN, etc.

Broché .............. 10 fr.

Rel. 1/2 chag., tr. dorées 16 fr.

1 volume grand in-8º jésus.

**WRIGHT.** — **Histoire de la caricature et du grotesque** dans la littérature et dans l'art, traduite par Ch. SACHOT et illustrée de 238 gravures dans le texte.

Broché.... ........ 3 fr. 50

1 volume in-8º.

# BIBLIOTHÈQUE
### DE
# MÉMOIRES HISTORIQUES

○ FORMAT IN-8° CAVALIER ○

| le volume broché................... | **6** fr. | 1/2 chagrin tr. dorée................ | **10** fr. |
| relié 1/2 veau tr. peigne............ | **9** fr. | Amateur ......................... | **11** fr. |

*(Les ouvrages en plusieurs volumes ne se vendent pas séparément reliés.)*

**ABRANTÈS (Duchesse d').** — **Mémoires.** Souvenirs historiques sur Napoléon, la Révolution, le Directoire, le Consulat, l'Empire et la Restauration. 10 volumes.

— **Histoire des salons de Paris.** Tableaux et portraits du grand monde sous Louis XVI, le Directoire, le Consulat et l'Empire, la Restauration et le règne de Louis-Philippe I<sup>er</sup>. 4 volumes.

**AVRILLON (Mlle).** — **Mémoires sur la vie privée de Joséphine,** sa famille et sa cour. Edition annotée et illustrée de 32 vues et portraits. 2 volumes.

**CONSTANT (premier valet de chambre de l'Empereur).** — **Mémoires** sur la vie privée de Napoléon, sa famille et sa cour. 4 volumes.

**LACROIX.** — **Histoire de Napoléon,** illustrée d'après les dessins de RAFFET, Horace VERNET, etc. 1 volume. Relié toile à biseaux, plaque spéciale, tranches dorées. *Prix spécial*............. **9** fr.

— **Les maréchaux de Napoléon** faisant suite au Mémorial de Sainte-Hélène. Edition illustrée de vignettes et portraits. 1 volume.

**LETTRES de Napoléon à Joséphine** pendant la première campagne d'Italie, le Consulat et l'Empire et lettres de Joséphine à Napoléon et à sa famille. 1 volume.

**OLLIVIER (Émile), de l'Académie Française.** — **L'Empire libéral.** Etudes, récits, souvenirs. 16 volumes *brochés seulement.*

    TOME   I<sup>er</sup> : *Du principe des nationalités.*
    TOME   II : *Louis Napoléon et le Coup d'Etat.*
    TOME  III : *Napoléon III.*
    TOME  IV : *Napoléon III et Cavour.*
    TOME   V : *L'inauguration de l'Empire libéral. — Le roi Guillaume.*
    TOME  VI : *La Pologne. — Les élections de 1863. — Loi des Coalitions.*
    TOME VII : *Le démembrement du Danemark. — Le syllabus. — La mort de Morny. — L'entrevue de Biarritz.*
    TOME VIII : *L'année fatale (Sadowa 1866).*
    TOME  IX : *Le désarroi. — Le Luxembourg. — Le 19 janvier.*
    TOME   X : *Mentana. — L'agonie de l'Empire autoritaire. — La loi militaire. — Loi sur la presse et les réunions publiques.*
    TOME  XI : *La veillée des armes.—L'affaire Baudin.—Le plan de Moltke.—Réorganisation de l'armée française. — Elections de 1869. — L'origine du complot de Hohenzollern.*
    TOME XII : *Le ministère du 2 janvier. — L'affaire Victor Noir. — Suite du complot de Hohenzollern.*
    TOME XIII : *Le guet-apens Hohenzollern. — Le concile œcuménique. — Le Plébiscite.*
    TOME XIV : *La Guerre.*
    TOME  XV : *Étions-nous prêts. — Préparation. — Mobilisation. — Sarrebruck. — Alliances.*
    TOME XVI : *Le Suicide. — Wœrth. — Forbach. — Le renversement du Ministère.*

**PONTMARTIN (Armand de).** — **Lettres et Souvenirs (1811-1890).** 1 volume.

**RAPP (Général).** — **Mémoires** écrits par lui-même, édition illustrée. 1 volume.

o LIBRAIRIE GARNIER FRÈRES o

# BIBLIOTHÈQUE
### DE
# MÉMOIRES HISTORIQUES

o FORMAT IN-18 JÉSUS o

| | | | |
|---|---|---|---|
| Le volume broché | 3 fr. 50 | Relié 1/2 veau, tr. peigne | 5 fr. » |
| Relié 1/2 chagrin, tr. dorées | 5 fr. 50 | Reliure artistique veau bigarré, tête dorée. | 6 fr. 50 |

*(Les ouvrages en plusieurs volumes ne se vendent pas séparément reliés.)*

**ABRANTÈS (Duchesse d').** — **Mémoires.** Souvenirs historiques sur Napoléon, la Révolution le Directoire, le Consulat, l'Empire et la Révolution. 10 volumes.

— **Histoire des Salons de Paris.** Tableaux et portraits du grand monde sous Louis XVI, le Directoire, le Consulat et l'Empire, la Restauration et le règne de Louis-Philippe Ier. 4 volumes.

**ANTOMMARCHI (Dr).** — **Les derniers moments de Napoléon (1819-1821).** Nouvelle édition avec une introduction et des notes de Désiré LACROIX. Edition illustrée. 2 volumes.

**ARNAULT.** — **Souvenirs d'un sexagénaire.** Nouvelle édition avec une préface et des notes par A. DIETRICH. 4 volumes.

**AVRILLON (Mlle), première femme de chambre de l'Impératrice.** — **Mémoires sur la vie privée de Joséphine,** sa famille et sa cour. Edition annotée et illustrée de 32 vues et portraits. 2 volumes.

**BARRY E. O'MÉARA.** — **Napoléon en exil.** Complément du mémorial de Sainte-Hélène. Relation contenant les opinions et les réflexions de Napoléon sur les événements les plus importants de sa vie durant trois ans de sa captivité. Introduction et notes de Désiré LACROIX. 2 volumes.

**BLAZE.** — **La vie militaire sous le premier Empire.** *Les vélites.* — *Le bivouac.* — *Les marches* — *Les cantinières.* — *Les logements.* — *Le camp.* — *La garnison.* — *Les revues.* — *La caserne.* — *La retraite,* etc. 1 volume illustré.

**BOURRIENNE.** — **Mémoires** sur Napoléon, le Directoire, le Consulat, l'Empire et la Restauration. Edition nouvelle refondue et annotée par Désiré LACROIX. 5 volumes.

**CANONGE (Général).** — **Trois héros.** *Mme Bellavoine.* — *Maréchal des logis Collignon.* — *Colonel Demange.* Bataille de Beaumont et passage de vive force du pont de Monzon (1870), avec 2 cartes, 1 plan, 3 portraits et 5 vues. 1 volume.

**CONSTANT (premier valet de chambre de l'Empereur).** — **Mémoires** sur la vie privée de Napoléon, sa famille et sa cour. 4 volumes.

**DESMAREST.** — **Quinze ans de haute police** sous le Consulat et l'Empire, suivi du siège de Valenciennes. Edition annotée par L. GRASILIER et A. SAVINE. 1 volume.

**DOPPET (Général).** — **Mémoires politiques** et militaires avec des notes et des éclaircissements historiques. Edition nouvelle revue et annotée par D. LACROIX. Vignettes et portraits. 1 volume.

**ESQUIROS.** — **Histoire des Montagnards.** Nouvelle édition illustrée. 1 volume.

**LACROIX (D.).** — **Histoire de Napoléon,** illustrée d'après les dessins de RAFFET, Horace VERNET, etc. 1 volume.

— **Les maréchaux de Napoléon** faisant suite au *Mémorial de Sainte-Hélène.* Edition illustrée de vignettes et portraits. 1 volume.

— **Roi de Rome et duc de Reichstadt (1811-1832),** illustré de portraits, gravures et autographes. 1 volume.

— **Bonaparte en Égypte (1790-1799),** avec cartes. 1 volume.

— **Guerre des Vendéens (1792-1800).** 1 volume.

— **Mémoires de Napoléon.** Ecrits à Sainte-Hélène sous sa dictée par les généraux qui ont partagé sa captivité. Edition nouvelle avec introduction, notes et appendices. 5 volumes.

> TOME Ier : *Siège de Toulon 13 vendémiaire. — Campagnes d'Italie 1796-1797. — Journée du 18 fructidor. — Paix de Campo-Formio.*
> TOME II : *Campagnes d'Italie. — Egypte. — Politique du Directoire. — Situation politique de l'Europe en 1789. — Seconde coalition contre la France. — 18 brumaire. — Vendée.*
> TOME III : *Gênes. — Masséna. — Marengo. — Ulm. — Moreau. — Diplomatie. — Guerre. — Neutres. — Saint-Dominique. — Les quatre concordats.*
> TOME IV : *Retour de l'île d'Elbe. — Etat militaire de la France. — Campagne de 1815. — Ligny. — Waterloo. — Abdication.*
> TOME V : *Précis sur les guerres de Jules César, du Maréchal de Turenne. de Frédéric II.*

**LAS CASES (Comte de).** — **Mémorial de Sainte-Hélène,** suivi du testament de Napoléon. 4 volumes.

**LE FAURE.** — **Histoire de la guerre franco-allemande (1870-1871),** illustrée de 110 portraits et 32 cartes et plans. Nouvelle édition annotée par D. LACROIX. 4 volumes.

**LETTRES de Napoléon** à Joséphine pendant la première campagne d'Italie, le Consulat et l'Empire, et lettres de Joséphine à Napoléon et à sa famille. 1 volume.

**OLLIVIER (Émile).** — **L'Empire libéral.** Etudes, récits, souvenirs. 16 volumes, *brochés seulement.*

> TOME Ier : *Du principe des nationalités.*
> TOME II : *Louis Napoléon et le coup d'État.*
> TOME III : *Napoléon III.*
> TOME IV : *Napoléon III et Cavour.*
> TOME V : *L'inauguration de l'Empire libéral. — Le roi Guillaume.*
> TOME VI : *La Pologne. — Les élections de 1863. — Loi des coalitions.*
> TOME VII : *Le démembrement du Danemark. — Le syllabus. — La mort de Morny. — L'entrevue de Biarritz.*
> TOME VIII : *L'année fatale (Sadowa 1866).*
> TOME IX : *Le désarroi. — Le Luxembourg. — Le 19 janvier.*
> TOME X : *Mentana. — L'agonie de l'Empire autoritaire. — La loi militaire. — Loi sur la presse et les réunions publiques.*
> TOME XI : *La veillée des armes. — L'affaire Baudin. — Le plan de Moltke. — Réorganisation de l'armée française. — Elections de 1869. — L'origine du complot de Hohenzollern.*
> TOME XII : *Le ministère du 2 janvier. — L'affaire Victor Noir. — Suite du complot Hohenzollern.*
> TOME XIII : *Le guet-apens Hohenzollern. — Le concile œcuménique. — Le Plébiscite.*
> TOME XIV : *La Guerre.*
> TOME XV : *Etions-nous prêts? — Préparation. — Mobilisation. — Sarrebruck. — Alliances.*
> TOME XVI : *Le Suicide. — Wœrth. — Forbach. — Le renversement du Ministère.*

**PAILHÈS.** — **Du nouveau sur Joubert,** Chateaubriand, Fontanes et sa fille, Sainte-Beuve. Etudes critiques avec documents inédits. Edition illustrée de portraits et fac-simile. 1 volume.

**RAPP (Général).** — **Mémoires** écrits par lui-même. Edition revue et annotée par D. LACROIX. 1 volume.

**ROVIGO (Duc de).** — **Mémoires** pour servir à l'histoire de l'Empereur Napoléon. Edition nouvelle refondue et annotée par D. LACROIX. 5 volumes.

**SERUZIER (Baron).** — **Mémoires militaires** mis en ordre et rédigés par M. LE MIERE DE CORVEY, avec une introduction par Joseph TURQUAN. 1 volume.

# HORS SÉRIE

Le volume broché.................. **3 fr. »**
Relié 1/2 veau, tranches peigne...... **4 fr. 50** │ Relié 1/2 chagrin, tête dorée.......... **5 fr.**

**CRÉQUY (Marquise de).** — **Souvenirs de 1710 à 1803,** illustrés de 10 portraits sur acier, 10 tomes en 5 volumes.

**TALLEMANT DES REAUX.** — **Historiettes.** Mémoires pour servir à l'histoire du XVIIᵉ siècle ; publiés sur le manuscrit autographe de l'auteur. Troisième édition précédée d'une notice et accompagnée de notes et d'éclaircissements par M. MONMERQUÉ. 10 tomes en 5 vol. in-18.

**TOUCHARD-LAFOSSE.** — **Chroniques de l'œil de Bœuf,** des petits appartements de la cour et des salons de Paris sous Louis XIV, la Régence, Louis XV et Louis XVI, nouvelle édition augmentée du règne de Louis XIII. 5 vol. in-18.

# OUVRAGES LITTÉRAIRES ANCIENS ET MODERNES

## ————o VOLUMES FORMAT IN-8° CAVALIER o————

| | | |
|---|---|---|
| Le volume broché .................... **6 fr.** | Relié 1/2 chagrin, tranches dorées........ **10 fr.** |
| Relié 1/2 veau, tranches peigne ........ **9 fr.** | Amateur............................. **11 fr.** |

**CASANOVA DE SEINGALT.** — **Mémoires** écrits par lui-même, suivis des fragments des Mémoires du prince de Ligne. 8 volumes.

**CHATEAUBRIAND.** — **Œuvres complètes.** Nouvelle édition précédée d'une étude littéraire sur Chateaubriand par SAINTE-BEUVE, illustrée d'un portrait de Chateaubriand et de gravures sur acier dessinées par STAAL, RACINET, etc. 18 volumes.

TOME Ier : *Etude sur Chateaubriand*, par SAINTE-BEUVE. — *Essai sur les Révolutions anciennes et modernes.*

TOME II : *Génie du Christianisme.*

TOME III : *Atala. — René. — Le dernier Abencérage. — Les Natchez. — Poésies.*

TOME IV : *Les Martyrs.*

TOME V : *Itinéraire de Paris à Jérusalem.*

TOME VI : *Voyages en Amérique, en Italie, au Mont-Blanc. — Mélanges littéraires.*

TOME VII : *Mélanges politiques. — Polémique.*

TOME VIII : *Polémique* (fin). — *Opinions et discours politiques. — Fragments divers.*

TOME IX : *Etudes historiques.*

TOME X : *Histoire de France. — Les quatre Stuarts. — Vie de Rancé.*

TOME XI : *Le paradis perdu. — Essai sur la littérature anglaise.*

TOME XII : *Congrès de Vérone. — Guerre d'Espagne. — Table générale et analytique.*

TOMES XIII à XVIII : *Mémoires d'outre-tombe*, avec une introduction, des notes et des Appendices par Edmond BIRÉ. 6 volumes.

*Les volumes suivants de la même édition existent sans tomaison avec titre spécial brochés et reliés 1/2 chagrin tranches dorées.*

*Le Génie du Christianisme.* 1 volume.
*Les Martyrs.* 1 volume.
*L'Itinéraire de Paris à Jérusalem.* 1 volume.
*Atala. — René. — Le dernier Abencérage. — Les Natchez. — Poésies.* 1 volume.
*Voyages en Amérique, en Italie.* 1 volume.
*Le paradis perdu.* 1 volume.

*Histoire de France. — Vie de Rancé.* 1 volume.
*Etudes historiques.* 1 volume.
*Mémoires d'outre-tombe*, annotés par Edmond BIRÉ. 6 volumes ornés de 48 gravures sur acier.
*Les dernières années de Chateaubriand* (1830-1848) par Edmond BIRÉ. 1 volume.

**LAMARTINE.** — **Raphaël.** Pages de la vingtième année. 1 volume in-8°............ **5 fr.**

**LOUVET DE COUVRAY.** — **Les amours du chevalier de Faublas.** 2 volumes.

**MAGNY (Olivier de), 1529-1561.** Etude biographique et littéraire par Jules FAVRE. 1 volume.

**MUSSET (Alfred de).** — **Œuvres complètes.** Edition illustrée de 26 héliogravures d'après les dessins de MAILLART. 8 volumes.

TOME Ier : *Premières poésies.*
TOME II : *Poésies nouvelles.*
TOMES III et IV : *Comédies et proverbes.*
TOME V : *Nouvelles.*

TOME VI : *Contes.*
TOME VII : *Confession d'un enfant du siècle.*
TOME VIII : *Mélanges de littérature et de critique.*

**SCHILLER.** — **Œuvres dramatiques.** Traduction de M. DE BARANTE. 3 volumes.

**SHAKSPEARE.** — **Œuvres complètes.** Traduction de M. GUIZOT. 8 volumes.

**SIENKIEWICZ.** — **Quo Vadis?** Roman du temps de Néron, illustrations de TOFFANI. 1 volume.
Relié toile genre amateur.................................................... **8 fr.**

# OUVRAGES LITTÉRAIRES ANCIENS ET MODERNES

## o VOLUMES FORMAT IN-18 JÉSUS o

Le volume broché .................. 3 fr. 50
Relié 1/2 veau, tranches peigne ....... 5 fr. »
Relié 1/2 chagrin ................. 5 fr. 50

Les ouvrages précédés d'un astérisque existent, reliés amateur, le volume... **6** fr. **50**

*Les ouvrages en plusieurs volumes (à l'exception de Brizeux et de Musset) ne se vendent pas séparément reliés.*

**BRIZEUX (Auguste). — Œuvres.** Nouvelle édition revue, corrigée et augmentée, précédée d'une notice biographique sur l'auteur et suivie de notes par Auguste DORCHAIN. Ouvrage illustré de 12 héliogravures exécutées d'après les dessins de MAILLART.

TOME Ier : *Marie. — Télen Arvor. — Furneiz Breiz.*
TOME II : *Les Bretons.*
TOME III : *La Fleur d'or. — Histoires poétiques.*
TOME IV : *Histoires poétiques. — Poétique nouvelle.*

**CASANOVA DE SEINGALT. — Mémoires** écrits par lui-même, suivis des fragments des mémoires du prince de Ligne. Nouvelle édition ornée de gravures sur bois d'après les dessins de MAILLART.
Les 8 volumes en étui, 1/2 chagrin, bleu, tête dorée, fers spéciaux....................... **48** fr.

**CELLINI BENVENUTO. — Œuvres complètes** traduites par Léopold LECLANCHÉ. 2 volumes.

TOME Ier : *Mémoires.*
TOME II : *Suite des mémoires. — Traités de l'orfèvrerie et de la sculpture. — Discours sur le dessin et l'architecture.*

**CHANSONS de geste.** *Roland. — Aimeri de Narbonne. — Le couronnement de Louis.* Traduction de L. CLÉDAT. 1 volume.

*** CHATEAUBRIAND. — Mémoires d'outre-tombe.** Nouvelle édition avec une introduction, des notes et des appendices par Edmond BIRÉ, illustrée de gravures sur acier. 6 volumes.

**COMMELIN (P.). — Nouvelle mythologie grecque et romaine.** Edition illustrée de nombreuses gravures. 1 volume.

**COMTE. — Cours de philosophie positive** (Ire et 2e leçons). Discours sur l'esprit positif. Edition nouvelle avec une introduction et un commentaire par Ch. LE VERRIER. 1 volume.

**DARBOY (Mgr). — Les femmes de la Bible.** Principaux fragments d'une histoire du peuple de Dieu. Nouvelle édition ornée de vignettes sur acier par STAAL. 1 volume.

**DE BROSSES. — Lettres familières** écrites d'Italie en 1739 et 1740. Cinquième édition authentique d'après les manuscrits, annotée et précédée d'une étude biographique par R. COLOMB. 2 volumes.

**GERUZEZ. — Essais de littérature française.** 2 volumes.

TOME Ier : *Introduction. — Prédication de la première croisade. — Abélard. — Saint Bernard. — Eloquence judiciaire. — Eloquence politique. — Alain Chartier. — Les Sermonnaires. — La Comédie aristophanesque. — Rabelais. — Calvin. — Anne Dubourg. — Les pamphlétaires. — Ronsard. — D'Aubigné.*
TOME II : *Malherbe. — Balzac. — L'hôtel de Rambouillet. — Voiture. — Scarron. — Pascal. — P. Corneille. — La Fontaine. — Madame de Sévigné. — Boileau Despréaux. — Racine. — Fénelon. — Voltaire. — J.-J. Rousseau. — Buffon.*

**GRANDVILLE.** — **Les fleurs animées,** 52 planches coloriées, texte par Alph. KARR, T. DELORD et le comte FOÉLIX. 2 volumes.

**LA FONTAINE.** — **Fables.** Edition illustrée de 250 dessins par J.-J. GRANDVILLE, avec des notes et précédée de la vie de l'auteur par AUGER. 1 volume.

**LA JONQUIÈRE (De) et le Canada 1749-1752. 1 volume**

**LAMENNAIS.** — **Imitation de Jésus-Christ.** Traduction nouvelle avec des réflexions à la fin de chaque chapitre. Edition ornée de vignettes et d'un frontispice en couleurs gravé. 1 volume.

**MAROT (Clément).** — **Œuvres choisies.** Edition accompagnée d'une étude sur la vie, les œuvres et la langue de ce poète, avec des variantes, des notes philologiques, littéraires et historiques et un glossaire par E. VOIZARD. 1 volume.

> *Epitres. — Pièces diverses. — Ballades. — Rondeaux. — Epigrammes. — Opuscules. — Psaumes.*

*MUSSET (Alfred de).** — **Œuvres complètes.** Nouvelle édition revue, corrigée et augmentée de documents inédits, précédée d'une notice biographique sur l'auteur et suivie de notes par E. BIRÉ, illustrée de 26 héliogravures d'après les dessins de MAILLART. 9 volumes.

> TOME I<sup>er</sup> : *Premières poésies. — Contes d'Espagne et d'Italie. — Spectacle dans un fauteuil. — Poésies diverses. — Namouna.*
> TOME II : *Poésies nouvelles. — Rolla. — Les nuits. — Poésies nouvelles. — Contes en vers.*
> TOME III : *Comédies et proverbes I. — André del Sarto. — Lorenzaccio. — Caprices de Marianne. — Fantasio. — On ne badine pas avec l'amour. — La nuit vénitienne. — Barberine.*
> TOME IV : *Comédies et proverbes II. — Le chandelier. — Il ne faut jurer de rien. — Un caprice. — Il faut qu'une porte soit ouverte ou fermée. — Louison. — On ne saurait penser à tout. — Carmosine. — Bettines.*
> TOME V : *Nouvelles : Emmeline. — Les deux maîtresses. — Frédéric et Bernerette. — Le fils du Titien. — Margot. — Les Croisilles.*
> TOME VI : *Contes. — Pierre et Camille. — Le secret de Javotte. — La mouche. — Histoire d'un merle blanc. — Mimi Pinson. — Lettres de Dupuis et Cotonet.*
> TOME VII : *Confession d'un enfant du siècle.*
> TOMES VIII et IX : *Mélanges de littérature et critique.*

**NECKER DE SAUSSURE.** — **Éducation progressive** ou étude du cours de la vie, précédée d'une notice sur la vie et les écrits de l'auteur. Ouvrage couronné par l'Académie Française. 2 vol.

**OLLIVIER (Émile).** — **Marie-Magdeleine** (récits de jeunesse). 1 volume.

— **La Révolution.** 1 volume.

— **Michel-Ange.** 1 volume.

— **Principes et conduite.** 1 volume.

**PRÉVOST (L'abbé).** — **Histoire de Manon Lescaut** et du chevalier des Grieux. Nouvelle édition précédée d'une notice historique par Jules JANIN, illustrations de Tony JOHANNOT. 1 volume.

**RONSARD.** — **Œuvres choisies** accompagnées d'une étude sur la vie. les œuvres et la langue de ce poète avec des variantes et des notes philologiques littéraires et historiques et un glossaire, par E. VOIZARD. 1 volume.

*** SAINTE-BEUVE (Œuvres de).** 20 volumes.

— **Causeries du lundi.** 15 volumes.

— **Portraits littéraires et Derniers portraits,** suivis des *Portraits de femmes.* Nouvelle édition. 4 volumes.

Tome I<sup>er</sup> : *Boileau. — Pierre Corneille. — La Fontaine. — Racine. — André Chénier. — Diderot. — Ampère. — Bayle. — La Bruyère. — Millevoye, etc.*
Tome II : *Molière. — Delille. — Bernardin de Saint-Pierre. — Fontanes. — Joubert. — de Maistre, etc.*
Tome III : *François I<sup>er</sup> poète. — Mlle Aïssé. — Benjamin Constant. — Rémusat. — Mme de Krüdner. — Mme de Staal de Launay, etc.*
Tome IV : *Portraits de femmes. — Mmes de Sévigné, de Souza, de Duras, de Staël, Roland, Guizot, de La Fayette, de Krüdner, Rémusat.*

***SAINTE-BEUVE (Œuvres de). — Table générale et analytique** des *Causeries du lundi*, des *Portraits littéraires* et des *Portraits de femmes*. 1 volume.

**SAINTE-BEUVE (Extraits de). Extraits des Causeries du lundi,** choisis et mis en ordre par A. Pichon. Avant-propos par Léon Robert. 1 volume.

**— Extraits des Causeries du lundi,** *Portraits littéraires* et *Portraits de femmes*. Avec une introduction, par J. Lanson, maître de Conférences suppléant à l'École normale supérieure. 1 vol.

**SAINTE BIBLE (La).** Traduite en français par Lemaistre de Sacy. Nouvelle édition revue par l'abbé Jacquet. 2 volumes.

**SIENKIEWICZ. — Quo Vadis?** Roman du temps de Néron, illustrations de Toffani. 1 volume.

## CHEFS-D'ŒUVRE DU ROMAN FRANÇAIS

*Volumes in-8° cavalier, illustrés de charmantes gravures sur acier, dessins de* Staal.

Le volume broché...................................... **3.50**

**Histoire de Gil Blas de Santillane** par Le Sage. 2 volumes.

**Histoire de Guzman d'Alfarache** par Le Sage. 1 volume.

**Le Diable boiteux,** suivi de *Estévanille Gonzalès*, par Le Sage. 1 vol.

**Œuvres de Mme Elie de Beaumont, de Mme Genlis de Fiévée, de Mme de Duras.** 1 volume.

**Œuvres de Mmes de Fontanes et de de Tencin.** 1 volume.

**Œuvres de Mme Souza.** 1 volume.

# HORS SÉRIE

**CHATEAUBRIAND. — Lectures choisies,** par Nollet, professeur au Lycée Hoche.
1 volume in-18, broché............................................... **4 fr. »**
—    — relié toile............................................... **4 fr. 50**

**— Récits, Scènes et Paysages.** Extraits des *Mémoires d'Outre-Tombe*, de l'*Itinéraire de Paris à Jérusalem* et du *Voyage en Italie*. Edition illustrée par Louis Humbert, professeur au Lycée Condorcet.
1 volume in-18, cartonné............................................... **3 fr.**

# OUVRAGES PATRIOTIQUES
# ET HISTORIQUES

————○ *Volumes format grand in-8° jésus illustrés de gravures en noir et en couleur.* ○————

Le volume broché .................... **12 fr.** | Relié toile, pl. spéciale, tr. dorées ........ **16 fr.**
Relié 1/2 chagrin, plats toile, tête dorée.... **18 fr.**

**CHOPPIN. — La cavalerie française.** Ouvrage illustré de 16 aquarelles et de nombreux dessins dans le texte. 1 volume.

**GALLI (H,). — La guerre à Madagascar.** Histoire anecdotique des expéditions de 1885 et 1895. Ouvrage contenant environ 240 dessins en couleurs de BOMBLED, cartes et plans. 2 volumes.
Par exception, le volume broché.................................................. **8 fr.**
Relié toile.................................................................... **12 fr.**

**— La guerre en Extrême-Orient** (Russes et Japonais). Ouvrage illustré d'environ 240 dessins en couleurs de BOMBLED, MALESPINE, etc. et de nombreuses cartes et plans. 2 volumes.

> TOME Ier : *De Chemulpo à Liao-Yang.*
> TOME II : *Port-Arthur. — Moukden. — Tsoushima. — Portsmouth.*

**GRENEST. — L'armée de l'Est.** Relation anecdotique de la campagne de 1870-1871.
*La Bourgonce. — Dijon. — Nuits. — Villersexel. — Héricourt. — La Cluse.*
120 dessins en couleurs de BOMBLED. 1 volume.

**— L'armée de la Loire.** Relation anecdotique de la campagne de 1870-1871.
*Orléans. — Châteaudun. — Coulmiers. — Loigny. — Vendôme. — Le Mans.*
120 dessins en couleurs de BOMBLED. 1 volume.

**LAS CASES (Le comte de). — Mémorial de Sainte-Hélène.** Ouvrage illustré de 240 dessins en couleurs par L. BOMBLED. 2 volumes.

**LONLAY (Dick de). — Français et Allemands.** Histoire anecdotique de la guerre de 1870-1871. 4 volumes.
Chaque volume contient de nombreux dessins, plans de bataille et 120 gravures en couleurs.

> TOME Ier : *Niederbronn. — Wissembourg. — Frœschwiller. — Châlons. — Busançy. — Bazeilles. — Sedan.*
> TOME II : *Sarrebruck. — Spickeren. — La retraite sur Metz. — Pont-à-Mousson. — Borny.*
> TOME III : *Gravelotte. — Rezonville. — Vionville. — Mars-la-Tour. — Saint-Marcel. — Flavigny. — Les lignes d'Amanvilliers. — Saint-Privat. — Sainte-Marie-aux-Chênes. — Les fermes de Moscou et de Leipsick. — Le Point-du-Jour.*
> TOME IV : *L'investissement de Metz. — La journée des dupes. — Servigny. — Noisseville. — Flanville. — Nouilly. — Coincy. — Le blocus de Metz. — Peltre. — La capitulation.*

**— Notre armée.** Histoire populaire de l'infanterie française depuis les Gaulois jusqu'à nos jours. Ouvrage illustré de nombreux dessins en couleurs représentant les scènes des principales batailles. 1 volume.

**MARCO DE SAINT-HILAIRE. — Souvenirs du Consulat et de l'Empire.** Nouvelle édition illustrée de 240 gravures et vignettes d'après RAFFET, CHARLET, H. VERNET, BELLANGÉ, PHILIPPOTEAUX. 1 volume.

## VOLUMES FORMAT IN-8º CARRÉ ILLUSTRÉS DE GRAVURES EN NOIR

Chaque volume broché .............. **3 fr. 50** | Relié toile, plaque spéciale, tr. dorées... **5 fr. 50**

**GALLI (H.).** — **Les anniversaires de 1870** d'après *Français et Allemands*, avec notes et documents. 1 volume.

**GRENEST.** — **L'armée de la Loire.** Relation anecdotique de la campagne de 1870-1871. 2 volumes.

> TOME Iᵉʳ : *Tours. — Orléans. — Coulmiers. — Beaune-la-Rolande. — Villepion. — Loigny.*
> TOME II : *Beaugency. — Vendôme. — Le Mans. — Sillé-le-Guillaume. — Alençon.*

— **L'armée de l'Est.** Relation anecdotique de la campagne de 1870-1871. 2 volumes.

> TOME Iᵉʳ : *La Bourgonce. — Dijon. — Nuits.*
> TOME II : *Villersexel. — Héricourt. — La Cluse.*

— **Les armées du Nord et de Normandie.** Relation anecdotique de la campagne de 1870-1871. 1 volume.

**LONLAY (Dick de).** — **Français et Allemands.** Histoire anecdotique de la guerre de 1870-1871. 6 volumes.

*Chaque volume forme un tout complet et se vend séparément.*

> TOME Iᵉʳ : *Niederbronn. — Wissembourg. — Frœschwiller. — Châlons. — Reims. — Buzancy. — Bazeilles. — Sedan.*
> *50 dessins de l'auteur.*
> TOME II : *Sarrebruck. — Spickeren. — La retraite sur Metz. — Pont-à-Mousson. — Borny.*
> Dessins de l'auteur. — Cartes et plans de batailles.
> TOME III : *Gravelotte. — Rezonville. — Vionville. — Mars-la-Tour. — Saint-Marcel. — Flavigny.*
> Dessins de l'auteur. — Cartes et plans de batailles.
> TOME IV : *Les lignes d'Amanvilliers. — Saint-Privat. — Sainte-Marie-aux-Chênes. — Les fermes de Moscou et de Leipsick. — Saint-Hubert. — Le Point-du-Jour.*
> Dessins. — Cartes et plans de batailles.
> TOME V : *L'investissement de Metz. — La journée des dupes. — Servigny. — Noisseville. — Flanville. — Nouilly. — Coincy.*
> Dessins. — Cartes et plans de batailles.
> TOME VI : *Le blocus de Metz. — Peltre. — Mercy-le-Haut. — Ladonchamps. — La capitulation.*
> Dessins de l'auteur. — Cartes et plans de batailles.

### VOLUMES IN-18, ILLUSTRÉS

Chaque volume broché.................................. **1 fr.**

**GALLI (H.).** — **La prise de Tananarive.** Histoire anecdotique de la colonne légère (juin-octobre 1903). 1 volume in-18, couverture illustrée.

**DICK DE LONLAY.** — **Les Combats du général de Négrier au Tonkin.** 30 gravures. 1 volume.

— **Le siège de Tuyen-Quan.** 20 gravures. 1 volume.

— **La Marine française en Chine, l'amiral Courbet et le « Bayard ».** Souvenirs anecdotiques. 40 gravures. 1 volume.

— **La Cavalerie française à la bataille de Rezonville.** 1 volume in-18, dessins de l'auteur.

— **La Défense de Saint-Privat,** dessins de l'auteur. 1 volume.

— **Les Zouaves à l'armée du Rhin,** dessins de l'auteur. 1 volume.

— **Souvenirs de Frédéric III.** (Examens critiques et commentaires). 1 volume.

# ŒUVRES DE WALTER SCOTT

## (Traduction de M. Defauconpret)

Nouvelle édition publiée en 30 volumes in-8° carré avec une gravure sur acier par volume.

Chaque volume se vend séparément, broché.......................................... **3 fr. 50**
Relié 1/2 chagrin plats toile, tranches jaspées.................................. **5 fr. 50**

Édition illustrée de 2 gravures sur acier par volume, 30 volumes in-8° cavalier.

Chaque volume se vend séparément, broché.......................................... **5 fr.**
Les 30 volumes reliés 1/2 chagrin plats toile, tranches jaspées...................... **225 fr.**

| | |
|---|---|
| 1. Waverley. | 14. Peveric du Pic. |
| 2. Guy Mannering. | 15. Quentin Durward. |
| 3. L'Antiquaire. | 16. Eaux de Saint-Ronan. |
| 4. Rob-Roy. | 17. Redgauntlet. |
| 5. Le Nain noir. — Les puritains d'Écosse. | 18. Connétable de Chester. |
| 6. La prison d'Édimbourg. | 19. Richard en Palestine. |
| 7. La fiancée de Lammermoor. — L'officier de fortune. | 20. Woodstock. |
| 8. Ivanhoé. | 21. Chronique de la Canongate. |
| 9. Le Monastère. | 22. La jolie fille de Perth. |
| 10. L'Abbé. | 23. Charles le Téméraire. |
| 11. Kenilworth. | 24. Robert de Paris. |
| 12. Le Pirate. | 25. Le château périlleux. — La Démonologie. |
| 13. Les aventures de Nigel. | 26, 27 et 28. Histoire d'Écosse. |
| | 29 et 30. Romans poétiques. |

# ŒUVRES DE J. FENIMORE COOPER

## (Traduction de M. Defauconpret)

Nouvelle édition publiée en 30 volumes in-8° carré, avec une gravure sur acier par volume.

Chaque volume se vend séparément, broché.......................................... **3 fr. 50**
Relié 1/2 chagrin plats toile, tranches jaspées.................................. **5 fr. 50**

Édition illustrée de 2 gravures sur acier par volume, 30 volumes in-8° cavalier.

Chaque volume se vend séparément, broché.......................................... **5 fr.**
Les 30 volumes reliés 1/2 chagrin, plats toile, tranches jaspées...................... **225 fr.**

| | |
|---|---|
| 1. Précaution. | 16. Eve Effingham. |
| 2. L'Espion. | 17. Le lac Ontario. |
| 3. Le Pilote. | 18. Mercédès de Castille. |
| 4. Lionel Lincoln. | 19. Le Tueur de daims. |
| 5. Les Mohicans. | 20. Les deux Amiraux. |
| 6. Les Pionniers. | 21. Le feu follet. |
| 7. La Prairie. | 22. A bord et à terre. |
| 8. Le Corsaire rouge. | 23. Lucie Hardinge. |
| 9. Les Puritains. | 24. Wyandotté. |
| 10. L'Écumeur de mer. | 25. Satanstoé. |
| 11. Le Bravo. | 26. Le Porte-Chaîne. |
| 12. L'Heidenmauer. | 27. Ravensnest. |
| 13. Le Bourreau de Berne. | 28. Les Lions de mer. |
| 14. Les Monikins. | 29. Le Cratère. |
| 15. Le Paquebot. | 30. Les Mœurs du jour. |

# CLASSIQUES GARNIER

## COLLECTION DES MEILLEURS OUVRAGES FRANÇAIS ET ÉTRANGERS
### —o ANCIENS ET MODERNES o—

*Volumes in-18 Jésus.*

Le volume broché.. .................... **3 fr.** | Relié 1/2 veau, tranches peigne ....... **4 fr. 50**
Relié 1/2 chagrin, tranches dorées........ **5 fr.**

*Les titres en plusieurs volumes (à l'exception de Musset) ne se vendent pas séparément reliés.*

**ABÉLARD et Héloïse. — Lettres complètes.** Traduction nouvelle précédée d'une préface par M. GRÉARD.

**ARIOSTE. — Roland-Furieux.** Traduction nouvelle avec une introduction et des notes par 2 volumes. ‖ C. HIPPEAU.

**AURIAC (D'). — Théâtre de la foire** avec un essai historique sur les spectacles forains.
CONTENANT :
*Arlequin, roi de Serendid. — La ceinture de Vénus. — Le temple du destin. — Arlequin traitant. — Les amours de Nanterre. — La forêt de Dodone. — Le rémouleur d'amour. — Les comédiens corsaires. — Les amours déguisés. — Achmet et Almanzine.*

**BACHAUMONT. — Mémoires secrets (1762-1771).** Mémoires dans lesquels on trouve d'abondants et curieux renseignements sur la société du XVIIIe siècle, revus et publiés avec des notes et une préface par P.-L. JACOB, bibliophile.

**BARTHÉLEMY. — Nemésis.** Nouvelle édition collationnée avec soin sur les éditions de 1835 et 1838.

**BASSELIN. — Vaux-de-Vire** d'Olivier Basselin et de Jean Le Houx, suivis d'un choix d'anciens vaux-de-vire et d'anciennes chansons normandes tirés des manuscrits et des imprimés, avec une notice préliminaire et des notes philologiques, par A. ASSELIN, L. DUBOIS, PLUQUET, Julien TRAVERS et Charles NODIER.

**BEAUMARCHAIS. — Mémoires** dans l'affaire Gœzman. Nouvelle édition précédée d'une appréciation tirée des *Causeries du lundi* par SAINTE-BEUVE.

**— Théâtre** suivi de ses poésies diverses et précédé d'observations littéraires par SAINTE-BEUVE.
*Le barbier de Séville. — La folle journée ou le mariage de Figaro. — L'autre Tartuffe ou la mère coupable. — Mélanges, vers et chansons.*

**— Œuvres** (Edition Laplace). Nouvelle édition ornée de quatre dessins coloriés, dessinés par Emile BAYARD.
CONTENANT :
*Eugénie. — Les deux amis ou le négociant de Lyon. — Le barbier de Séville ou la précaution inutile. — La folle journée ou le mariage de Figaro. — L'autre Tartuffe ou la mère coupable. — Tarare.*

**BEECHER STOWE. — La Case de l'oncle Tom** ou la vie des nègres en Amérique. Traduction complète par Alfred MICHIELS. Nouvelle édition avec gravures par Jules DAVIAL.

**BENJAMIN CONSTANT. — Adolphe.** Anecdote trouvée dans les papiers d'un inconnu. Nouvelle édition suivie de : *La lettre sur Julie. — Des réflexions sur le théâtre allemand, etc., etc.*

**BÉRANGER. — Œuvres** contenant les dix chansons publiées en 1847, édition illustrée de 6 gravures sur acier.
2 volumes ‖ vures sur acier.

**— Dernières chansons (1834-1851)** avec notes de Béranger sur ses anciennes chansons, édition illustrée de 6 gravures sur acier.

**— Ma Biographie.** Ouvrage posthume suivi d'un appendice, illustré de gravures sur acier.

**BÉRANGER.** — **Béranger des familles.** Recueil de ses anciennes chansons pouvant être mises entre toutes les mains, édition illustrée d'un portrait et de 4 gravures sur acier.

**BERNARDIN DE SAINT-PIERRE.** — **Paul et Virginie** suivi de la *Chaumière indienne.* Illustrations d'après les dessins de Bertall et Demarle.

**BÉROALDE DE VERVILLE.** — **Moyen de parvenir.** Œuvre contenant la raison de tout ce qui a été, est et sera, avec démonstrations certaines et nécessaires selon la rencontre des effets de vertu.

**BIRÉ.** — **Dernières années de Chateaubriand (1830-1848).**

**BOCCACE.** — **Contes** traduits par A. Sabatier de Castres.

**BOILEAU.** — **Œuvres.** Nouvelle édition conforme au texte donné par M. Berryat-Saint-Prix, avec notice de Sainte-Beuve et une étude sur la querelle de Boileau et de Perrault, par Ch. Gidel.
*Satires.* — *Epîtres.* — *L'art poétique.* — *Le lutrin.* — *Odes.* — *Epigrammes et autres poésies.* — *Lettres.*

— **Œuvres poétiques** (Edition Laplace). Avec une introduction et des éclaircissements historiques, par E. Fournier. Edition illustrée de 4 gravures coloriées.
*Satires.* — *Epîtres.* — *L'art poétique.* — *Le lutrin.* — *Odes.* — *Epigrammes.* — *Poésies diverses.* — *Pièces diverses.*

**BONAVENTURE DES PÉRIERS.** — **Contes** ou nouvelles récréations et joyeux devis. suivis du *Cymbalum Mundi.* Edition précédée d'une notice par P.-L. Jacob.

**BOSSUET.** — **Discours sur l'histoire universelle** à Mgr le Dauphin pour expliquer la suite de la religion et le changement des empires.

— **De la Connaissance de Dieu** de soi-même. Exposition de la doctrine catholique sur les matières de controverse, instructions pastorales sur les promesses de l'Église et explication de quelques difficultés sur les prières de la messe à un nouveau catholique.

— **Élévations à Dieu** sur tous les mystères de la religion chrétienne. Nouvelle édition revue sur les manuscrits originaux et les éditions les plus correctes.

— **Histoire des variations des églises protestantes.** Nouvelle édition complète suivant le texte de l'édition de Versailles. 2 vol.

— **Méditations sur l'Évangile.** Edition revue sur les manuscrits originaux et les éditions précédentes les plus complètes.

— **Oraisons funèbres** et panégyriques. Nouvelle édition suivant le texte de l'édition de Versailles, améliorée et enrichie à l'aide de travaux les plus récents.

— **Sermons.** Nouvelle édition complète suivant le texte de l'édition de Versailles, améliorée et enrichie 4 volumes ‖ à l'aide des travaux les plus récents sur Bossuet et ses ouvrages.

— **Sermons choisis.** Edition revue d'après les meilleurs textes et précédée d'une préface par l'abbé Maury.

— **Traité de la concupiscence.** Lettres et maximes sur la comédie, la logique. Traité du libre arbitre.

**BOURDALOUE.** — **Chefs-d'œuvre oratoires** suivis des opuscules suivants : *Le petit nombre des élus.* — *Accord de la Raison et de la Foi.* — *La Foi victorieuse du monde.* — *L'incrédule convaincu par lui-même.*

**BOURGOIN.** — **Les maîtres de la critique au XVII<sup>e</sup> siècle.** *Chapelain.* — *Saint-Evremond.* — *Boileau.* — *La Bruyère.* — *Fénelon.*

**BOUTET.** — **Pasteur et ses élèves.** Histoire abrégée de leurs découvertes et de leurs doctrines

**BOURSAULT. — Théâtre choisi** (Edition Laplace).

CONTENANT :

*Esope à la ville. — Esope à la cour. — Le médecin galant. — Phaéton. — Les mots à la mode. — La satire des satires. — Le jaloux prisonnier.*

**BRANTOME. — Vie des dames galantes.** Nouvelle édition soigneusement revue et corrigée sur les manuscrits avec des remarques historiques et critiques.

**— Vie des dames illustres.** Françaises et étrangères. Nouvelle édition avec une introduction et des notes par Louis MOLAND.

**BRILLAT-SAVARIN. — Physiologie du goût** ou méditations de gastronomie transcendante dédié aux gastronomes parisiens, suivi de *La Gastronomie* par BERCHOUX et de *L'art de dîner en ville* par COLNET.

**BRIZEUX. — Œuvres.** Nouvelle édition, revue, augmentée, corrigée, précédée d'une notice biographique sur l'auteur et suivie de notes par Auguste DORCHAIN.

> TOME Ier : *Marie. — Telen Arvor. — Furnez. — Breiz.*
> TOME II : *Les Bretons.*
> TOME III : *La fleur d'or. — Histoires poétiques.*
> TOME IV : *Histoires poétiques. — Poésies nouvelles.*

**BUSSY-RABUTIN. — Histoire amoureuse des Gaûles** suivie de la *France galante*, romans satiriques du XVIIe siècle, attribués au comte de BUSSY. Nouvelle édition, précédée d'observations par SAINTE-BEUVE.

2 volumes

**BYRON. — Œuvres complètes.** Traduction de Amédée PICHOT, édition augmentée de notices et de pièces inédites avec des notes.

4 volumes

CONTENANT :

> TOME Ier : *Avant-propos de Ch. Nodier. — Odes. — Le Giaour.*
> TOME II : *La fiancée d'Abydos. — Le Corsaire. — Lara. — Le siège de Corinthe. — Parisina. — Le prisonnier de Chillon. — Le pèlerinage de Childe Harold.*
> TOME III : *Don Juan.*
> TOME IV : *Caïn. — Le ciel et la terre. — Manfred. — Les métamorphoses du bossu. — Marino Faliero, Doge de Venise. — Sardanapale. — Les deux Foscari. — Werner ou l'héritage.*

**CAMOËNS. — Les Lusiades.** Traduction nouvelle avec notes et commentaires, précédée d'une étude sur la vie et les mœurs de Camoëns par Edouard HIPPEAU.

**CANTU (César). — Abrégé de l'histoire universelle.** Traduit de l'italien par L. Xavier DE RICARD, avec un portrait de l'auteur.

2 volumes.

**CASANOVA. — Mémoires** Casanova DE SEINGALT, écrits par lui-même, suivis de fragments des mémoires du prince de LIGNE. Nouvelle édition collationnée sur l'édition originale de Leipsick.

8 volumes

**CENT nouvelles nouvelles (Les).** Texte revu avec beaucoup de soin sur les meilleures éditions, accompagné de notes explicatives.

**CERVANTÈS. — L'ingénieux hidalgo Don Quichotte de la Manche.** Traduction de DELAUNAY. Revue, corrigée et augmentée d'une notice sur la vie de CERVANTÈS par Adrien GRIMAUX.

2 volumes

**— Don Quichotte de la jeunesse** traduit par FLORIAN, édition illustrée de vignettes sur bois.

**CHARPENTIER. — La littérature française au XIXe siècle.**

**CHATEAUBRIAND. — Génie du christianisme** et défense du *Génie du Christianisme* avec notes et éclaicissements. Nouvelle édition revue avec soin sur les éditions originales.

2 volumes

**— Les Martyrs** ou le triomphe de la religion chrétienne. Nouvelle édition revue avec soin sur les éditions originales.

**CHATEAUBRIAND.** — **Itinéraire de Paris à Jérusalem.** Nouvelle édition revue avec soin sur les éditions originales.

— **Atala, René, Le dernier Abencerage, Les Natchez.** Nouvelle édition revue avec soin sur les éditions originales.

— **Voyages en Amérique, en Italie, au Mont Blanc.** Nouvelle édition revue avec soin sur les éditions originales.

— **Le Paradis perdu** suivi de *Essai sur la littérature anglaise.*

— **Études historiques.** Nouvelle édition revue sur les éditions originales.

— **Histoire de France. Les Quatre Stuarts.**

— **Mélanges historiques et politiques** suivis de la vie de Rancé.

— **Les dernières années** (Voir à Biré).

**CHÉNIER.** — **Œuvres poétiques** précédées d'une étude par SAINTE-BEUVE. Nouvelle édition mise en ordre et annotée par Louis MOLAND. (2 volumes)

TOME Ier : *Bucoliques. — Elégies.*
TOME II : *Epitres. — Théâtre. — Poèmes. — Poésies diverses. — Satires. — Hymnes. — Odes. — Iambes. — Mélanges littéraires.*

— **Œuvres en prose** précédées d'une notice sur le procès d'André CHÉNIER et des actes de ce procès. Nouvelle édition mise en ordre et annotée par Louis MOLAND.

**COLLIN D'HARLEVILLE.** — **Théâtre** suivi de *Poésies fugitives* avec une introduction de Louis MOLAND.
*L'inconstant. — L'optimiste ou l'homme toujours content. — Les châteaux en Espagne. — M. de Crac dans son petit castel. — Le vieux célibataire.*

— **Théâtre** (Edition Laplace), précédé d'une notice biographique par Edouard THIERRY et illustré de 4 gravures coloriées par GEOFFROY et ALLOUARD.
*L'inconstant. — L'optimiste. — Monsieur de Crac dans son petit castel. — Les châteaux en Espagne. — Le vieux célibataire. — Les mœurs du jour. — Malice pour malice.*

**COMTE (Auguste).** — **Catéchisme positiviste** ou sommaire exposition de la religion universelle. Nouvelle édition avec une introduction et des notes explicatives par P.-F. PÉCAUT.

**CONFUCIUS.** — **Doctrine** ou les quatre livres de philosophie morale et politique de la Chine, traduction du chinois par M. G. PAUTHIER.

**CORNEILLE (P.).** — **Théâtre** précédé des discours sur le poème dramatique, suivi d'un examen analytique des pièces non comprises dans la présente édition et d'un choix de poésies diverses. (2 volumes)

TOME Ier : *Vie de Corneille par Fontenelle. — Discours sur le poème dramatique. — Médée. — Le Cid. — Horace. — Cinna. — Pompée. — Polyeucte. — Le menteur. — La suite du menteur.*
TOME II : *Rodogune. — Héraclius. — Don Sanche d'Aragon. — Nicomède. — Sertorius. — Othon. — Examen analytique. — Poésies diverses.*

— **Théâtre.** Nouvelle édition collationnée sur la dernière édition publiée du vivant de l'auteur.
*Le Cid. — Horace. — Cinna. — Polyeucte. — Pompée. — Le menteur. — Rodogune. — Nicomède. — Sertorius.*

— **Théâtre choisi** (Edition Laplace). Nouvelle édition illustrée de quatre dessins en couleurs par GEOFFROY et ALLOUARD.
*Le Cid. — Horace. — Cinna. — Polyeucte. — La mort de Pompée. — Le menteur. — Rodogune. — Nicomède.*

**CORNEILLE (Thomas).** — **Théâtre choisi** (Edition LAPLACE). Nouvelle édition précédée d'une notice par Edouard THIERRY et illustrée de 4 dessins en couleur par GILBERT et ALLOUARD.

*Le geôlier de soi-même. — Timocrate. — Le baron d'Albikrac. — Ariane. — L'Inconnu. — Le festin de pierre. — Le comte d'Essex.*

**COURIER (P.-L.).** — **Œuvres** précédées d'un essai sur la vie et les écrits de l'auteur par Armand CARREL.

*Pamphlets politiques. — Les pastorales de Longus ou Daphnis et Chloé. — Lettres inédites écrites de France et d'Italie. — Correspondance. — Pamplets littéraires.*

**CRÉBILLON (J. de).** — **Théâtre complet** (Edition Laplace). Nouvelle édition précédée d'une notice par Auguste VITU et illustrée de 4 dessins en couleurs par ALLOUARD.

*Idoménée. — Atrée et Thyeste. — Electre. — Rhadamiste et Zénobie. — Sémiramis. — Catilina. — Xerxès. — Pyrrhus. — Le triumvirat.*

**CRÉQUY (Marquise de).** — **Souvenirs de 1710 à 1803,** illustrés de 10 portraits sur acier. 10 tomes en 5 volumes.

**CYRANO DE BERGERAC.** — **Histoire comique des Etats et Empires de la Lune et du Soleil.** Nouvelle édition revue et publiée avec des notes et une notice historique par P.-L. JACOB.

— **Œuvres comiques, galantes et littéraires.** Nouvelle édition publiée avec des notes par P.-L. JACOB.

**DANCOURT.** — **Théâtre choisi.** Nouvelle édition précédée d'une notice par Francisque SARCEY et illustrée de 4 gravures coloriées par ALLOUARD.

*Les fonds perdus. — La désolation des joueuses. — Le chevalier à la mode. — La folle enchère. — La Parisienne. — Les bourgeoises à la mode. — Le tuteur. — La maison de campagne. — Les trois cousines. — Le mari retrouvé.*

**DANTE ALIGHIERI.** — **La divine comédie,** traduite en français par le chevalier ARTAUD DE MONTOR. Nouvelle édition revue.

**DASSOUCY.** — **Aventures burlesques.** Nouvelle édition avec préface et notes par Émile COLOMBEY.

**DELAVIGNE (Casimir).** — **Œuvres complètes.**

3 volumes   ‖   COMPRENANT :

THÉATRE :

TOME 1er : *Les vêpres siciliennes. — Les comédiens. — Le paria. — L'école des vieillards. — La princesse Aurélie. — Marino Faliero. — Louis XI. — Les enfants d'Edouard.*

TOME 11 : *Don Juan d'Autriche. — Une famille au temps de Luther. — La popularité. — La fille du Cid. — Le conseiller rapporteur. — Charles VI.*

POÉSIES :

*Messéniennes. — Chants populaires. — Poésies diverses. — ŒUVRES POSTHUMES : Derniers chants. — Poèmes. — Poèmes et ballades sur l'Italie.*

**DEMOUSTIER.** — **Lettres à Émilie sur la mythologie.** Nouvelle édition revue avec soin sur les textes les plus corrects et les plus complets et précédée d'une notice sur l'auteur.

**DESAUGIERS.** — **Théâtre** précédé d'une introduction et la liste des pièces de DESAUGIERS par Louis MOLAND.

*M. Vautour. — Cadet-Roussel, esturgeon. — Le dîner de Madelon. — L'Hôtel garni. — Je fais mes farces. — Monsieur Sans-Gêne. — Les petites Danaïdes.*

**DESCARTES.** — **Œuvres complètes.** Nouvelle édition revue d'après les meilleurs textes.

*Discours sur la méthode. — Méditations métaphysiques. — Des passions en général. — Règles pour la direction de l'Esprit. — Recherches par la lumière naturelle. — Extraits des lettres de Descartes.*

**DESTOUCHES. — Théâtre choisi** (Edition Laplace). Nouvelle édition précédée d'une notice par Edouard THIERRY et illustrée de 4 dessins en couleurs par ALLOUARD.

> *Le triple mariage. — L'obstacle imprévu. — Le philosophe Marie. — L'envieux. — Le glorieux. La fausse Agnès. — Le dissipateur.*

**DIDEROT. — Œuvres choisies** précédées de sa vie par Mme DE VANDEUL et d'une introduction 2 volumes ‖ par François TULOU.

> TOME I<sup>er</sup> : *Lettre sur les aveugles. — Sur les femmes. — Entretien d'un philosophe avec la maréchale de ***. — Entretien d'un père avec ses enfants. — Regrets sur ma vieille robe de chambre. — Eloge de Richardson. — La religieuse. — Les deux amis de Bourbonne. — Ceci n'est pas un conte. — Sur l'inconséquence du jugement publié de nos actions particulières. — Histoire de Mme de la Pommeraye.*
> TOME II : *Le neveu de Rameau. — Le père de famille. — La pièce et le prologue. — Paradoxe sur le comédien.* SALONS : *Carle Van Loo, Boucher, Greuze, Loutherbourg, La Grenée, Vernet, Michel Van Loo, Robert, Baudoin, Juliart. — Sur la peinture. — Sur la sculpture. — De la manière. — Les deux académies. — Lettres à Mlle Volland.*

— **Jacques le fataliste** et son maître. Notice et notes par J. ASSÉZAT.

— **Les Bijoux indiscrets.** Notice et notes par J. ASSÉZAT.

**DONVILLE. — Mille et un calembours.** Bons mots, anecdotes, épigrammes, facéties, précédés d'une histoire du calembour.

**DUPONT (Pierre). — Muse populaire.** Chants et poésies.

> *Les bœufs. — Les louis d'or. — Le dernier beau jour. — La mère Jeanne. — Les fraises. — Belzébuth. — La vigne. — La véronique. — L'éléphant de la Bastille. — La rentrée des troupes. — Le chant des ouvriers. — Le chant des soldats. — Le chant du Danube. — Le siège de Sébastopol. — Le sauvage. — A Béranger. — La paix. — Les pins, etc.*

**DU PUGET. — Les Voisins** de Mlle Frederika BREMER, traduit du suédois.

— **Le foyer domestique** ou chagrins et joies de la famille, de Mlle Frederika BREMER, traduit du suédois.

— **Les filles du Président** de Mlle Frederika BREMER, traduit du suédois.

— **Les cousins** de la baronne de KNORRING, traduit du suédois.

**DUPUIS. — Abrégé de l'origine de tous les cultes** suivi du christianisme par Benjamin CONSTANT, avec une notice et des notes critiques par B. SAINT-MARC.

**FAVRE (Jules). — Conférences** et discours littéraires précédés d'une introduction.

**FÉNELON. — Les aventures de Télémaque** suivies des aventures d'Aristonous. Edition accompagnée de notes philologiques et littéraires et précédée de l'éloge de Fénelon par LA HARPE, illustrée de vignettes gravées sur bois.

— **De l'existence de Dieu.** *Lettres sur la religion. — Sermons. — Lettres sur l'autorité de l'Eglise. — Correspondance littéraire avec Houdard de la Motte.* Précédés d'observations par le cardinal DE BAUSSET.

— **Dialogues sur l'éloquence.** *Mémoire sur les occupations de l'Académie Française. — De l'Education des filles. — Recueil de fables. — Opuscules divers. — Dialogues des morts.* Précédés d'observations par le cardinal DE BAUSSET.

**FLÉCHIER** (Voir Massillon).

**FLORIAN. — Fables** suivies de son théâtre.

> COMPRENANT :
> *Les deux billets. — Le bon ménage. — Le bon père. — La bonne mère. — Le bon fils. — Arlequin maître de maison.*

Edition précédée d'un jugement par LA HARPE et d'observations littéraires par SAINTE-BEUVE, vignettes par GRANDVILLE.

**FLORIAN.** — **Le Don Quichotte de la jeunesse** de Miguel de Cervantès Saavedra, traduit par FLORIAN, édition illustrée de vignettes sur bois.

**FLOURENS.** — **De l'Unité de composition et du Débat entre Cuvier et Saint-Hilaire.**

— **Examens du livre de M. Darwin sur l'origine des espèces.**

— **Ontologie naturelle.**

— **Psychologie comparée.** Raison, génie, folie.

— **De la phrénologie.**

— **De la longévité humaine.**

— **Histoire des travaux et des idées de Buffon.**

— **Des manuscrits de Buffon,** des fac-similés.

**FONTENELLE.** — **Éloges** avec une introduction et des notes par Fr. BOUILLIER.

**FOURNEL.** — **Curiosités théâtrales** anciennes et modernes, françaises et étrangères.

**FOURNIER (Ed.).** — **Le théâtre français au XVI<sup>e</sup> et au XVII<sup>e</sup> siècle** ou choix des comédies les plus remarquables, antérieures à Molière avec une introduction et une notice sur chaque auteur. Edition ornée de huit portraits en couleur. *(2 volumes)*

TOME I<sup>er</sup> : JODELLE : *L'Eugène.* — Rémy BELLEAU : *La reconnue.* — P. DE LARIVEY : *Les Esprits.* — Odet DE TURNÈBE : *Les Conteurs.* — F. D'AMBOISE : *Les Néapolitaines.* — François PERRIN : *Les escholiers.* — TABARIN : *Farces tabariniques* (1<sup>re</sup> et 2<sup>e</sup> farces). — DU PESCHIER : *La comédie des comédies.*
TOME II : PICHON : *Les folies de Cardenio.* — Pierre du RYER : *Les vendanges de Suresnes.* — Antoine MARESCHAL : *Le railleur.* — Jean DE MAIRET : *Les galanteries du duc d'Ossonne.* — L.-C. DISCRET : *Alizon.* — DESMARETS SAINT-SORLIN : *Les visionnaires.* — ROTROU : *La sœur.* — Claude DE LESTOILLE : *L'intrigue des filous.* — BOIS-ROBERT : *La belle plaideuse.*

**FURETIÈRE.** — **Le Roman bourgeois.** Ouvrage comique, notice et notes par F. TULOU.

**GENTIL-BERNARD.** — **L'Art d'aimer** (petits poèmes érotiques du XVIII<sup>e</sup> siècle).
BERTIN : *Les amours.* — LÉONARD : *Le temple de Cnide.* — MONTESQUIEU : *Le temple de Cnide.* — DORAT : *Les baisers.* — JEAN SECON : *Les baisers.* — PEZAY : *La nouvelle Zélie au bain.*
Notice et notes par F. DE DONVILLE.

**GILBERT.** — **Œuvres** précédées d'une notice historique par Charles NODIER.

**GŒTHE.** — **Faust,** Le second Faust.
POÉSIES ALLEMANDES : *Gœthe, Schiller.* — *Klopstock, Burger, poètes divers,* traduits par Gérard DE NERVAL.

**Werther,** suivi de Hermann et Dorothée, traductions de Sevelinges et de Bitaubé, édition revue par E. GRÉGOIRE, avec une préface de SAINTE-BEUVE.

**GOLDSMITH.** — **Le Vicaire de Wakefield.** Traduction nouvelle accompagnée du texte anglais, précédée d'une notice sur GOLDSMITH.

**GRESSET.** — **Œuvres choisies.**
Vert-Vert. — *Le carême impromptu.* — *Le lutrin vivant.* — Epîtres. — *Pièces fugitives.* — *Le méchant.* Edition précédée d'une appréciation littéraire par La HARPE.

**HAMILTON.** — **Mémoires du Comte de Grammont.** Nouvelle édition revue d'après les meilleurs textes et précédée d'une notice par SAINTE-BEUVE.

**HEPTAMERON (L').** — **Contes de la reine de Navarre.** Nouvelle édition revue et accompagnée de notes explicatives.

**HOFFMANN.** — **Contes, Récits et Nouvelles** tirés des frères de Sérapion, préface et notes d'Ed. LEMOINE.

**HOFFMANN. — Contes fantastiques.** Choix de contes, récits et nouvelles. Préface et notes d'Ed. LEMOINE.

**JACOB. — Curiosités infernales.**
*Diables. — Bons anges. — Fées. — Elfes. — Follets et lutins. — Esprits familiers. — Possédés et ensorcelés. — Revenants, Lamies, Lémures. — Larves. — Vampires. — Prodiges et sortilèges. — Animaux parlants. — Présages de guerre, de naissance, de mort, etc.*

**— Curiosités des sciences occultes.**
*Alchimie. — Médecine chimique et astrologique. — Talismans. — Amulettes. — Baguette divinatoire. — Astrologie. — Chiromancie. — Physiognomonie. — Prédictions. — Présages. — Oracles. — Onéirocritie. — Art divinatoire. — Cartomancie. — Magie. — Sorcellerie. — Secrets d'amour, etc.*

**— Curiosités théologiques.**
*Récits apocryphes relatifs à des personnages de l'Ancien Testament. — Légendes. — Miracles. — Superstitions. — Sacrements. — Prédicateurs bizarres. — Idées singulières chez divers peuples anciens et modernes. — Brahmanes. — Bouddhistes. — Africains. — Mahométans. — Opinions relatives à l'autre monde. — Diable. — Visionnaires. — Mormons. — Rabbins. — Livres religieux remarquables par leur étrangeté, etc.*

**— Paris ridicule et burlesque au XVII<sup>e</sup> siècle,** par Claude LE PETIT, BERTHOD, SCARRON, François COLLETET, BOILEAU.

**— Recueil de farces,** soties et moralités du XV<sup>e</sup> siècle, réunies pour la première fois et publiées avec des notices et des notes.
*Maistre Pierre Pathelin. — Le nouveau Pathelin. — Le testament de Pathelin. — Moralité de l'aveugle et du boiteux. — La farce du Munyer. — La condamnation de Bancquet.*

**JASMIN (Jacques). — Las Papilhôtos.** Edition populaire en deux volumes. Préface de l'édition, essai d'orthographe gasconne d'après les langues romane et d'oc et collation de la traduction littérale par BOYER D'AGEN.
2 volumes.
TOME I<sup>er</sup> : *Les poèmes et les odes.*
TOME II : *Epîtres et satires.*

**LA BRUYÈRE. — Les caractères** de Théophraste, traduits du grec avec les caractères ou les mœurs de ce siècle, précédés d'une notice de SAINTE-BEUVE et suivis du discours prononcé à l'Académie Française.

**— Les caractères** ou les mœurs de ce siècle, suivis du discours à l'Académie et de la traduction de Théophraste, précédés d'une introduction par SAINTE-BEUVE. Nouvelle édition enrichie de nouveaux dessins dans le texte et de quatre gravures hors texte coloriées (Edition Laplace).

**LACLOS (DE) — Liaisons dangereuses** ou lettres recueillies dans une société et publiées pour l'instruction de quelques autres.

**LACORDAIRE. — Marie-Madeleine.** Nouvelle édition précédée d'une notice sur le Père Lacordaire, et suivie de : *Lettres à un jeune homme sur la vie chrétienne.*

**— Vie de Saint Dominique.** Nouvelle édition revue et annotée.

**LA FAYETTE (Mme de). — Romans et Nouvelles.** Nouvelle édition complète avec une notice par L.-S. AUGER.
*Zaïde. — La princesse de Clèves. — La princesse de Montpensier. — La comtesse de Tende.*

**LA FONTAINE. — Fables** avec de nouvelles remarques explicatives philosophiques et littéraires par Félix LEMAISTRE, édition illustrée de gravures sur bois.

**— Contes et Nouvelles.** Nouvelle édition revue avec soin et accompagnée de notes.

**— Œuvres.** Fables et comédies (Edition LAPLACE).
*FABLES, THÉATRE : L'Eunuque. — Les rieurs du Beau-Richard. — Clymène. — Daphné. — Fragment de Galatée. — Astrée. — Ragotin ou le Roman comique. — Le Florentin. — La coupe enchantée. — Je vous prends sans vert.*
Edition ornée de 4 gravures en couleurs par E. BAYARD.

**LAMARTINE. — Histoire de la Révolution de 1848.**
2 volumes.
*Même édition :* 2 volumes in-8º............................................................... **6 fr.**

**LAMENNAIS. — Essai sur l'indifférence** en matière de religion.
4 volumes.

— **Paroles d'un croyant.** *Le livre du peuple. — Une voix de prison. — Mélanges. — Du passé et de l'avenir du peuple. — De l'esclavage moderne.*

— **Affaires de Rome.** Des maux de l'Église et de la société et des moyens d'y remédier.

— **Les Évangiles.** Traduction nouvelle avec des notes et des réflexions à la fin de chaque chapitre.

— **De l'art et du beau** tiré du 3e volume de l'*Esquisse d'une philosophie.*

— **De la société première et de ses lois** ou de la religion. Édition suivie des mélanges politiques du même auteur.

**LA ROCHEFOUCAULD. — Réflexions, sentences et maximes morales** précédées d'un portrait littéraire par SAINTE-BEUVE, suivies de : VAUVENARGUES, œuvres choisies :
*Introduction à la connaissance de l'esprit humain, conseils à un jeune homme. — Réflexions critiques sur quelques poètes. — Réflexions et maximes.*

**LAVATER et GALL. — Physiognomonie et phrénologie** rendues intelligibles pour tout le monde. Exposé du sens moral des traits de la physionomie humaine et de la signification des protu-bérances de la surface du crâne relativement aux facultés et aux qualités de l'homme, par A. YSABEAU. Edition accompagnée de 150 figures dans le texte.

**LE SAGE. — Histoire de Gil Blas de Santillane.** Édition précédée des jugements et témoi-gnages sur LE SAGE et sur GIL BLAS.

— **Le Diable boiteux.** Nouvelle édition complète précédée d'une notice sur Le Sage par SAINTE-BEUVE.

— **Histoire de Guzman d'Alfarache.** Nouvelle édition revue et corrigée.

— **Théâtre.** *Turcaret. — Crispin rival de son maitre. — La Tontine.*

**LESPINASSE (Mlle de). — Lettres** précédées d'une notice de SAINTE-BEUVE et suivies des autres écrits de l'auteur et des principaux documents qui le concernent.

**LOUVET DE COUVRAY. — Les amours du chevalier de Faublas.** Nouvelle édition.
2 volumes.

**MACHADO DE ASSIS. — Mémoires** posthumes de Braz-Cubas.

— **Quelques Contes.**

**MACHIAVEL. — Le Prince.** Traduction Guiraudet avec quelques maximes extraites des œuvres de Machiavel, une introduction, des notes et la bibliographie française du *Prince.*

**MAHOMET. — Le Koran** traduit de l'arabe, accompagné de notes, précédé d'un abrégé de la vie de Mahomet, tiré des écrivains orientaux les plus estimés, par M. SAVARY.

**MAISTRE (Comte J. de). — Les soirées de Saint-Pétersbourg** ou entretien sur le gou-
2 volumes ‖ vernement temporel de la Providence, suivies d'un traité sur les sacrifices.

— **Du Pape.** Nouvelle édition.

**MAISTRE (Xavier de). — Œuvres complètes.** Nouvelle édition précédée d'une notice sur l'auteur par SAINTE-BEUVE, illustrations de STAAL.
*Voyage autour de ma chambre. — Expédition nocturne. — Le lépreux de la cité d'Aoste. — Les prison-niers du Caucase. — La jeune Sibérienne.*

**MALEBRANCHE. — De la recherche de la vérité.** Nouvelle édition avec des notes et une
2 volumes ‖ introduction par M. Francisque BOUILLIER.

Tome Ier : *Des sens. — De l'imagination. — De la communication contagieuse des imaginations fortes. — — De l'entendement. — Des inclinations. — Des passions.*
Tome II : *De la méthode. — Lois générales. — De la communication des mouvements. — Réponse à M. Regis. — Eclaircissements sur la recherche de la vérité.*

## MALHERBE. — Œuvres poétiques
*Stances. — Odes. — Sonnets. — Chansons. — Epigrammes. — Fragments. — Lettres choisies.*

## MANOU (Lois de) ou Mânava-Dharma-Sastra
comprenant les institutions religieuses et civiles des Indiens. Traduites du sanscrit et accompagnées de notes explicatives par A. LOISELEUR DESLONGCHAMPS.

## MANZONI. — Les Fiancés.
Histoire milanaise du XVIIe siècle. Traduction nouvelle sur la dernière édition, illustrée, revue et publiée à Milan sous les yeux de l'auteur par le marquis DE MONTGRAND. Illustrations de STAAL.

## MARIVAUX. — Théâtre choisi
avec une introduction par Louis MOLAND. — 2 volumes.
Tome I : *La surprise de l'amour. — La double inconstance. — La seconde surprise de l'amour. — Le jeu de l'amour et du hasard. — L'école des mères. — Le legs. — Les fausses confidences. — Les sincères. — L'épreuve.*
Tome II : *Les serments indiscrets. — La dispute. — Le préjugé vaincu. — Arlequin poli par l'amour. — L'heureux stratagème. — La méprise.*

— **Théâtre** (Edition LAPLACE). Nouvelle édition ornée de portraits en pied coloriés, dessinés par BERTALL.
*Le dénouement imprévu. — L'Ile de la Raison ou les petits hommes. — La seconde surprise de l'amour. — Le legs. — La double inconstance. — Le jeu de l'amour et du hasard. — L'heureux stratagème. — Les fausses confidences. — L'épreuve.*

— **Le Paysan parvenu.** Nouvelle édition.

— **La vie de Marianne** avec une notice et des remarques littéraires.

## MAROT (Clément). — Œuvres complètes
revues sur les meilleures éditions avec une notice et un glossaire par SAINT-MARC.
2 volumes ‖
Tome Ier : *Opuscules. — Epîtres. — Elégies. — Ballades. — Chants divers. — Rondeaux. — Chansons — Estrennes. — Epitaphes. — Cimetière. — Complainctes.*
Tome II : *Epigrammes. — Proverbes énigmatiques. — Traductions. — Deux colloques d'Erasme. — Oraisons. — Psaumes de David. — Pièces diverses attribuées à Marot. — Préfaces diverses.*

## MARTEL. — Petit recueil des proverbes français.
*Locutions proberviales. — Proverbes énonçant un fait. — Proverbes formant précepte.*

## MARTIN. — Education des mères de famille.
1 volume.

## MARTINEZ SIERRA. — Jardin ensoleillé
traduit de l'espagnol par Mlle Pauline GARNIER.

## MASSILLON. — Œuvres choisies.
Petit Carême suivi de sermons divers. Nouvelle édition précédée d'observations littéraires par LA HARPE et de l'éloge de Massillon par d'ALEMBERT.

## MASSILLON, FLÉCHIER, MASCARON. — Oraisons funèbres
précédées de l'essai sur l'oraison funèbre par VILLEMAIN.

## MENNECHET. — Matinées littéraires.
Cours complet de littérature moderne.
4 volumes.

— **Histoire de France.** Depuis la fondation de la monarchie. Ouvrage dédié aux pères de famille
2 volumes. ‖ et couronné par l'Académie Française.

## MERLIN COCCAIE. — Histoire macaronique.
Prototype de Rabelais où est traicté les *Ruses de Cingar, Les tours de Boccal, Les adventures de Léonard, Les forces de Fracasse, Les enchantements de Gelfore et Pandragne et Les rencontres heureuses de Balde,* avec une notice et des notes par G. BRUNET. Nouvelle édition revue par P.-L. JACOB.

## MESLIER. — Le bon sens du curé Meslier
suivi de son testament.

**MILLE et un jours (Les).** Contes orientaux traduits par PETIS DE LA CROIX, notices et notes par F. DE DONVILLE.

**MILLE et une nuits (Les).** Contes arabes traduits par GALLAND. Nouvelle édition revue avec soin sur les meilleurs textes. 3 volumes

**MILLEVOYE. — Œuvres.**
*Elégies. — Chants élégiaques. — Poèmes divers. — Poésies légères. — Dizains et huitains. — Ballades. — Romances. — Epigrammes. — Traductions et imitations.*

**MIRABEAU. — Lettres d'amour** précédées d'une étude sur Mirabeau par Mario PROTH.

**MOLIÈRE. — Œuvres complètes.** Nouvelle édition accompagnée de notes tirées de tous les commentateurs avec des remarques nouvelles par Félix LEMAISTRE, précédée de la vie de Molière par Voltaire. 3 volumes

TOME Iᵉʳ : *Vie de Molière. — Molière et la comédie par la Harpe. — La jalousie du Barbouillé. — Le médecin volant. — L'étourdi ou les contre-temps. — Le dépit amoureux. — Les précieuses ridicules. — Sganarelle. — Don Garcie de Navarre. — L'École des maris. — Les fâcheux. — L'école des femmes. — La critique de l'école des femmes. — L'impromptu de Versailles. — Le mariage forcé.*
TOME II : *La princesse d'Elide. — Don Juan. — L'amour médecin. — Le misanthrope. — Le médecin malgré lui. — Mélicerte. — Pastorale comique. — Le Sicilien. — L'Imposteur. — Amphitryon. — Georges Dandin ou le mari confondu. — L'avare.*
TOME III : *Monsieur de Pourceaugnac. — Les amants magnifiques. — Le bourgeois gentilhomme. — Psyché. — Les fourberies de Scapin. — La comtesse d'Escarbagnas. — Les femmes savantes. — Le malade imaginaire. — Poésies diverses.*

**MOLIÈRE (Vie de).** Histoire de son théâtre et de sa troupe par L. MOLAND.

**—— Fêtes et naissances.** 1 vol. in-32 relié, tranches dorées.

**MONTAIGNE. — Essais.** Nouvelle édition avec des notes choisies dans tous les commentateurs et la traduction de toutes les citations que renferme le texte, par M. J.-V. LECLERC. 2 volumes

**MONTESQUIEU. — De l'Esprit des lois** avec des notes de Voltaire, de Crevier, de Mably, de La Harpe. Nouvelle édition revue sur les meilleurs textes, suivie de la *Défense de l'Esprit des lois*, par l'auteur.

**— Lettres persanes** suivies de *Arsace et Isméine* et de pensées diverses.

**— De la grandeur des Romains et de leur décadence** avec la dissertation sur la politique des Romains dans la religion, le dialogue de Sylla, d'Eucrate et Lysimaque, l'essai sur le goût et des lettres, suivi des réflexions sur les divers génies du peuple romain dans les différents temps de la République, par SAINT-EVREMOND.

**MOREAU (Hégésippe). — Œuvres.** *Le Myosotis. — Poésies diverses. — Contes en prose.* Nouvelle édition précédée d'une notice littéraire par SAINTE-BEUVE.

**MURGER. — Scènes de la Vie de Bohême.** Nouvelle édition revue, corrigée et précédée d'une notice biographique sur l'auteur, par Paul GINISTY.

**MUSSET. — Œuvres complètes.** Nouvelle édition revue, corrigée et complétée de documents inédits, précédée d'une notice biographique sur l'auteur et suivie de notes par Edmond BIRÉ. 9 volumes.

TOME Iᵉʳ : PREMIÈRES POÉSIES (1829-1835). *Contes d'Espagne et d'Italie. — Spectacle dans un fauteuil. — Poésies diverses. — Namouna.*
TOME II : POÉSIES NOUVELLES (1836-1852). *Rolla. — Les nuits. — Poésies nouvelles. — Contes en vers.*
TOME III : COMÉDIES ET PROVERBES I. *André del Sarto. — Lorenzaccio. — Caprices de Marianne. — Fantasio. — On ne badine pas avec l'amour. — La nuit vénitienne. — Barberine.*
TOME IV : COMÉDIES ET PROVERBES II. *Le chandelier. — Il ne faut jurer de rien. — Un caprice. — Il faut qu'une porte soit ouverte ou fermée. — Louison. — On ne saurait penser à tout. — Carmosine. — Bettine.*
TOME V : NOUVELLES. *Emmeline. — Les deux maîtresses. — Frédéric et Bernerette. — Le fils du Titien. — Margot. — Les Croisilles.*
TOME VI : CONTES. *Pierre et Camille. — Le secret de Javotte. — La mouche. — Histoire d'un merle blanc. — Mimi Pinson. — Lettres de Dupuis et Cotonet.*
TOME VII : *Confession d'un enfant du siècle.*
TOMES VIII et IX : *Mélanges de littérature et critique.*

**NINON DE LENCLOS.** — **Lettres** précédées de mémoires sur sa vie par A. BRET.

**OVIDE.** — **Les amours.** L'art d'aimer, le remède d'amour, les cosmétiques. Traduction de MAU-GEARD et HÉGUIN DE GUERLE, suivis d'imitations d'Ovide par RÉGNIER et précédés d'une étude sur Ovide et la poésie amoureuse par Jules JANIN.

**PARNY.** — **Œuvres.** Élégies. — Poésies diverses. — Mélanges. — Lettres.

**PASCAL.** — **Pensées** sur la religion et quelques autres sujets. Nouvelle édition conforme au véritable texte de l'auteur et contenant les additions de Port-Royal.

— **Lettres écrites à un provincial** précédées de l'histoire des lettres provinciales d'après l'édition de 1754 et d'observations littéraires par François DE NEUFCHATEAU.

**PELLICO.** — **Mes prisons** suivies des devoirs des hommes, traduction nouvelle par le comte H. DE MESSEY, revu par le vicomte ALBAN DE VILLENEUVE.

**PÉTRARQUE.** — **Œuvres amoureuses.** Sonnets, triomphes. Traduites en français avec le texte en regard et précédées d'une notice sur la vie de Pétrarque par P.-L. GINGUENÉ.

**PICARD.** — **Théâtre** avec une introduction par L. MOLAND.

2 volumes. ‖ TOME Ier : La petite ville. — Duhautcours. — Les Marionnettes. — Les deux Philibert. ‖ TOME II : Les ricochets. — La vieille tante. — Monsieur Musard. — Les voisins. — Le vieux comédien. — Les deux ménages. — Les visitandines.

— **Théâtre choisi.** Nouvelle édition précédée d'une notice par Edouard FOURNIER et illustrée de quatre dessins en couleur par GILBERT et ALLOUARD.
Les Visitandines. — La petite ville. — Duhautcours. — Monsieur Musard. — Les marionnettes. — Les ricochets. — Les deux Philibert. — La maison en loterie.

**PIRON.** — **Œuvres choisies.** Avec une analyse de son théâtre et des notes par Jules TROUBAT, précédées d'une notice par SAINTE-BEUVE.
La Métromanie. — Épitres. — Odes. — Contes. — Poésies diverses. — Chansons. — Épigrammes.

**POGGE (Florentin).** — **Les Facéties.** Traduction nouvelle et intégrale accompagnée des Moralitez de Guillaume TARDIF, suivie de la Description des Bains de Bade (xve siècle) et du dialogue Un vieillard doit-il se marier. Edition annotée, précédée d'une notice sur Pogge, sa vie, son œuvre, ses traducteurs, par Pierre DES BRANDES.

**QUINAULT.** — **Théâtre choisi.** (Edition LAPLACE). Nouvelle édition précédée d'une notice par Victor FOURNEL et illustrée de quatre dessins en couleurs par H. ALLOUARD
Les rivales. — La comédie sans comédie. — Astrate, roi de Tyr. — La mère Coquette. — Cadmus et Hermione. — Alceste ou le triomphe d'Alcide. — Atys. — Amadis. — Roland. — Armide.

**QUINZE joyes de mariage (Les).** Nouvelle édition accompagnée de nombreuses notes et précédée d'une notice par F. TULOU.

**QUITARD.** — **Anthologie de l'amour.** extraite des poètes français depuis le xve siècle jusqu'au xixe, avec des notices biographiques et littéraires.

— **Proverbes sur les femmes :** L'amitié, l'amour et le mariage, recueillis et commentés.

**RABELAIS (Tout ce qui existe de ses œuvres).** — **Gargantua, Pantagruel.** Texte soigneusement collationné sur les éditions originales, précédé d'une vie de l'auteur d'après les documents les plus récemment découverts et les plus authentiques et suivi d'une biographie de notes et d'un glossaire par Louis MOLAND.
Pantagruéline. — Prognostication. — Almanachs. — Schiomachie. — Lettres. — Opuscules. — Pièces attribuées à Rabelais.

**RACINE.** — **Théâtre complet.** avec des remarques littéraires et un choix de notes classiques par Félix LEMAISTRE, précédé d'une notice sur la vie et le théâtre de Racine par L. S. AUGER.
La Thébaïde. — Alexandre le Grand. — Andromaque. — Les plaideurs. — Britannicus. — Bérénice. — Bajazet. — Mithridate. — Iphigénie. — Phèdre. — Esther. — Athalie.

**REGNARD. — Théâtre,** avec une introduction par Louis MOLAND.
*Le bal. — Le joueur. — Le distrait. — Le retour imprévu. — Les folies amoureuses. — Les menechmes — Le légataire universel. — Poésies diverses. — Roman. — La Provençale. — Voyages.*

**— Œuvres** (Edition LAPLACE). Nouvelle édition par Ed. FOURNIER, précédée d'une introduction d'après les documents entièrement nouveaux, orné de huit gravures sur acier coloriées.
2 volumes
TOME I^er : *La sérénade. — Le bal. — Le joueur. — Le distrait. — Attendez-moi sous l'orme. — Démocrite. — Le retour imprévu. — Les folies amoureuses. — Les ménechmes.*
TOME II : *Le légataire universel. — La critique du légataire. — Les souhaits. — Le carnaval de Venise. — Poésies diverses. — La Provençale. — Voyages.*

**RÉGNIER. — Œuvres complètes.** Nouvelle édition avec le commentaire de BROSSETTE, publié en 1729, des notes littéraires, un index des mots vieillis ou hors d'usage et une étude biographique et littéraire par Prosper POITEVIN.
*Satyres. — Epistre. — Elégies. — Poésies diverses. — Poésies spirituelles.*

**RICARD. — L'amour, les femmes et le mariage,** Historiettes, pensées et réflexions glanées à travers champs.

**RONSARD. — Œuvres choisies.** Edition avec notice, notes et commentaires par SAINTE-BEUVE. Edition revue par L. MOLAND.
*Amours de Cassandre. — Amours de Marie. — Amours d'Astrée. — Poésies pour Hélène. — Amours diverses. — Odes. — Le bocage royal. — Eglogues. — Elégies. — Poésies diverses. — Abrégé de l'art poétique français.*

**ROTROU. — Théâtre choisi** (Edition LAPLACE). Nouvelle édition avec une introduction et des notices par Félix HÉMON, illustrée de 4 gravures coloriées, dessiné par ALLOUARD, ouvrage couronné par l'Académie Française.
*Les Sosies. — Laure persécutée. — La Sœur. — Saint-Genest. — Don Bernard de Cabrère. — Venceslas. — Cosroès.*

**ROUSSEAU. — Les Confessions.** Nouvelle édition revue.

**— Contrat social** ou principes du droit politique, suivi de discours, lettres à d'Alembert sur les spectacles, considérations sur le gouvernement de Pologne et la réforme projetée en avril 1772. Lettre à M. DE BEAUMONT, archevêque de Paris.

**— Émile** ou de l'éducation. Nouvelle édition revue, contenant la PROFESSION DE FOI DU VICAIRE SAVOYARD.

**— Julie** ou la *Nouvelle Héloïse*, lettres de deux amants.

**— Œuvres.**
*Le devin du village. — Lettres écrites de la montagne. — Dialogues. — Les rêveries d'un promeneur solitaire.*

**— Lettres à d'Alembert** sur les spectacles, texte revu d'après les anciennes éditions avec une introduction et des notes par L. FONTAINE.

**SAINT-ÉVREMOND. — Lettres choisies** précédées d'une étude sur la vie et les ouvrages de l'auteur, discours qui a obtenu le prix d'éloquence décerné par l'Académie Française.

**SAINT FRANÇOIS DE SALES. — Lettres.** Nouveau choix plus étendu et plus varié que les recueils précédents et précédé du portrait du saint évêque de Genève par Mme DE CHANTAL.

**SATIRE MENIPPÉE** de la vertu du catholicon d'Espagne et de la tenue des estatz de Paris MDXCIII. Nouvelle édition revue sur les textes originaires par Ch. MARCILLY.

**SCARRON. — Le Roman comique.** Nouvelle édition revue sur les meilleurs textes.

**— Le virgile travesti** en vers burlesques avec la suite de *Moreau de Brasei.* Nouvelle édition revue, annotée et précédée d'une étude sur le burlesque par Victor FOURNEL.

**SCARRON.** — **Théâtre complet** (Edition LAPLACE). Nouvelle édition précédée d'une notice biographique par Ed. FOURNIER et illustrée de 4 gravures coloriées.

*Le marquis ridicule. — L'écolier de Salamanque. — L'héritier ridicule. — Jodelet duelliste. — Jodelet ou le maître Valet. — Don Japhet d'Arménie. — La fausse apparence. — Le prince Corsaire.*

**SCHILLER.** — **Œuvres dramatiques** Traduction de M. DE BARANTE. Nouvelle édition revue et complétée par M. DE SUCKAU, avec une étude sur Schiller des notices sur chaque pièce et des notes.

3 volumes

TOME Ier : *Etude sur la vie de Schiller. — Les brigands. — La conjuration de Fiesque. — Intrigue et amour.*
TOME II : *Don Carlos. — Le camp de Wallenstein. — Les Piccolomini. — La mort de Wallenstein. — Le Misanthrope. — Sémélé.*
TOME III : *Marie Stuart. — La pucelle d'Orléans. — La fiancée de Messine. — Guillaume Tell. — Plans et fragments.*

**SEDAINE.** — **Théâtre complet** avec une introduction, par M. Louis MOLAND.

*Le diable à quatre. — Le roi et le fermier. — Rose et Colas. — Le philosophe sans le savoir. — La gageure imprévue. — Le déserteur. — Richard cœur de lion.*

**SÉVIGNÉ (Mme de).** — **Lettres choisies** accompagnées de notes explicatives sur les faits et les personnages du temps, précédées d'observations littéraires par SAINTE-BEUVE.

**SHAKSPEARE.** — **Œuvres complètes.** Traduction de M. GUIZOT, 9e édition.

8 volumes

TOME Ier : *Vie de Shakspeare. — Hamlet. — La tempête. — Coriolan.*
TOME II : *Jules César. — Cléopâtre. — Macbeth. — Les Méprises. — Beaucoup de bruit pour rien.*
TOME III : *Timon d'Athènes. — Le jour des Rois. — Les deux gentilshommes de Vérone. — Roméo et Juliette. — Le songe d'une nuit d'été. — Tout est bien qui finit bien.*
TOME IV : *Mesure pour mesure. — Othello. — Comme il vous plaira. — Le conte d'hiver. — Troïlus et Cressida.*
TOME V : *Le roi Lear. — Cymbeline. — La méchante femme mise à la raison. — Poésies d'amour perdues. — Périclès.*
TOME VI : *Le marchand de Venise. — Les joyeuses bourgeoises de Windsor. — Le roi Jean. — La vie et la mort du roi Richard II. — Henri IV (1re partie).*
TOME VII : *Henri IV (2e partie). — Henri V. — Henri VI (1re, 2e, 3e parties).*
TOME VIII : *La vie et la mort du roi Richard III. — Le roi Henri VIII. — Titus Andronicus. —* POÈMES ET SONNETS : *Vénus et Adonis. — La mort de Lucrèce. — La plainte d'une amante. — Le pèlerin amoureux. — Sonnets.*

**SOREL.** — **La vraie histoire comique de Francion.** Nouvelle édition avec avant-propos et notes par Emile COLOMBEY.

**SPINOZA.** — **Œuvres** traduites et annotées par Ch. APPUHN.

TOME Ier : *Court traité. — Traité de la Réforme de l'entendement. — Principes de la philosophie de Descartes. — Pensées métaphysiques.*

**STAEL (Mme de).** — **Corinne** ou l'Italie. Nouvelle édition précédée de quelques observations par Mme NECKER DE SAUSSURE et SAINTE-BEUVE.

— **De l'Allemagne.** Nouvelle édition revue d'après les meilleurs textes.

— **Delphine.** Edition soigneusement revue, précédée de quelques observations par SAINTE-BEUVE.

— **Dix années d'exil,** précédé d'une notice sur la vie et les ouvrages de Mme de Staël par Mme NECKER DE SAUSSURE avec notes et appendices par Désiré LACROIX.

**STENDHAL.** — **Le Rouge et le Noir.** Chronique du XIXe siècle. Edition complète entièrement revue et corrigée.

— **La Chartreuse de Parme.** Edition complète, revue et corrigée.

— **De l'amour.** Edition revue, corrigée et précédée d'une étude sur les œuvres de Stendhal par SAINTE-BEUVE.

**STERNE. — Tristam Shandy et le Voyage sentimental** Traduit de l'anglais. Nouvelle
2 volumes || édition précédée de la vie de Sterne.

**TABARIN. — Œuvres** avec les *Aventures du capitaine Rodomont. La farce des bossus* et autres
pièces tabariniques. Préface et notes de Georges d'HARMONVILLE.

**TALLEMANT DES RÉAUX. — Historiettes.** Mémoires pour servir à l'histoire du XVIIᵉ siècle
10 tomes en || publiés sur le manuscrit autographe de l'auteur. 3ᵉ édition précédée d'une notice
5 volumes || et accompagnée de notes et d'éclaircissements par M. MONMERQUÉ.

**TASSE (Le). — Jérusalem délivrée.** Traduction française par le prince LEBRUN, précédée d'une
notice sur Le Tasse par SUARD.

**THÉATRE DE LA RÉVOLUTION. — Choix de pièces de théâtre** ayant fait sensation
pendant la période révolutionnaire.

> *Charles IX. — Les victimes cloîtrées. — L'ami des lois. — Le jugement dernier des rois. — L'inté-
> rieur des comités révolutionnaires. — Madame Angot.*

**THÉATRE ESPAGNOL.** Traduction nouvelle avec notices biographiques et littéraires et notes par
DUBOIS et OROZ.

> G. DE CASTRO : *La jeunesse du Cid. — Les prouesses du Cid.* — J.-R. DE ALARCON : *La vérité sus-
> pecte.* — L.-F. DE MORATIN : *La Comédie nouvelle. — Le oui des jeunes filles.*

**THÉATRE ESPAGNOL** (Les chefs-d'œuvre du), ancien et moderne. Traduction de Clément
2 volumes || ROCHEL.

> TOME Iᵉʳ : LOPE DE VEGA, TIRSO DE MOLINA, A MORETO. — *La petite Niaise. — Le châtiment sans
> vengeance. — La jolie fille de Séville. — La timide au Palais. — Dédain pour dédain.*
> TOME II : CALDERON, ALARCON. — *L'alcade de Zalaméa. — On ne badine pas avec l'amour. — La
> dévotion à la Croix. — Le tisserand de Ségovie. — La cruauté pour l'honneur.*

**THIERRY (Augustin). — Histoire de la conquête d'Angleterre** par les Normands ; de
4 volumes || ses causes et de ses suites jusqu'à nos jours.

**— Dix ans d'études historiques.** Nouvelle édition revue.

**— Essai sur l'histoire de la formation et des progrès du Tiers-État** suivi de deux fragments du recueil des monuments inédits de cette histoire.

**— Lettres sur l'histoire de France.** Nouvelle édition revue.

**— Récits des temps mérovingiens** précédés de considérations sur l'histoire de France. Nou-
2 volumes || velle édition revue.

**TÖPFFER. — Premiers voyages en zigzag** ou excursions d'un pensionnat en vacances dans
2 volumes || les cantons suisses et sur le revers italien des Alpes.
Illustrations de CALAME d'après les dessins de l'auteur.

> TOME Iᵉʳ : *Vallée d'Aoste. — Saint-Gervais. — Valais. — Saint-Gothard. — Schwitz. — Milan. —
> Come. — Splugen.*
> TOME II : *Chamonix. — L'Oberland. — Le Righi. — Le tour du lac de Genève. — Venise.*

**— Nouveaux voyages en zigzag** précédés d'une notice par SAINTE-BEUVE et illustrés d'après
2 volumes || les dessins originaux de TOPFFER.

> TOME Iᵉʳ : *Voyage à la Grande-Chartreuse et autour du Mont-Blanc.*
> TOME II : *Voyage dans les vallées d'Hérens, de Zermatt au Grimsel, à Gênes et à la Corniche.*

**— Nouvelles genevoises** illustrées d'après les dessins de l'auteur.

**— Rosa et Gertrude.** Edition précédée de notices sur la vie et les ouvrages de l'auteur par SAINTE-
BEUVE et de la RIVE.

**— Le Presbytère.** Nouvelle édition.

**TOUCHARD-LAFOSSE.** — Chroniques de l'œil de bœuf des petits appartements de la cour et des salons de Paris sous Louis XIV, la Régence, Louis XV et Louis XVI. Nouvelle édition augmentée du règne de Louis XIII. 5 volumes

**VADÉ.** — Œuvres.

*La pipe cassée. — Les bouquets poissards. — Lettres de la Grenouillère. — Fables. — Contes. — Lettres. — Amphigouris. — Chansons. — Jérosme et Fanchonnette. — Les racoleurs. — Le mauvais plaisant. — La Canadienne.*

**VALLET DE VIRIVILLE.** — Chronique de la Pucelle ou chronique de Cousinot, suivie de la chronique normande de P. Cochon, relatives aux règnes de Charles VI et de Charles VII. Restituées à leurs auteurs et publiées pour la première fois intégralement à partir de l'an 1403 d'après les manuscrits, avec notices, notes et développements.

**VAUQUELIN DE LA FRESNAYE.** — L'art poétique où l'on peut remarquer la perfection et le défaut des anciennes et des modernes poésies. Texte conforme à l'édition de 1605 avec notice, commentaire et glossaire par G. Pellissier.

**VIDOCQ.** — Mémoires. Edition annotée par Eugène Villiod, détective. 2 volumes.

**VILLON (François).** — Œuvres complètes publiées avec une étude sur Villon, des notes, la liste des personnages historiques et la bibliographie par Louis Moland.

**VOISENON.** — Contes et poésies fugitives précédées d'une notice par J. Reuneval.

**VOLNEY.** — Les Ruines ou méditation sur les révolutions des Empires. De la loi naturelle et de l'histoire de Samuel. Nouvelle édition revue.

**VOLTAIRE.** — Théâtre. Nouvelle édition revue d'après les meilleurs textes.

*Œdipe. — Brutus. — Zaïre. — Alzire. — Le fanatisme ou Mahomet. — Mérope. — La mort de César. — Sémiramis. — Nanine. — L'orphelin de la Chine. — Tancrède.*

— Théâtre (Edition Laplace). Nouvelle édition ornée de portraits en pied coloriés dessinés par Geoffroy.

*Œdipe. — Brutus. — Zaïre. — La mort de César. — Alzire. — La fanatisme ou Mahomet. — Mérope, — Sémiramis. — Oreste. — L'orphelin de la Chine. — Tancrède. — Nanine.— Le comte de Boursoufle ou Mademoiselle de la Cochonnière.*

— Epîtres, Satires, Contes, épigrammes, fragments de *La Pucelle.*

— La Henriade, précédée d'une notice bibliographique sur la *Henriade* et de la préface de Monmartel. *Poème de Fontenoy. — Dissertation sur la mort de Henri IV. — Essai sur la poésie épique.*

— Histoire de Charles XII Roi de Suède.

— Lettres choisies avec le Traité de la connaissance des beautés et des défauts de la poésie et de l'éloquence dans la langue française, précédés d'une notice et accompagnées de notes explicatives par L. Moland. 2 volumes

— Précis du siècle de Louis XV et *Histoire du Parlement de Paris.*

— La Pucelle d'Orléans. Poème divisé en 21 chants et précédé de la préface de dom Apuleius Risorius. Nouvelle édition avec toutes les variantes, les notices et notes des principaux éditeurs et commentaires.

— Romans suivis de ses contes en vers. Nouvelle édition revue.

*Le monde comme il va. — Memmon. — Histoire des voyages de Scarmentado. — Zadig. — Micromégas. — Candide. — Le blanc et le noir. — Jeannot et Colin. — L'homme aux quarante écus. — L'ingénu. — La princesse de Babylone. — Le taureau blanc. — Contes en vers.*

**VOLTAIRE. — Le siècle de Louis XIV.** Nouvelle édition revue sur les meilleurs textes.

— **Le Sottisier** suivi des remarques sur le *Discours sur l'inégalité des conditions* et sur le *Contrat social.* Nouvelle édition avec une notice, des notes et un index.

**WARÉE. — Curiosités judiciaires** historiques, anecdotiques, recueillies et mises en ordre.

**WECKERLIN. — Musiciana.** extraits d'ouvrage rares ou bizarres, anecdotes, lettres concernant la musique et les musiciens avec figures et airs notés.

— **Nouveau musiciana** avec illustrations et airs notés.

— **Dernier musiciana.** historiettes, lettres etc. sur la musique, les musiciens et les instruments de musique. Rythmique des anciens airs de danse. Illustrations et airs notés.

# ÉDITIONS MORIZOT & SANCHEZ

*Collection de 6 volumes in-18 illustrés de gravures sur acier coloriées.*

Le volume broché........................................................ 3 fr. 50
Relié 1/2 veau tranches peignes ou 1/2 chagrin tête dorée.............. 5 fr. 50
Relié amateur........................................................... 6 fr. 50

————————————o *(Ces volumes ne se vendent pas séparément reliés.)* o————————————

**CORNEILLE. — Œuvres.** Théâtre complet. Nouvelle édition imprimée d'après celle de 1682,
3 volumes ‖ ornée de portraits en pied coloriés dessinés par Geoffroy.

Tome I$^{er}$ : *Mélite. — Clitandre.— La veuve. — La galerie du palais. — La suivante. — La place Royale.
— Médée. — L'Illusion. — Le Cid. — Horace.*
Tome II : *Cinna. — Polyeucte. — La mort de Pompée. — Le menteur. — La suite du menteur. —
Théodore. — Rodogune. — Héraclius. — Andromède. — Don Sanche d'Aragon.*
Tome III : *Nicomède. — Pertharite. — Œdipe. — La conquête de la Toison d'Or. — Sertorius. —
Sophonisbe. — Othon. — Agésilas. — Attila. — Tite et Bérénice. — Pulchérie. — Suréna.*

**MOLIÈRE. — Œuvres complètes.** Seule édition complète in-18, ornée de 10 portraits en pied
2 volumes ‖ coloriés, dessinés par Geoffroy et H. Allouard.

Tome I$^{er}$ : *L'étourdi. — Le dépit amoureux. — Les précieuses ridicules. — Le cocu imaginaire. — Don
Garcie de Navarre. — L'école des maris. — Les fâcheux. — L'école des femmes. — La critique de
l'école des femmes. — L'impromptu de Versailles. — Le mariage forcé. — La princesse d'Elide. —
Don Juan ou le festin de Pierre. — L'amour médecin. — Le Misanthrope. — Le médecin malgré
lui. — Mélicerte. — Pastorale. — Le Sicilien.*
Tome II : *Le Tartufe. — Amphitryon.— L'avare.— George Dandin ou le mari confondu. — Monsieur
de Pourceaugnac. — Les amants magnifiques. — Le bourgeois gentilhomme. — Psyché. — Les fourberies de Scapin. — La comtesse d'Escarbagnas. — Les femmes savantes. — Le malade imaginaire. —
Poésies diverses.*

**RACINE. — Théâtre complet** précédé de la vie de l'auteur.
*La Thébaïde. — Alexandre le Grand. — Andromaque. — Les plaideurs. — Britannicus. — Bérénice.
— Bajazet. — Mithridate. — Iphigénie en Aulide. — Phèdre. — Esther. — Athalie.*

---

# COLLECTION DE 10 VOLUMES ILLUSTRÉS
## In-8° Raisin

Le volume broché........................................................ 5 fr. »
Relié, doré sur tranches, fers spéciaux................................. 7 fr. 50

**Arioste.** *Roland Furieux*, traduction de M. Phi-
lippon de la Madelaine.

**Blanchard.** *Le Plutarque de la Jeunesse.* 8 gravures sur acier.

**Fénelon.** *Aventures de Télémaque.* 20 gravures
sur acier.

**Foë (Daniel de).** *Aventures de Robinson
Crusoé,* gravures par Gavarni.

**Ed. Fournier.** *Souvenirs poétiques de l'Ecole
romantique.* 4 gravures sur acier.

**J. Janin.** *Les Symphonies de l'hiver,* illustré par
Gavarni.

**La Bruyère.** *Les Caractères.* Précédés d'une
notice de M. Sainte-Beuve, illustré. 1 vol.

**Swift.** *Voyages de Gulliver.* 16 dessins sur acier
de Gavarni.

**Le Tasse.** *Jérusalem délivrée.* 200 vignettes.

**Ulbach.** *L'Ile des Rêves.* 8 gravures sur acier.

# NOUVELLE BIBLIOTHÈQUE
# LATINE-FRANÇAISE

————o **Traduction française et texte latin en bas de la page** o————

Chaque volume format in-18 jésus broché, 3 fr. (à l'exception de ceux précédés d'un astérisque.)
Reliure 1/2 veau tranches peigne .......................... **4 fr. 50**

*(Les ouvrages en plusieurs volumes ne se vendent pas séparément reliés.)*

***ABÉLARD et HÉLOISE. — Lettres complètes.** texte latin soigneusement revu, traduction nouvelle précédée d'une étude philosophique et littéraire par M. GRÉARD.............. **4 fr. 50**

**—* Lettres** Traduction nouvelle d'après le texte de Victor COUSIN, précédée d'une introduction par Octave GRÉARD. Texte latin et traduction en regard de la page. 1 volume in-8º (broché seulement). **6 fr.**

**APULÉE. — Œuvres complètes** traduites en français par Victor BÉTOLAUD.
2 volumes ‖ TOME Ier : *Les métamorphoses ou l'âne d'or.*
TOME II : *Les florides. — Du Dieu de Socrate. — De la doctrine de Platon. — Traité du monde. — L'apologie. — Fragments.*

**AULU-GELLE. — Œuvres complètes.** Traduction française par DE CHAUMONT, FLAMBART
2 volumes ‖ et BUISSON, nouvelle édition revue par CHARPENTIER et BLANCHET.

**CATULLE, TIBULLE ET PROPERCE.** Traduction de la collection Panckoucke par HÉGUIN DE GUERLE, VALATOUR et GENOUILLE. Nouvelle édition revue par A. VALATON.

**CÉSAR. — Commentaires** sur la guerre des Gaules, suivis des commentaires sur la guerre civile
2 volumes ‖ et de la vie de César par SUÉTONE. Traduction d'ARTAUD. Nouvelle édition
‖ revue par Félix LEMAISTRE et précédée d'une étude par CHARPENTIER.

**CICÉRON. — Œuvres complètes.** Traduction française améliorée et refaite en grande partie
20 volumes ‖ par MM. CHARPENTIER, Félix LEMAISTRE, GÉRARD, DELCASSO, CABARET-DUPATY,
‖ CREPIN, etc.
TOME Ier : *Etude sur la vie et les ouvrages de Cicéron.*
TOME II : *Rhétorique. — De l'invention.*
TOME III : *De l'orateur.*
TOME IV : *Brutus — L'orateur adressé par Cicéron à Brutus. — Des orateurs parfaits. — Dialogue sur les partitions oratoires.*
TOME V : *Discours pour Sextus Roscius d'Amérie, pour Publius Quintus, pour Roscius le comédien contre Cécilius. — Première action contre Verrès. — Seconde action contre Verrès, livre premier.*
TOME VI : *Seconde action contre Verrès, livres II, III et IV. — De la préture. — Des blés. — des Statues.*
TOME VII : *Seconde action contre Verrès, livre V. — Discours pour A. Cecina, pour Fonteius, en faveur de la loi Manilia, pour Cluentius Avitus, sur la loi agraire contre Servilius Rullus, pour C. Rabirius.*
TOME VIII : *Discours contre Catalina, pour Murena, pour Sylla, pour Archias, pour Flaccus, au Sénat après son retour, au peuple après son retour.*
TOME IX : *Discours pour sa maison, pour Sextius, contre Vatinius, sur la réponse des auspices, sur les provinces consulaires, pour Cornelius Balbus, pour Marcus Celius Rufus.*
TOME X : *Discours contre Calpurnius Pison, pour Plancius, pour Rabirius Postumus, pour Milon, pour Marcellus, pour Quintus Ligarius, pour le roi Déiatarus. — Première philippique.*
TOME XI : *Deuxième à quatorzième philippique contre Marc Antoine.*
TOME XII à XV : *Lettres.*
TOME XVI : *Les Académiques. — Des vrais biens et des vrais maux. — Les paradoxes.*
TOME XVII : *Les Tusculanes. — L'amitié. — De la demande du Consulat.*
TOME XVIII : *Les Devoirs. — Sur la vieillesse. — De la nature des Dieux.*
TOME XIX : *De la divination. — Du destin. — De la République. — Des lois.*
TOME XX : *Fragments. — Ouvrages apocryphes. — Table générale.*

***CLAUDIEN.** — **Œuvres complètes** traduites en français par Héguin DE GUERLE, traduction de la collection Panckoucke, revue avec le plus grand soin.............................. 4 fr. 50

**CORNÉLIUS NEPOS.** — avec une traduction nouvelle par Amédée POMMIER. *Eutrope*, abrégé de l'histoire romaine, traduit par N. A. DUBOIS.

**HORACE.** — **Œuvres complètes.** Traduction en français par les traducteurs de la collection Panckoucke, enrichi de notes explicatives accompagnées de texte latin et précédée d'une étude sur Horace par H. RIGAULT.
> *Odes. — Epodes. — Satires. — Epîtres. — Art poétique.*

**JORNANDÈS.** — **De la succession des royaumes et des temps** et de l'origine des actes des Goths. Traduction nouvelle par A. SAVAGNER.

**JUSTIN.** — **Œuvres complètes.** Abrégé de l'histoire universelle de Trogue-Pompée. Traduction française par Jules PIERROT et E. BOITARD, édition soigneusement revue par E. PESSONNEAUX.

**JUVÉNAL et PERSE.** — **Œuvres complètes** suivies de fragments de *Turnus* et de *Sulpicia*, traduction de Juvénal par Dussaulx et J. Pierrot de Perse, par A. PERREAU. Nouvelle édition revue avec le plus grand soin par Félix LEMAISTRE.

**LUCAIN.** — **La Pharsale.** Traduction de Marmontel, revue et complétée par H. DURAND, précédée d'une étude sur la *Pharsale* par M. CHARPENTIER.

**LUCRÈCE.** — **Œuvres complètes** avec la traduction française de LAGRANGE, revue par M. BLANCHET.

**MARTIAL.** — **Œuvres complètes** avec la traduction de V. Verger, N. A. Dubois et J. Mangeart.
2 volumes | Nouvelle édition revue par Félix LEMAISTRE et N.-A. DUBOIS et précédée des *Mémoires de Martial*, par Jules JANIN.

**OVIDE.** — **Les Amours, l'Art d'aimer, les Cosmétiques, Héroides.** Nouvelle édition revue avec le plus grand soin par Félix LEMAISTRE et précédée d'une étude sur Ovide par Jules JANIN.

— **Les Fastes.** *Les Tristes*, traduction de la collection Panckoucke par Th. BURETTE et VERNADÉ, édition revue par PESSONEAUX.

— **Les Héroides.** *Le remède d'amour. — Les pontiques. — Petits poèmes.* Traduction de H. Chappuzi. Héguin de Guerle, Caresme et J. Mangeart, revue par M. CHARPENTIER.

— *** Les Métamorphoses.** Traduction française de Gros, refondue avec le plus grand soin par M. CABARET-DUPATY et précédée d'une notice sur Ovide par M. CHARPENTIER........ 4 fr. 50

**PÉTRONE.** — **Œuvres complètes.** *Le Satyricon*, avec la traduction française de la collection Panckoucke, par M. HEGUIN DE GUERLE, édition précédée des recherches sceptiques sur le *Satyricon* et son auteur.

**PHÈDRE.** — **Fables** traduites en français par E. Panckoucke. Suivies des *Œuvres d'Avienus*, des *Distiques moraux de Denys Caton* et des *Sentences de Publius Syrus*. Traduites par LEVASSEUR et J. CHENU, nouvelle édition revue par E. PESSONNEAU et précédée d'une étude sur *Phèdre* par M. CHARPENTIER.

**PLAUTE.** — **Théâtre.** Traduction nouvelle accompagnée de notes par J. NAUDET.
4 volumes || TOME Ier : *Amphitrion. — L'Asinaire. — La marmite. — Les deux bacchis.*
TOME II : *Les captifs. — Casine. — La cassette. — Charançon. — Epidique. — Stichus.*
TOME III : *Les menechmes. — Le marchand. — Le militaire fanfaron. — Le revenant. — Le Persan.*
TOME IV : *Le carthaginois. — Pseudolus. — Le cordage. — L'homme aux trois deniers. — Le brutal.*

**PLINE le Jeune.** — **Lettres** traduites en français par DE SACY et J. PIERROT Nouvelle édition revue avec le plus grand soin.

**POETÆ MINORES.** Traduction par M. CABARET-DUPATY.

*Sabinus. — Calpurnius. — Gracius Faliscus. — Nemesien. — Fracastor. — Paulin de Nole. — Valerius Caton. — Veille en l'honneur de Caton. — Vestritius Spurinna. — Pentadius. — Sulpicius Lupercus Servastus. — Arborius. — Euchérie.*

**QUINTE-CURCE. — Œuvres complètes** avec la traduction française de la collection Panckoucke par Auguste et Alphonse TROGNON. Nouvelle édition revue par PESSONNEAUX.

**QUINTILIEN — Œuvres complètes.** Traduction de la collection Panckoucke par C. V. OUIZILLE, revue par M. CHARPENTIER.
3 volumes ||

**SAINT-AUGUSTIN. — Les Confessions.** Traduction française d'Arnauld D'ANDILLY, avec une introduction par M. CHARPENTIER.

**— La Cité de Dieu** Traduction nouvelle par L. MOREAU (Ouvrage couronné par l'Académie française.)
3 volumes ||

***SAINT-JÉROME. — Lettres choisies.** Traduction et introduction par J.-P. CHARPENTIER. 4 fr. 50

**SALLUSTE. — Œuvres complètes** avec la traduction française de la collection Panckoucke par Charles DUROZOIR, édition revue par J.-P. CHARPENTIER et Félix LEMAISTRE et précédée d'une nouvelle édition sur Salluste par M. CHARPENTIER.

**SÉNÈQUE le Philosophe. — Œuvres complètes** avec la traduction de la collection Panckoucke. Edition revue par CHARPENTIER et Félix LEMAISTRE et précédée d'une notice sur Sénèque et d'une préface par M. CHARPENTIER.
4 volumes ||

TOME I<sup>er</sup> : *Lettres à Lucilius.*
TOME II : *Suite des Lettres à Lucilius. — De la colère. — De la tranquillité de l'âme.*
TOME III : *Consolation à Helvie. — Consolation à Polybe. — Consolation à Marcia. — Aprokolokyntose. — De la Providence. — De la Constance du sage. — De la clémence. — De la brièveté de la vie. — De la vie heureuse. — Du repos du sage. — Epigrammes et fragments. — Fragments. — Des bienfaits (livre I<sup>er</sup>).*
TOME IV : *Des bienfaits (livres II à VII). — Questions naturelles.*

**SÉNÈQUE. — Tragédies.** Traduction de la collection Panckoucke par E. GRESLON, édition revue par M. CABARET DUPATY.

*Hercule furieux. — Thyeste. — Les Phéniciennes. — Hippolyte. — Œdipe. — Les Troyennes. — Médée. — Agamemnon. — Hercule sur l'Œta. — Octavie.*

**SÉNÈQUE le Rhéteur. — Controverses et suasoires.** Traduction nouvelle, texte revu par Henri BORNECQUE (Ouvrage couronné par l'Académie française).
2 volumes ||

***SPINOZA. — Ethique.** texte latin soigneusement revu, traduction nouvelle, notice et notes par Ch. APPUHN .................................................................. 4 fr. 50

**SUÉTONE. — Œuvres.** Traduction française de LA HARPE, revue par M. GABARET-DUPATY.

**TACITE. — Œuvres complètes** traduites en français avec une introduction par J.-L. BURNOUF.
2 volumes || TOME I<sup>er</sup> : *Les annales.*
TOME II : *Histoire. — La Germaine. — Vie de J. Agricola. — Des orateurs.*

**TACITE. — Œuvres.** Traduction nouvelle *sans texte latin*, mise au courant des travaux récents de la philologie par L. LOISEAU, préface de J.-A. HILD.
2 volumes ||
TOME I<sup>er</sup> : *Les Annales.*
TOME II : *Dialogue sur les orateurs. — Vie d'Agricola. — Des mœurs des Germains. — Histoire.*

**— Les Annales.** Traduction de DUREAU DE LAMALLE et CHARPENTIER.

***TÉRENCE. — Comédies.** 1 volume ........................................... 4 fr. 50
*L'andrienne. — L'hécyre. — L'héautontimoruménos. — L'eunuque. — Le phormion. — Les Adelphes*

**TITE LIVE.** — **Œuvres complètes** avec la traduction française de la collection Panckoucke
6 volumes  ‖  par Liez, Dubois, Verger et Corpet. Nouvelle édition revue par E. Pessonneaux,
Blanchet et M. Charpentier et précédée d'une étude sur Tite-Live par M. Charpentier.

**VALÈRE MAXIME.** — **Œuvres complètes.** Traduction française par C.-A.-F. Fremion.
2 volumes  ‖  Nouvelle édition revue par Paul Charpentier.

**VELLEIUS PATERCULUS.** — **Histoire romaine.** traduction de Després, refondue par
M. Greard, suivie de Florus : *abrégé de l'histoire romaine.* Traduction par M. Ragon, précédée d'une
notice sur Florus par Villemain.

**VIRGILE.** — **Œuvres.** Traduction française de la collection Panckoucke. Edition revue et améliorée avec des corrections importantes et de nombreux changements dans la
2 volumes  ‖  traduction de l'Eneide par Felix Lemaistre  et précédée d'une étude sur Virgile
par Sainte-Beuve.

Tome I<sup>er</sup> : *Bucoliques. — Georgiques. — Enéide, livres I, II, III.*
Tome II : *Enéides, livres IV à XII.*

# CHEFS-D'ŒUVRE
## DE LA
# LITTÉRATURE GRECQUE

### BIBLIOTHÈQUE DE CLASSIQUES GRECS TRADUITS EN FRANÇAIS

o *Volumes in-18 jésus* o

Le volume broché . . . . . . . . . . . . . . . . . . 3 fr. | Relié 1/2 veau tranche peigne . . . . . . . **4 fr. 50**

*(Les ouvrages en plusieurs volumes ne se vendent pas séparément.)*

**ARISTOPHANE. — Théâtre.** Traduction française d'André-Charles BROTIER, revue et corrigée, précédée d'une introduction et augmentée d'une notice sur chaque pièce par L. HUMBERT. 2 volumes

TOME Ier : *Les Acharniens. — Les nuées. — Les chevaliers. — Les guêpes. — La paix.*
TOME II : *Les oiseaux. — Lysistrata. — Les Thesmophoriazouses. — Les grenouilles. — Les harangueuses. — Plutus.*

**ARISTOTE. — La politique.** Traduction française de THUROT. Nouvelle édition revue par A. BASTIEN et précédée d'une introduction par Ed. LABOULAYE.

**— Poétique et rhétorique.** Traduction nouvelle d'après les dernières recensions du texte par Ch. Émile RUELLE.

**DÉMOSTHÈNE. — Discours politiques.** Traduction nouvelle avec arguments et notes par C. POYARD.

**— Discours judiciaires,** traduction avec arguments et notes par C. POYARD.

**EPICTÈTE. — Manuel.** (Voir Marc Aurèle).

**ESCHYLE. — Théâtre.** Traduction française de J. DE LA PORTE DU THEIL avec une introduction de L. HUMBERT.

*Les suppliants. — Les perses. — Prométhée enchaîné. — Les sept contre Thèbes. — Agamemnon. — Les Choéphores. — Les Euménides.*

**EURIPIDE. — Théâtre.** Traduction nouvelle avec introduction, notices et notes par Louis HUMBERT. 2 volumes

TOME Ier : *Iphigénie en Tauride. — Rhésus. — Les Troyennes. — Les Bacchantes. — Les Héraclides. — Hélène. — Ion. — Hercule furieux. — Electre. — Le Cyclope.*
TOME II : *Hécube. — Oreste. — Les phéniciennes. — Hippolyte. — Médée. — Alceste. — Andromaque. — Les suppliantes. — Iphigénie à Aulis.*

**HÉRODOTE (Histoire d').** Traduction de LARCHER, revue et augmentée des notes des principaux commentateurs et d'un index par L. HUMBERT. 2 volumes

TOME Ier : *Clio. — Euterpe. — Thalie. — Melpomène.*
TOME II : *Erato. — Polymnie. — Uranie. — Calliope.*

**HOMÈRE. — L'Odyssée.** Traduction de Mme DACIER. Nouvelle édition revue et corrigée, suivie de petits poèmes attribués à Homère traduits par Dugas MONTBEL.

**— L'Iliade.** Traduction de Mme DACIER. Nouvelle édition revue et corrigée.

**LUCIEN. — Œuvres complètes.** Traduction de BELIN DE BALLU, revue et corrigée et complétée avec une introduction, des notes et un index par L. HUMBERT. 2 volumes

TOME Ier : *Dialogue des Dieux. — Dialogues des deux marins. — Dialogues des morts, etc.*
TOME II : *Le songe ou le coq. — La double accusation. — L'eunuque. — Anacharsis. — Dialogue des Courtisanes.*

**MARC AURÈLE.** Pensées suivies du *Manuel d'Epictète* et du *Tableau de Cébès*, traduction de P. COMMELIN.

**PINDARE** — Œuvres complètes. traduction française par C. POYARD. (Ouvrage couronné par l'Académie Française.) Nouvelle édition complètement refondue, augmentée d'*Anacréon*, de *Sapho* et d'*Erina*.

**PLATON.** — Œuvres. précédées d'un argument de M. PLISSIER. Traduction par A. BASTIEN.
*Apologie de Socrate.* — *Criton.* — *Phédon.* — *Gorgias.*

— **L'État ou la République.** Traduction nouvelle par A. BASTIEN.

**PLUTARQUE.** — Les vies des hommes illustres traduites en Français par RICARD, précédées de la vie de Plutarque.
4 volumes ‖
TOME Ier : *Thésée.* — *Romulus.* — *Lycurgue.* — *Numa.* — *Solon.* — *Valérius Publicola.* — *Thémistocle.* — *Camille.* — *Périclès.* — *Fabius Maximus.* — *Alcibiade.* — *Coriolan.* — *Timoléon.*
TOME II : *Paul Emile.* — *Pélopidas.* — *Aristide.* — *Caton.* — *Philopémen.* — *Flamininus.* — *Pyrrhus.* — *Marius.* — *Lysandre.* — *Sylla.* — *Cimon.* — *Lucullus.*
TOME III : *Nicias.* — *Crassus.* — *Sertorius.* — *Eumène.* — *Agésilas.* — *Pompée.* — *Alexandre.* — *César.* — *Phocion.* — *Caton d'Utique.*
TOME IV : *Démosthène.* — *Cicéron.* — *Agis et Cléomène.* — *Tibérius.* — *Démétrius.* — *Antoine Dion* — *Brutus.* — *Aratus.* — *Artaxercès.* — *Galba.* — *Othon.* — *Chronologie.*

**POÈTES moralistes de la Grèce.** Notices et traductions par GUIGNAULT, PATIN, J. GIRARD et L. HUMBERT.
*Hésiode.* — *Théognis.* — *Callinus.* — *Tyrtée.* — *Mimnerme.* — *Solon.* — *Simonide d'Amorgos.* — *Phocylide.* — *Pythagore.* — *Aristote.*

**ROMANS grecs.** Les Pastorales de Longus ou *Daphnis et Chloé*, traduction d'AMYOT, refondue par P.-L. COURRIER. Les Ethiopiennes d'Héliodore ou *Théagène et Chariclée*. Traduction de QUEUNEVILLE, revue par L. HUMBERT, précédés d'une étude sur le roman grec par A. CHASSANG.

**SOPHOCLE.** — Théâtre. Traduction de L. HUMBERT.
*Ajax.* — *Electre.* — *Œdipe roi.* — *Œdipe à Colone.* — *Antigone.* — *Les trachiniennes.* — *Philoctète.*

**THÉOCRITE.** — Œuvres complètes. Traduction nouvelle, introduction, table des noms propres historiques, géographiques et mythologiques et notes par F. BARBIER avec une étude sur les idylles de Théocrite par Ch. BARBIER.

**THUCYDIDE.** — Histoire. Traduction de Ch. LÉVESQUE, revue, corrigée et annotée par A. LOISEAU.

**XÉNOPHON.** — Cyropédie ou *Retraite des Dix mille*.

# COLLECTION PANCKOUCKE

## —o BIBLIOTHÈQUE LATINE FRANÇAISE o—

*Volumes format in-8° avec texte latin et traduction française en regard*

Un certain nombre des ouvrages composant la collection étant épuisés, ne figurent pas sur ce Catalogue. Comme il nous rentre de temps en temps des volumes, et que nous sommes disposés à faire l'acquisition de ceux qu'on vient nous offrir, on peut toujours nous adresser des demandes pour les ouvrages mêmes qui ne sont pas indiqués ici.

**Apulée**
4 volumes. Le volume................. 6 fr.
(Le tome 2 ne se vend pas séparément).

**Aulu-Gelle**
3 volumes. Le volume................. 7 fr.

**Ausone**
2 volumes. Le volume................. 7 fr.

**César**
*Œuvres complètes.* 3 volumes. Le volume.. 6 fr.

**Cicéron**
*Œuvres complètes.* 36 volumes. Le volume. 6 fr.
(Les tomes 7,15,28 ne se vendent pas séparément).

**Claudien**
2 volumes. Le volume................. 6 fr.

**Cornelius Nepos**
*Œuvres complètes.* 1 volume .......... 6 fr.

**Eutrope, Messala Corvinus,**
Sextus Rufus
1 volume.......................... 5 fr.

**R. Festus Avienus,**
Cl. Rutilius Numatianus
1 volume.......................... 5 fr.

**Florus**
*Abrégé de l'Histoire romaine.* 1 volume. .. 6 fr.

**Histoire Auguste**
3 volumes. Le volume................. 5 fr.

**Horace**
*Œuvres complètes.* 2 volumes. Le volume.. 6 fr.

**Jornandès**
1 volume........................... 5 fr.

**Justin**
2 volumes. Le volume................. 6 fr.

**Juvénal**
2 volumes. Le volume................. 6 fr.

**Lucain**
(*La Pharsale*). 2 volumes. Le volume..... 7 fr.
(Le tome 1er ne se vend pas séparément).

**C. Lucilius, Lucilius Junior, Saleius Bassus, Cornelius Severus, Avianus, Dionysius Caton**
1 volume.......................... 5 fr.

**Lucrèce**
2 volumes. Le volume................. 6 fr.

**Martial**
4 volumes. Le volume................. 7 fr.

**Ovide**
(*Œuvres complètes*). 10 volumes. Le vol... 7 fr.
(Les tomes 3,7,9, ne se vendent pas séparément.)

**Palladius**
*Economie rurale.* 1 volume............. 5 fr.

**Perse**
1 volume.......................... 7 fr.

**Pétrone**
*Le Satyricon.* 2 volumes. Le volume...... 7 fr.
(Le tome 1er ne se vend pas séparément.)

**Phèdre**
1 volume ........................ 3 fr. 50

**Pline le Jeune**
3 volumes. Le volume................. 6 fr.
(Le tome 1er ne se vend pas séparément.)

**Poetæ Minores**
1 volume.......................... 6 fr.

**Pompeius Festus**
2 volumes. Le volume................. 5 fr.

**Pomponius Mela, Vibius Sequester, Ethicusister, P. Victor**
1 volume.......................... 5 fr.

**Quinte-Curce**
3 volumes. Le volume................. 6 fr.

## Quintilien

*Œuvres complètes.* 6 volumes. Le vol... **3 fr. 50**

## Sensorinus, Julius Obsequens, Lucius Ampellius

1 volume......................... **5 fr.**

## Sextus Aurelius Victor

1 volume......................... **5 fr.**

## Stace

4 volumes. Le volume............. **3 fr. 50**
Tome I<sup>er</sup> : *Silves.*
Tome II, III et IV: *La Thébaïde.* — *L'Achilléide.*

## Suetone

3 volumes. Le volume............... **6 fr.**
(Le tome 1<sup>er</sup> ne se vend pas séparément.)

## Tacite

*Œuvres complètes.* 7 volumes in-8º. Le volume ....................... **3 fr. 50**
(Le tome 4 ne se vend pas séparément.)
— *La Germanie.* 1 volume in-8º....... **3 fr. 50**

## Térence

3 volumes. Le volume................. **6 fr.**

## Tive-Live

17 volumes. Le volume.............. **6 fr.**
Les tomes 1 et 12 épuisés.

## Valère Maxime

3 volumes. Le volume............. **3 fr. 50**

## Valerius Flaccus

1 volume....................... **3 fr. 50**

## Varron

*Economie rurale.* 1 volume............. **5 fr.**

## Velleius Paterculus

1 volume....................... **3 fr. 50**

## Vitruve

*Architecture.* 2 volumes. Le volume...... **6 fr.**

# OUVRAGES SUR PAPIER DE LUXE

*---○ Ouvrages tirés sur papier de Hollande, Chine, Watmann, dont il nous reste quelques exemplaires. ○—*
*(Par suite du petit nombre d'exemplaires disponibles, nous ne pouvons garantir l'exécution complète des commandes.)*

### Abélard et Héloïse

*Lettres.* 1 volume in-8°, sur papier de Hollande . . . . . . . . . . . . . . . . . . . **12 fr.**

### Abrantès (Duchesse d')

*Mémoires.* 10 volumes in-8°, tirés sur papier de Hollande. Le volume . . . . . . . . . . . **12 fr.**

— *Histoire des Salons de Paris.* 4 volumes in-8°, tirés sur papier de Hollande. Le vol . . . **12 fr.**

### Arioste

*Roland furieux.* 2 volumes in-18 tirés sur Hollande. Le volume . . . . . . . . . . . . . **7 fr. 50**

### Aristote

*La politique.* 1 volume in-18, tiré sur Hollande . . . . . . . . . . . . . . . . . . . . **7 fr. 50**

— *Poétique et rhétorique.* 1 volume in-18, tiré sur Hollande . . . . . . . . . . . . . . . . **7 fr. 50**

### Arnault

*Souvenirs d'un sexagénaire.* 4 volumes in-18 tirés sur papier de Hollande. Le volume. **7 fr. 50**

### Basselin (Ollivier)

*Vaux de Vire.* 1 volume in-18, tiré sur Hollande . . . . . . . . . . . . . . . . . . . . **7 fr. 50**

### Bellot

*Voyage aux mers polaires.* 1 volume in-8°, tiré sur Chine . . . . . . . . . . . . . . . . . **20 fr.**

*Le même*, sur papier de Hollande . . . . . . . **15 fr.**

### Béranger

*Œuvres complètes.* 9 volumes in-8° cavalier, tirés sur papier de Hollande :
*Anciennes chansons.* 2 volumes . . . . . . . . **56 fr.**
*Œuvres posthumes.* 1 volume . . . . . . . . . . **24 fr.**
*Ma biographie.* 1 volume . . . . . . . . . . . . . **24 fr.**
*Musique.* 1 volume . . . . . . . . . . . . . . . . **24 fr.**
*Correspondance.* 4 volumes, tirés sur Hollande . . . . . . . . . . . . . . . . . . . . **48 fr.**

— *Œuvres.* Edition in-32 :
*Chansons.* 1 volume tiré sur Chine . . . . . **7 fr. 50**
*Dernières chansons.* 1 volume tiré sur Hollande . . . . . . . . . . . . . . . . . . . . . **5 fr.**

— *Chansons anciennes.* 2 volumes in-18 tirés sur papier de Hollande. Le volume . . . . . **15 fr.**

### Bernardin de Saint-Pierre

*Paul et Virginie.* 1 volume in-8° illustré, tiré sur Chine . . . . . . . . . . . . . . . . . **20 fr.**

### Boileau

*Œuvres poétiques.* 1 volume in-18, tiré sur Hollande . . . . . . . . . . . . . . . . . . . **7 fr. 50**

— *Œuvres complètes.* 4 volumes in-8°, tirés sur Hollande. Le volume . . . . . . . . . . . . **15 fr.**

### Bossuet

*Oraisons funèbres.* 1 volume grand in-8° jésus, tiré sur Hollande . . . . . . . . . . . . **36 fr.**

— *Discours sur l'histoire universelle.* 1 volume grand in-8° jésus, tiré sur Hollande . . . **36 fr.**

— *Méditations sur l'Evangile.* 1 volume in-8° jésus, tiré sur Hollande . . . . . . . . . **36 fr.**

— *Elévations à Dieu.* 1 volume grand in-8° jésus, tiré sur Hollande . . . . . . . . . . . . **36 fr.**

### Bourdaloue

*Chefs-d'œuvres oratoires.* 1 volume in-18, tiré sur Hollande . . . . . . . . . . . . . . . **7 fr. 50**

### Buffon

*Chefs-d'œuvre littéraires.* 2 volumes in-8°, tirés sur Hollande. Le volume . . . . . . . . **15 fr.**

### Cantu

*Abrégé de l'histoire universelle.* 2 volumes in-18, tirés sur Hollande. Le volume . . . . . **7 fr. 50**

### Casanova

*Mémoires.* 8 volumes in-8°, tirés sur papier de Hollande. Le volume . . . . . . . . . . . . **15 fr.**

*Le même ouvrage*, sur papier de Chine. Le volume . . . . . . . . . . . . . . . . . . . . . **30 fr.**

### Chateaubriand

*Mémoires d'Outre-Tombe.* (Edmond BIRÉ). 6 volumes in-18, tirés sur papier de Hollande. Le volume . . . . . . . . . . . . . . . . . . **7 fr. 50**

### Chénier

*Œuvres poétiques.* 2 volumes in-18, tirés sur papier de Hollande. Le volume . . . . . **7 fr. 50**

— *Œuvres en prose.* 1 volume in-18, sur Hollande . . . . . . . . . . . . . . . . . . . . **7 fr. 50**

*Œuvres poétiques.* 2 volumes in-8°, tirés sur papier de Hollande. Le volume . . . . . . **15 fr**

— *Poésies.* 1 volume grand in-8°, tiré sur Chine . . . . . . . . . . . . . . . . . . . . . **50 fr.**

*Le même sur papier de Hollande* . . . . . . . **40 fr.**

**Corneille**

*Théâtre.* 2 volumes in-18, sur papier de Hollande. Le volume.............. **7 fr. 50**

**Cyrano de Bergerac**

*Histoire de la Lune.* 1 volume in-18, sur Hollande. ................ **7 fr. 50**

**Dante**

*La divine comédie*.................. **7 fr. 50**
Traduction MÉLIOT. 1 volume in-8°, sur Japon...................... **30 fr.**
*Le même*, sur Chine................ **40 fr**

**Dassoucy**

*Aventures burlesques.* 1 volume in-18, sur Hollande...................... **7 fr. 50**

**Decharme**

*Mythologie de la Grèce antique.* 1 volume grand in-8° illustré, papier de Hollande..... **30 fr.**

**Delaclos**

*Liaisons dangereuses.* 1 volume in-18, sur Hollande...................... **7 fr. 50**

**Désaugiers**

*Théâtre choisi.* 1 volume in-18, sur Hollande...................... **7 fr. 50**

**Destouches**

*Théâtre.* 1 volume in-18, sur Hollande. **7 fr. 50**

**Diderot**

*Bijoux indiscrets.* 1 volume in-18, sur Hollande...................... **7 fr. 50**

**Dupuis**

*Abrégé de l'origine de tous les Cultes.* 1 volume in-18, sur Hollande.............. **7 fr. 50**

**Eschyle**

*Théâtre.* 1 volume in-18, sur Hollande. **7 fr. 50**

**Euripide**

*Théâtre.* 2 volumes in-18, sur Hollande. Le volume...................... **7 fr. 50**

**Favre**

*Ollivier de Magny.* 1 volume in-8°, sur papier de Hollande,.................. **15 fr.**

**Furetière**

*Le roman bourgeois.* 1 volume in-18, sur Hollande...................... **7 fr. 50**

**Gœthe**

*Werther* suivi de *Hermann et Dorothée.* 1 volume in-18, sur Hollande.......... **7 fr. 50**

**Grimm, Diderot, Raynal et Meister**

*Correspondance littéraire.* 16 volumes in-8°, sur papier de Hollande. Le volume...... **15 fr.**

**Hérodote**

*Histoire.* 2 volumes in-18, sur Hollande. Le volume...................... **7 fr. 50**

**Jacob**

*Recueil de farces.* 1 volume in-18, sur Hollande...................... **7 fr. 50**
— *Curiosités infernales.* 1 volume in-18, sur Hollande...................... **7 fr. 50**
— *Curiosités théologiques.* 1 volume in-18, sur Hollande...................... **7 fr. 50**

**La Bruyère**

*Œuvres complètes.* 2 volumes in-8°, tirés sur Hollande. Le volume.............. **15 fr.**

**La Fontaine**

*Œuvres complètes.* 7 volumes in-8°, tirés sur Hollande. Le volume.............. **15 fr.**
— *Œuvres complètes.* 1 volume grand in-8° (Compactes), tiré sur Hollande.......... **20 fr.**
— *Contes et nouvelles.* Grand in-8° jésus illustré, tiré sur papier Watmann............ **40 fr.**

**Lamennais**

*Imitation de Jésus-Christ.* 1 volume in-8°, sur Hollande...................... **15 fr.**

**La Rochefoucauld**

*Œuvres complètes.* 2 volumes in-8°, sur Hollande. Le volume.................. **15 fr.**

**Lemaistre de Sacy**

*Sainte-Bible.* 6 volumes grand in-8°, sur Hollande. Le volume.............. **40 fr.**

**Le Sage**

*Œuvres.* Grand in-8° (Compactes). 1 volume sur Hollande................ **25 fr.**
— *Gil Blas.* 2 volumes in-8°, sur Hollande. Le volume...................... **15 fr.**
— *Guzman d'Alfarache.* 1 volume in-18, sur Hollande...................... **7 fr. 50**

**Louvet de Couvray**

*Les amours du chevalier Faublas.* 2 volumes in-8°, tirés sur papier de Hollande. Le volume...................... **15 fr.**
*Le même*, sur papier de Chine. Le volume. **30 fr.**

**Maigne**

*Abrégé de la science des armoiries.* 1 volume in-8°, tiré sur papier de Hollande... **20 fr.**

**Maistre (J. de)**

*Les soirées de Saint-Pétersbourg.* 2 volumes in-18, tirés sur papier de Hollande. Le vol.. **7 fr. 50**

**Malebranche**

*De la recherche de la vérité.* 2 volumes in-18, tirés sur papier de Hollande. Le vol.. **7 fr. 50**

## Marot

*Œuvres.* 1 volume in-8º avec portraits, sur papier de Hollande................. **15 fr.**
— *Œuvres.* 2 volumes in-18, sur papier de Hollande. Le volume................. **7 fr. 50**

## Massillon

*Œuvres choisies.* 2 volumes in-8º, sur papier de Hollande. Le volume..... ......... **15 fr.**

## Merlin Coccaie

*Histoire macaronique.* 1 volume in-18, sur papier de Hollande................. **7 fr. 50**

## Mille et un jours

1 volume in-18, sur papier de Hollande.. **7 fr. 50**

## Moland

*Vie de Molière.* 1 volume in-18, sur Hollande ......................... **7 fr. 50**

## Molière

*Œuvres complètes.* 12 volumes in-8º, tirés sur papier de Hollande, Le volume....... **15 fr.**
— *Vie de Molière.* 1 volume in-8º.
    Tiré sur papier de Hollande........ **15 fr.**
    —     — de Chine........... **20 fr.**

## Montaigne

*Essais.* 4 volumes in-8º, sur papier de Hollande. Le volume...................... **15 fr.**

## Montesquieu

*Œuvres complètes.* 7 volumes in-8º, tirés sur papier de Hollande. Le volume....... **15 fr.**

## Nodier

*Le génie Bonhomme.* 1 volume in-8º illustré, tiré sur papier de Hollande.......... **15 fr.**

## Ovide

*Les amours.* 1 vol. in-18, sur Hollande.. **7 fr. 50**

## Pailhès

*Du nouveau sur Joubert.* 1 volume in-18, sur Hollande....................... **7 fr. 50**

## Pascal

*Lettres écrites à un provincial..* 2 volumes in-8º, tirés sur papier de Hollande. Le vol. **15 fr.**

## Picard

*Théâtre.* 2 volumes in-18 sur papier de Hollande, Le volume .................... **7 fr. 50**

## Pindare

*et les lyriques grecs.* 1 volume in-18, sur Hollande ......................... **7 fr. 50**

## Platon

*Apologie de Socrate.* 1 volume in-18, sur Hollande ......................... **7 fr. 50**

## Poètes moralistes de la Grèce

1 volume in-18, sur Hollande....... **7 fr. 50**

## Prévost (l'Abbé)

*Manon Lescaut.* 1 vol. in-18, tiré sur Chine. **12 fr.**

## Quinze joyes du Mariage

1 volume in-18, sur Hollande....... **7 fr. 50**
— *Même édition,* sur papier de Chine... **12 fr.**

## Quitard

*Proverbes sur les femmes, l'amour et le mariage.* 1 volume in-18, sur Hollande....... **7 fr. 50**

## Rabelais

Edition in-4º et in-fº (voir page 45).

## Racine

*Œuvres complètes.* 8 volumes in-8º, tirés sur Hollande. Le volume.............. **15 fr.**

## Ronsard

*Œuvres choisies.* 1 volume in-8º, sur papier de Hollande...................... **15 fr.**

## Rousseau (J.-B.)

*Œuvres.* 1 volume in-8º, tiré sur Hollande **15 fr.**

## Sainte-Beuve.

*Extraits des causeries du lundi,* par PICHON. 1 vol. in-18 sur Hollande........ **7 fr. 50**

## Saint François de Sales

*Choix de lettres.* 1 volume in-18, sur Hollande ...................... .. **7 fr. 50**

## Satire Menippée

1 volume in-18, sur Hollande........ **7 fr. 50**

## Sevigné (M^me de)

*Lettres choisies.* 1 volume in-18 tiré sur papier de Hollande.................... **7 fr. 50**

## Sorel

*Histoire comique de Francion.* 1 volume in-18, sur Hollande................... **7 fr. 50**

## Vaulabelle

*Histoire des 2 Restaurations.* 10 vol. in-8º sur Hollande. Le volume............ **12 fr.**

## Voltaire

*Œuvres complètes.* Edition en 52 volumes in-8º, tirés sur papier de Hollande. Le vol... **15 fr.**
— *La Pucelle d'Orléans.* 1 volume in-18, sur Hollande ...................... **7 fr. 50**
— *Le Sottisier.* 1 volume in-18, sur Hollande ....................... **7 fr. 50**
— *Le siècle de Louis XIV.* 1 volume in-18. Hollande ...................... **7 fr. 50**

## Voragine

*La légende dorée.* 2 volume in-18, sur Hollande. Le volume.................... **7fr. 50**

## Weckerlin

*Musiciana.* 1 vol. in-18, sur Hollande.. **7 fr. 50**

*Volumes édition* A. DELAHAYS *imprimés sur papier de Hollande*

Chaque volume format in-16, broché......  5 fr.

## Basselin (Olivier)
*Vaux de Vire*, d'Olivier BASSELIN, poète normand, et de Jean LE HOUX, poète virois, notice par Charles NODIER. 1 volume.

## Dassoucy
*Aventures burlesques.* 1 volume.

## Desportes
*Œuvres poétiques.* 1 volume.

## Leroux de Lincy.
*Le livre des proverbes.* 2 vol.

## Pommier (Amédée)
*Paris.* Poème humoristique.
1 volume petit in-18..............  3 fr. 50

## Sorel
*La vraie histoire comique de Francion.*
1 volume.

# GÉOGRAPHIE — VOYAGES

**Atlas universel de géographie** physique, politique, économique et historique, par Henri VAST, précédé de cartes historiques par L. GRÉGOIRE.

CONTENANT :

Relié genre amateur.... 35 fr. | 158 cartes en couleurs, 240 cartons et 23 tableaux. 1 volume in-folio.

*Cet atlas se vend également en deux parties séparées.*

1re PARTIE : *Historique* contenant 51 cartes, relié genre amateur...................... **12 fr.**
2me PARTIE : *Géographie contemporaine* contenant 107 cartes, relié genre amateur......... **25 fr.**

**Nouvelle géographie générale de la France, de l'Algérie et des Colonies françaises.**

COMPRENANT :

Le volume broché...... 15 fr. | *La Géographie physique, politique, historique, agricole, industrielle, commerciale,* d'après les documents les plus récents, par Maurice WAHL.
Relié toile, pl. spéciale tranches dorées...... 19 fr. | L'ouvrage complet en deux volumes grand in-8º jésus d'environ 1.500 pages illustré de photogravures, portraits, cartes, plans de villes, types, costumes, etc.
Relié demi-chagrin..... 21 fr. |

*Autre division de l'ouvrage :*

**La France seule,** par Maurice WAHL.

Broché.............. 20 fr. |
Relié toile, pl. spéciale.. 24 fr. | 1 volume.
Relié demi-chagrin...... 26 fr |

**L'Algérie et les colonies françaises,** par Henri VAST.

Broché.............. 10 fr. |
Relié toile, pl. spéciale, tranches dorées...... 14 fr. | 1 volume.
Relié demi-chagrin..... 16 fr. |

**La plus grande France.** Bilan de la France coloniale par Henri VAST.
Broché.............. 6 fr. |
Relié demi-chagrin...... 8 fr. | 1 volume in-8º avec cartes en couleur hors texte.

**L'Espace céleste et la nature tropicale.** Description physique de l'univers, d'après des observations personnelles faites dans les deux hémisphères par L. LIAIS, ancien astronome de l'Observatoire de Paris, avec une préface de BABINET, de l'Institut. Illustré de dessins de Yan DARGENT.
Le volume........... 12 fr. |
Relié toile, fers spéciaux 15 fr. |
— amateur ........ 20 fr. | 1 magnifique volume. grand in-8º jésus.

## VOLUMES GRAND IN-8º (Édition LAPLACE)

Le volume broché................. 12 fr. | Relié, toile..................... 16 fr.

**Paris et les Parisiens au XIXe siècle,** Mœurs, arts et monuments. Texte par MM. A. DUMAS, Th. GAUTIER, P. DE MUSSET, L. ENAUT et du FAYL. — Illustrations de MM. E. LAMI, GAVARNI et ROUARGUE. 1 volume avec 28 gravures sur acier représentant les principaux monuments de Paris et des types parisiens.

**Voyage en Espagne** (Tras los Montes). Par Théophile GAUTIER. Nouvelle édition, illustrée de 20 gravures sur acier dont 4 coloriées. 1 volume.

**Voyages dans l'Italie septentrionale,** par Paul DE MUSSET. 1 volume illustré de 23 gravures sur acier par MM. ROUARGUE.

**Voyages dans l'Italie Méridionale et la Sicile,** par Paul DE MUSSET. 1 volume illustré de 23 gravures sur acier.

# CARTES — PLANS — GUIDES

**Afrique (Nouvelle carte physique et politique de l')**
par E. NARDIN et Th. PROTIN, géographes, 1 feuille grand colombier pliée sous couverture........................... **2 fr.**

**Egypte, Palestine, Syrie.**
Nouvelle carte, par E. NARDIN.......... **2 fr.**

**Europe, Politique et routière (Carte d')**
par BERTHE, 1 feuille................. **1 fr.**

**France par départements (Carte de)**
dressée par BERTHE, 1 feuille........... **1 fr.**

**France par départements (La)**
par A. GUIBAL, sous couverture toile..... **2 fr.**

**Mappemonde en deux hémisphères**
par BERTHE, 1 feuille................. **1 fr.**

**Maroc, Algérie, Tunisie,** nouvelle carte
par E. NARDIN, 1 feuille grand colombier, pliée sous couverture..................... **2 fr.**

**Péninsule des Balkans et Empire Ottoman**
Une feuille pliée sous couverture....... **2 fr.**

**Planisphère terrestre.**
Prix............................. **5 fr.**

**Alger (Plan d') et ses environs**
à l'échelle de 1/10.000ᵉ. Une feuille grand jésus sous couverture..................... **1 fr.**

**Lyon (Nouveau plan de la ville de)**
et de ses faubourgs, à l'échelle de 1/13.000ᵉ, sous couverture toile................. **1 fr.**

**Lyon (Plan monumental de)**
illustré des vues des principaux monuments. Une feuille jésus................. **1 fr.**

**Marseille (Plan général de)**
Une feuille jésus..................... **1 fr.**

**Menton (Plan de) et ses environs**
à l'échelle de 1/9.500ᵉ sous couvert. toile.. **1 fr.**

**Nice (Plan de)**
et ses environs à l'échelle de 1/14.000ᵉ. Une feuille colombier sous couverture toile, nouvelle édition............................. **1 fr.**

**Nice, Cannes, Menton (Plan des environs de)**
à l'échelle de 1/1.000.000ᵉ.............. **2 fr.**

**Oran (Plan d') et de ses environs**
à l'échelle de 1/8.000ᵉ, sous couverture toile............................. **1 fr.**

**Paris (Nouveau plan de)**
à l'échelle de 1/20.000ᵉ sous couverture toile avec le parcours du Métropolitain et du Nord-Sud............................. **1 fr.**

**Paris monumental (Nouveau)**
avec le parcours du métropolitain, illustré des vues des principaux monuments, avec au verso une carte des environs et vues des principaux monuments, sous couverture toile....... **1 fr.**

**Paris, Versailles, Saint-Denis.**
Guide complet de l'étranger. Monuments, musées, établissements publics, etc., par A. et G. BROQUELET.

1 volume in-18 relié toile, avec 2 pochettes contenant le *Plan de Paris* et le *Plan monumental* de Paris et environs................... **4 fr.**

*Même ouvrage*, en ESPAGNOL. 1 vol. relié toile............................. **4 fr.**

**Guide de Fontainebleau**
contenant une notice détaillée sur l'historique du château, illustré de nombreuses gravures. Une brochure in-18............... **0 fr. 60**

# CHANT — CHANSONS — MUSIQUE

**BÉRANGER.** — **Chansons anciennes et posthumes** avec accompagnement de piano par F. CASADESUS, édition ornée de 186 dessins par ANDRIEUX, GRANDVILLE, RAFFET, BAYARD, etc.

Broché .............. 15 fr.
Relié toile, pl. spéciale, tranches dorées...... 20 fr.

1 volume grand in-8º.

— **Chansons grivoises et bachiques** suivies des *Chansons de Bérat* avec accompagnement de piano par F. CASADESUS.

Broché .............. 5 fr.

1 volume grand in-8º.

— **Chansons anciennes et posthumes.** Edition populaire illustrée de 161 dessins.

Broché .............. 10 fr.
Rel. 1/2 chag., tr. dorées. 16 fr.

1 volume grand in-8º.

— **Musique des chansons anciennes et posthumes.** Edition populaire illustrée de 120 gravures sur bois d'après GRANDVILLE et RAFFET. Airs notés, anciens et modernes. Nouvelle édition revue par F. BÉRAT.

Broché .............. 10 fr.
Rel. 1/2 chag., tr. dorées. 16 fr.

1 volume grand in-8º.

— **Œuvres complètes,** 9 volumes in-8º cavalier imprimés sur papier vélin et illustrées de gravures sur acier.

*Division de l'ouvrage :*

**Chansons.** Nouvelle édition illustrée de 53 gravures sur acier d'après CHARLET, DAUBIGNY, JOHANNOT, DE LEMUD, etc.
2 volumes............. 24 fr.

**Dernières Chansons.** 1834 à 1851, édition illustrée de 14 gravures sur acier d'après A. DE LEMUD.
1 volume............. 12 fr.

**Ma Biographie.** avec un appendice et des notes, ornée d'un portrait et de 8 gravures sur acier.
1 volume............. 12 fr.

— **Musique des chansons.** Airs notés, anciens et modernes. 9e édition revue par F. BÉRAT, augmentée de la musique des chansons posthumes et illustrée de gravures sur bois d'après GRANDVILLE et RAFFET.
1 volume............. 10 fr.
1 volume sans gravures. 6 fr.

**Correspondance** contenant 1.200 lettres et le catalogue analytique de 150 autres. Édition ornée d'un portrait sur acier.
4 volumes............. 24 fr.

**Chants et chansons populaires** de la France. Notices par DUMERSAN, accompagnement de piano par H. COLLET. Nouvelle édition illustrée de 338 gravures sur acier d'après DAUBIGNY, GIRAUD, MEISSONNIER, STAAL, STEINHEIL, TRIMOLHET.
Le volume broché...... 12 fr.

3 volumes grand in-8º.

TOME Ier : *Chants guerriers et patriotiques. — Chansons bachiques.*
TOME II : *Chansons et chansonnettes. — Chansons burlesques et satiriques.*
TOME III : *Chansons choisies. — Romances, rondes et complaintes.*

**Chansons populaires des provinces de France** (formant le tome 4 de l'ouvrage précédent.)
TOME IV: *Noëls. — Chansons de mai. — Ballades. — Chansons de métiers. — Rondes. — Chansons de mariés.*

Broché .............. 12 fr.
*Les 4 tomes reliés en 2 volumes*
1/2 chagrin, plats toile tranches dorées...... 60 fr.
Amateur............. 64 fr.

Notices par CHAMPFLEURY, accompagnement de piano par J.-B. WECKERLIN. Illustrations de BIDA, BRACQUEMOND, CATENACCI, COURBET, etc.
1 volume grand in-8º.

**Chansons nationales et populaires** de la France par DUMERSAN et Noël SÉGUR. Edition accompagnée de notes historiques et littéraires.
2 volumes in-8º........ 20 fr.

**WECKERLIN.** — **L'ancienne chanson populaire en France** (XVIe et XVIIe siècle).
1 volume in-18...... 3 fr. 50  30 anciens airs notés et chromotypographiés.

## CHANSONS DE BÉRANGER

Avec musique sans accompagnement.................... 0 fr. **30**

| | |
|---|---|
| Le petit Homme gris. | Les Cinq Étages. |
| De Profundis. | Le vieux célibataire. |
| Le Bon Dieu. | Le vieux Caporal. |
| Mon Habit. | La double Chasse. |
| Roger Bontemps. | La Grand'Mère. |
| Le Roi d'Yvetot. | Le vieux Vagabond. |
| Le Vieux Sergent. | Les Champs. |
| Les Adieux de Marie Stuart. | Les Gueux. |

---

**Dix chœurs,** sur des chansons de Béranger, par Laurent DE RILLÉ,
Chaque chœur séparé.................................................. 0 fr. **50**

| | |
|---|---|
| L'Orphéon. | Le Chant du Cosaque. |
| Les Hirondelles. | Les Champs. |
| Brennus. | Le Vieux Drapeau. |
| Trinquons. | Le Roi d'Yvetot. |
| Le Commencement du Voyage. | La Sainte Alliance des Peuples. |

**BÉRANGER. — Chansons** publiées avec musique sans accompagnement : *Le Grenier. — Les Hirondelles. — Le Carillonneur.* Chaque chanson.................................. 0 fr. **40**

---

**Manuel du chantre,** contenant : 1º une nouvelle méthode de *plain-chant* ; 2º les éléments composés de la musique et du *plain-chant musical* : 3º un ample recueil des pièces diverses, etc. Ouvrage utile aux ecclésiastiques, chantres, instituteurs, maîtres et élèves, par M. GOMANT, curé, 3e édition, augmentée. 1 vol. in-18
*Approuvé par Mgr l'évêque de Séez.*

Broché............ **2 fr. 50**
Demi-reliure........ **3 fr. 50**

**Méthode B. Wilhem. Manuel musical** en usage dans les collèges, écoles et cours de chant.
Méthode graduée pour le chant élémentaire et la lecture musicale. 11e édition, avec un extrait de la théorie des gammes et les armures de M. MERCADIER.

1re cours, 1 vol. in-8º. **4 fr. 50**
2e cours, 1 vol. in-8º. **4 fr. 50**
Guide de la méthode. **1 fr. 50**

**Solfège populaire de l'orphéon,** contenant 333 *solfèges à deux voix égales,* parfaitement gradués dans tous les tons (majeurs et mineurs), *clef de sol, clef d'ut et clef de fa,* composés ou recueillis et arrangés par M. N. COLLET, avec la collaboration de MM. François BAZIN, Ch. GOUNOD, Laurent DE RILLÉ, ELWART, etc. Ouvrage spécialement destiné à préparer les *Orphéons* et *Sociétés chorales* aux épreuves de la *lecture à première vue.*

3 *parties*
Chacune.......... **0 fr. 60**

---

## SÉRIE D'OUVRAGES FORMAT IN-32

Chaque volume broché..................................................... 2 fr. **»**
Relié toile, tranches dorées ou demi-veau tranches peigne................. 3 fr. **25**

| | |
|---|---|
| **BÉRANGER. — Chansons (1815-1834)** avec les 10 chansons publiées en 1847. 1 volume. | **BÉRANGER. — Œuvres posthumes,** contenant les dernières chansons (1834-1851) et ma biographie. 1 volume. |

**CHANSONS nationales et populaires de France**, précédées d'une *Histoire de la Chanson française* et accompagnées de notices historiques et littéraires par DU MERSAN. 1 volume avec portrait.

**DÉSAUGIERS. — Chansons et poésies.** Nouvelle édition, notice sur Désaugiers, par MERLE, avec portraits et vignettes. 1 volume.

**DUPONT (P.). — Muse populaire**, chants et poésies. 1 volume in-16.

**Drôleries poétiques.** Contes joyeux et facéties avec portraits et vignettes, 1 volume.

**Gaudriole(La).** Chansonnier joyeux, facétieux et grivois par MM. BÉRANGER, DÉSAUGIERS, COLLÉ. A. GOUFFÉ, L. FESTEAU, J. CABASSOL, JACQUE-MART, Aug. GILLES, H. SIMON, Albert M., DAUPHIN, MOINAUX, etc., etc. 1 volume.

**Goguette ancienne et moderne (La)**, choix de chansons guerrières, bachiques, joyeuses, populaires, 1 joli volume, portraits et vignettes.

**Lettres d'amour.** Chefs d'œuvre de style épistolaire choisis dans les plus grands écrivains.

**Million de rimes gauloises (Un)**, fleur de la poésie drôlatique et badine depuis le XVe siècle. 1 volume de 600 pages.

**Poètes de l'amour (Les).** Recueil de vers français des XVe, XVIe, XVIIe, XVIIIe et XIXe siècles. 1 joli volume. Portraits et vignettes. Introduction sur l'amour et la poésie amoureuse, par Julien LEMEP.

# BIBLIOTHÈQUE
# D'UTILITÉ PRATIQUE

## AGRICULTURE — HORTICULTURE
## ARBORICULTURE — JARDINAGE

**Arbres fruitiers (Conduite des)**, par Du Breuil, ouvrage destiné aux jardiniers, aux élèves des fermes-écoles.
Broché ............ **2 fr. 50** | 1 volume in-18 jésus, illustré de 207 figures.

*Greffe. — Taille. — Restauration des arbres mal taillés ou épuisés par la vieillesse. — Culture. — Récolte et conservation des fruits.*

**Chimie agricole (Traité pratique de)**, à l'usage des écoles normales d'instituteurs, des écoles d'agriculture et des cultivateurs praticiens, par A. Larbalétrier, professeur d'agriculture.
Broché ............... **2 fr.** ‖ 1 volume in-18.

*Compositions chimiques des plantes cultivées. — L'eau dans ses rapports avec la végétation. — Formation et composition de la terre arable. — Les matières fertilisantes, etc.*

**Engrais (Traité pratique des)** origine, utilité, emploi, par A. Bedel.
Broché ............ **3 fr. 50** ‖ 1 volume in-18.

*La formation du sol arable. — Le fumier de ferme. — Les engrais naturels. — Les engrais chimiques. — Les exigences des plantes en principes fertilisants.*

**Flore française (Nouvelle)**, par M. Gillet, vétérinaire principal de l'armée et par M. J.-H. Magne, professeur de botanique à l'école d'Alfort.
Broché .............. **8 fr.** | 1 beau volume grand in-18 jésus, 97 planches, comprenant plus
Relié demi-chagrin..... **10 fr.** | de 1.200 figures, 7e édition.

*Description des plantes qui croissent spontanément en France et de celles qu'on y cultive en grand, avec l'indication de leurs propriétés et de leurs usages en médecine, en hygiène vétérinaire, dans les arts et dans l'économie domestique.*

**Herborisations et les herbiers (Guide pratique pour les)**, par Clotaire Duval, secrétaire de la Société d'agriculture de Melun et de Fontainebleau, avec une introduction de M. le Dr Bornet, Membre de l'Institut.
Broché ............ **1 fr. 50** | 1 volume in-18 jésus.

**Jardinage (Nouveau traité pratique du)**, par A. Ysabeau.
Broché ............... **2 fr.** ‖ 1 volume in-18.

Comprenant :

*La culture maraîchère, les primeurs et les plantes potagères à fruits comestibles. — La plantation, la taille, la culture et le rajeunissement des arbres fruitiers. — La culture des plantes d'ornement de pleine terre, etc.*

**Jardinier de tout le monde (Le nouveau).** Traité complet sur toutes les branches de l'horticulture, par Louis Batillat.
Broché ............ **4 fr. 50**
Relié toile souple. **5 fr.** 1 volume in-18.

*Ouvrage nécessaire aux jardiniers et aux amateurs de jardinage, contenant tous les détails relatifs au jardin potager, fruitier et fleuriste. Nombreuses figures dans le texte.*

**Jardins d'agrément (Les).** Tracé et ornementation par T. Bona.
Le volume ......... **3 fr. 50** ‖ 1 volume in-18 illustré de 191 figures.

**Jardin des appartements (Le) ou la culture des plantes et des fleurs,** dans les salons, sur les fenêtres, balcons et terrasses ; en pots ; en caisses ; serres ; étagères; jardinières; aquariums, etc,. par Mlle CRUDET.

Broché ..............1 fr. 50 ‖ 1 volume in-18.

**Jardinier fleuriste (Le nouveau).** Ouvrage contenant, avec les principaux arbres d'ornement, la nomenclature des fleurs de parterre, de bordure, de massif, de pelouse, de serre, de bassin, d'appartement et de fenêtre, avec la culture spéciale pour chaque espèce, par Hippolyte LANGLOIS, environ 258 figures dans le texte.

Broché ............. 3 fr. 50 ‖ 1 fort volume in-18 jésus.

# ARCHITECTURE ET CONSTRUCTION

**Appareilleur et du Tailleur de pierres (Traité pratique de l'),** par Marius BOUSQUET, architecte-expert du Gouvernement.

Broché............ 3 fr. 50 ‖ 1 vol. in-18 illustré.

**Architecture (Traité élémentaire pratique d')** ou étude des cinq ordres, d'après Jacques BARROZZIO DE VIGNOLE. Ouvrage divisé en 72 planches, comprenant les cinq ordres, avec l'indication des ombres nécessaires au lavis, par J.-A. LEVEIL, architecte, ancien pensionnaire à Rome, et gravé par HIBON.

Broché. ............. 10 fr. ‖ 1 volume in-4º.

**Charpentier (Guide pratique du).** Traité pratique de charpente et de construction à l'usage des jeunes gens se préparant aux différents métiers du bâtiment, par FRANÇOIS, entrepreneur.

Broché ............. 3 fr. 50 ‖ 1 volume in-18 illustré.

**Construction moderne pratique (La),** par Henry GUÉDY, architecte-expert au Conseil de Préfecture de la Seine.

Broché ............. 3 fr. 50 ‖
Relié toile souple élégante............ 4 fr.  » ‖ 1 volume in-18 jésus de 520 pages orné de 190 gravures. Nouvelle édition revue et augmentée.

*Résistance. — Maçonnerie. — Charpente. — Menuiserie. — Serrurerie. — Couverture. — Chauffage. — Peinture. — Devis et évaluations.*

**Constructions rurales (Manuel des),** 5e édition complètement refondue, par T. BONA, ancien architecte.

Relié toile............. 2 fr. ‖ 1 volume in-18, accompagné de 200 figures.

**Couverture (Traité de),** Ardoises, tuiles, zinc, chéneaux, tuyaux, par MAGNÉ, métreur-spécialiste, professeur à l'Association polytechnique.

Broché ............. 3 fr. 50 ‖ 1 volume in-18 jésus.

**Maçon, du terrassier, du paveur et du conducteur de travaux (Traité pratique du),** par Marius BOUSQUET, architecte-expert du gouvernement.

Broché ............. 4 fr. 50 ‖
Relié toile souple... 5 fr.  » ‖ 1 volume in-18 illustré.

*Géométrie et topométrie pratiques, connaissance des matériaux, organisation et fonctionnement de l'entreprise, outillage et matériel, sondages et épuisements, terrassements et fouilles, stratification des maçonneries, dallages et pavages.*

**Menuiserie (Traité de),** par MM. POUSSART, ancien élève de l'école polytechnique et CAILLARD, maître menuisier.

1re PARTIE : NOTIONS DE GÉOMÉTRIE ET D'ARCHITECTURE.

*Art du trait. — Notions de physique. — Les bois. — Les outils. — Débits et corroyage des bois. — Des moulures. — Assemblages.*

Broché ............. 3 fr. 50 ‖ 1 volume in-18 jésus, illustré de 760 figures.

2ᵉ PARTIE : MENUISERIE DE BATIMENT.
*Assemblages. — Collage et chevillage. — Huisseries, bâtis, contre-bâtis et poteaux. — Croisées et châssis. — Parquets. — Portes. — Persiennes, volets. — Lambris. — Décoration générale. — Faux lambris. — Agencements intérieurs. — Devantures de boutique. — Escaliers. — Travaux divers. — Vocabulaire.*
Broché . . . . . . . . . . . . **3 fr. 50** ‖ 1 volume in-18 jésus, illustré de 274 figures.

## Peinture au blanc de zinc (La), par FLEURY.
*Contenant un cours complet sur ce genre de peinture, les dosages en poids et en volume.*
Broché . . . . . . . . . . . . **2 fr. 50** ‖ 1 vol. in-18.

## Peinture en bâtiment (La). *Décor et Décoration*, par Paul FLEURY, peintre, directeur technique
et rédacteur du *Journal-Manuel de peinture.*
*Contenant l'étude des couleurs et des vernis, l'outillage, les peintures diverses, la vitrerie, la tenture, la dorure, l'imitation des bois, des marbres, etc.*
Honoré de souscriptions du Ministère de l'Instruction publique et du Ministre du Commerce.
Broché . . . . . . . . . . . . **3 fr. 50** ‖ 1 volume in-18, illustré de 9 gravures en couleurs et de figures en noir.

## Poids et métaux employés dans la construction (Manuel des) à l'usage de MM. les Archi-
tectes et constructeurs, par ARNOULD, constructeur en fer.
Relié toile . . . . . . . . . **2 fr. 50** ‖ 1 volume.

## Serrurier (Manuel du), à l'usage des écoles professionnelles et des ouvriers, par F. HUSSON, officier
de l'instruction publique, ancien ouvrier et maître serrurier parisien, conseiller honoraire de la Chambre syndicale de la serrurerie : lauréat de la Société centrale des architectes français.
Broché . . . . . . . . . . . . **3 fr. 50** ‖ 1 volume in-18, illustré de 126 figures.
*Histoire de la serrurerie. — L'atelier et le chantier du serrurier en bâtiment. — L'atelier ou usine du serrurier-constructeur. — La ferronnerie et la serrurerie d'art. — Diverses spécialités du métier. — Vocabulaire des termes journellement employés par les serruriers.*

## Sondeur (Guide du) ou traité théorique et pratique des sondages, par MM. DEGOUSÉE et Ch. LAU-
RENT, ingénieurs civils.
Broché . . . . . . . . . . . . . . **30 fr.** ‖ 2 forts volumes in-8°, avec gravures et accompagnés d'un atlas de 62 planches gravées sur acier.

# ART CULINAIRE — PATISSERIE

## Carte illustrée, par GARLIN, à l'usage des restaurateurs, maîtres d'hôtels, établissements de comestibles,
contenant 320 dessins gravés par BLITZ.
Le volume . . . . . . . . . . . . **4 fr.** ‖ 1 volume in-4°.

## Conservateur (Le), ou livre de tous les ménages, contenant les différents procédés de conservation des
substances alimentaires, viandes, gibier, poisson, œufs, lait, fromages, beurre, graisses et huiles, fruits, légumes et la conservation des boissons, d'après les travaux de CARÊME, APPERT, par L. KREBS. 150 gravures.
Broché . . . . . . . . . . . . **3 fr. 50** ‖ 1 volume in-18.

## Conserve alimentaire (La). *Traité pratique de fabrication* par Aug. CORTHAYS.
Broché . . . . . . . . . . . . . . **10 fr.** ‖ 1 volume grand in-8° jésus avec nombreuses figures dans le texte.

## Cuisine ancienne, par GARLIN, de Tonnerre, auteur du *Cuisinier moderne.*
Broché . . . . . . . . . . . . . . **4 fr.** ‖ 1 volume in-8° illustré.

## Cuisine (La bonne), comprenant 880 titres avec observations et 70 gravures à l'appui, par Gustave
GARLIN, auteur du *Cuisinier moderne.*
Relié toile . . . . . . . . . . . . **4 fr.** ‖ 1 volume in-18 jésus.

**Cuisinier Durand (Le),** cuisine du Nord et du Midi, 9e édition revue et augmentée, par Ch. Du-
Broché............ 3 fr. **50** RAND, petit-fils de l'auteur.
Reliure élégante..... 4 fr. » 1 volume in-18, illustré de 160 figures.

**Cuisinier européen (Le nouveau),** par Jules BRETEUIL, ancien chef de cuisine. Nouvelle édition
entièrement refondue par NILRAC, ancien chef de cuisine.
Relié toile......... 3 fr. 50 — 1 fort volume in-18 illustré d'environ 300 gravures et de 4 planches en
couleurs permettant de reconnaître la bonne qualité des différentes
viandes. 784 pages.
*Ouvrage contenant les meilleures recettes des cuisines françaises et étrangères pour la préparation des
potages, sauces, ragoûts, entrées, rôtis, fritures, entremets, desserts et pâtisseries, complété par l'Art
d'utiliser les restes, de servir les vins, les confitures, les sirops, les bonbons de ménage, les liqueurs,
les soins à donner à une cave.*

**Cuisinier moderne (Le)** ou les secrets de l'art culinaire par Gustave GARLIN. de Tonnerre, élève des
premiers cuisiniers de Paris, ouvrage complet, illustré de 60 planches et 330 dessins, comprenant
Brochés ............. 36 fr. — 5.000 titres et 700 observations.
Reliés demi-chagrin.... 48 fr. — 2 volumes in-4°.
*Menus, haute cuisine, pâtisserie, glaces, office, etc., suivi d'un dictionnaire complet des termes techniques.*

**Cuisinier moderne (Le petit),** *ou les secrets de l'art culinaire* pa Gustave GARLIN, de Tonnerre.
Relié toile............. 8 fr. — 1 volume in-8° de 940 pages, orné de nombreuses gravures.

**Cuisinière et de la maîtresse de maison (Le trésor de la),** par PÉRIGORD, 7e édition, revue,.
Le volume, broché... 1 fr. 50 corrigée.
1 volume in-18.

**Maître d'hôtel français (Le),** par CARÊME, nouvelle édition. Le livre le plus distingué qui **existe**
sur la composition des menus pendant toute l'année, à Paris, Londres, Saint-Pétersbourg.
Brochés ............... 8 fr. — 2 volumes in-8°, ornés de 10 grandes planches.

**Office (Traité de l'),** par L. BERTHE, ex-officier de bouche, de feu Son Excellence M. le comte
Pozzo di Borgo. Revu et augmenté par NILRAC, auteur culinaire. Ouvrage indispensable aux maîtres
d'hôtel, valets de chambre. cuisiniers et cuisinières et utile aux gens de maison.
Broché............. 3 fr. 50 — 1 volume in-18

**Pâtisserie (Traité pratique de la),** 2e édition. contenant un aperçu des glaces, sirops et confi-
Broché............... 4 fr. — tures, 16 planches hors texte coloriées, par H. GUERRE.
Relié toile............. 5 fr. — 1 volume in-8°.

**Pâtissier confiseur et liquoriste (Le),** par E. PETIT, contenant les meilleures recettes pour la
confection sans four des entrées, hors-d'œuvre. entremets, desserts et la préparation économique des
liqueurs, sirops, confitures, glaces, sorbets, sucreries, etc.
Broché............... 2 fr. 1 volume in-18 illustré.

**Pâtissière en chambre (La),** par Mlle Berthe GILL, pâtissière bourgeoise, contenant les meilleures
recettes pour la confection sans four, des entrées, hors-d'œuvre, entremets, desserts, etc.
Broché............. 1 fr. 50 — 1 volume in-18.

**Pâtissier moderne (Le),** suivi d'un *Traité de confiserie d'office*, par Gustave GARLIN, auteur du *Cuisinier moderne*, ouvrage illustré de 262 dessins gravés par M. BLITZ, contenant 3.300 titres et 460 observations tirés du *Cuisinier moderne*.
Relié toile............. 20 fr. 1 volume grand in-8°.

**Pâtissier national parisien (Le),** par CARÊME, ou *Traité élémentaire et pratique de la pâtisserie
ancienne et moderne,* suivi d'observations utiles au progrès de cet art, nombreuses figures.
Les 2 volumes.......... 8 fr. — 2 forts volumes brochés in-18.

**Pâtissier pittoresque (Le)** par CARÊME, chef-d'œuvre d'invention et de dessin de l'art si difficile
de monter les pièces, de décorer une table. Les premiers modèles des grandes pièces.
Broché............... 6 fr. — 1 volume grand in-4°, 126 planches.

# ARTS D'AGRÉMENT — BEAUX-ARTS

**Arts féminins (Les),** par Mme DE BRIEUVRES. Pyrogravure, Choréoplastie, Métallographie, etc.
Broché .............. **2 fr.** ‖ 1 volume in-18 illustré.

**Broderie (La),** par Mme de BRIEUVRES.
Broché .............. **2 fr.** ‖ 1 volume in-18 orné de modèles et dessins de Mme SONGY.

**Crochet (Le), le tricot,** par Mme DE BRIEUVRES, modèles et dessins de Mme SONGY.
Broché .............. **2 fr.** ‖ 1 volume in-18.

**Dentelle (La),** par Mme DE BRIEUVRES, orné de modèles et dessins de Mme SONGY.
Broché .............. **2 fr.** ‖ 1 volume in-18.

**Tapisserie (La),** par Mme DE BRIEUVRES, modèles et dessins de Mme SONGY.
Broché .............. **2 fr.** ‖ 1 volume in-18.

**Art (Les grands maîtres de l'),** par EMILE-BAYARD, artiste peintre, Inspecteur au ministère des
Broché .............. **5 fr.** ‖ Beaux-Arts.
‖ 1 volume in-18 illustré de 73 gravures hors texte.

*Giotto, Van Eyck, Memling, Léonard de Vinci, Pérugin, Botticelli, Titien, Michel-Ange, A. del Sarto, Raphaël Sanzio, P. Véronèse, Tintoret, Mantegna, Le Corrège, Holbein, A. Dürer, Ribéra, Vélasquez, Murillo, Rubens, Van Dyck, Jordaens, Ruysdael, Teniers, Rembrandt, Poussin, Claude le Lorrain, Watteau, Boucher, etc.*

**Bon goût (Le), dans le geste, sur soi, dans la maison,** Etude théorique et pratique de la
Le volume, broché... **3 fr. 50** ‖ beauté mise à la portée de tous, par EMILE-BAYARD.
‖ 1 volume in-18 broché.

**Cathédrales (Nos)** par BROQUELET.
Broché ............. **5 fr.** ‖ 1 vol. in-18 illustré de nombreuses vues photographiques. Préface
Relié toile ........... **6 fr.** ‖ de M. BARRÈS, de l'Académie française.

**Art du peintre (L').** Traité pratique de dessin et de peinture par Camille BELLANGER, artiste peintre, prix de Rome. Hors Concours. Professeur à l'Ecole spéciale militaire.

1re PARTIE : LE DESSIN, LE NU, OU LA FIGURE HUMAINE : *Anatomie superficielle du corps humain. — Proportions du corps humain. — Perspective.*
Broché ............ **2 fr. 50** ‖ 1 volume in-18 illustré de 200 dessins.

2e PARTIE : PROCÉDÉS ET GENRES : *Théorie des couleurs.— Les principaux procédés de la peinture. — Manière de peindre avec les couleurs à l'huile. — Nature morte.*
Broché ............ **2 fr. 50** ‖ 1 volume in-18 illustré de 90 dessins.

3e PARTIE : LA COMPOSITION.
Broché ............ **2 fr. 50** ‖ 1 volume in-18 illustré de 164 dessins.

4e PARTIE : LA PEINTURE ET LES PEINTRES DEPUIS LES TEMPS LES PLUS RECULÉS JUSQU'A NOS JOURS : *Naissance de la peinture. — L'Art antique. — L'Art chrétien, Byzance. — Filiation des arts en Occident. — La Renaissance en Italie. — Décadence de la peinture italienne. — Propagation de la Renaissance. Allemagne. Flandre. Hollande. Espagne. Angleterre.*
Broché ............. **5 fr.** ‖ 1 volume in-18 illustré de 200 gravures.

5e PARTIE : LA PEINTURE FRANÇAISE *(en préparation).*
Broché ............ **5 fr.** ‖ 1 volume in-18 illustré d'environ 220 gravures.

**Peinture (Traité usuel de),** à l'usage de tout le monde, par Camille BELLANGER, artiste peintre, prix de Rome (hors concours). Nouvelle édition revue et augmentée, contenant 220 dessins et 42 planches
Broché .............. **5 fr.** ‖ en couleurs.
‖ 1 volume in-18, sous couverture artistique.

*Le dessin. — La figure humaine. — Perspective. — Théorie des couleurs. — Manière de peindre.*
(Ouvrage honoré de souscriptions du Ministère de l'Instruction publique).



4

**Peinture à l'eau (Traité de la)**, aquarelle, gouache, miniature, par Mlle DE SÉRIGNAN.
Broché............. **3 fr. 50** ‖ 1 volume in-18, illustré de nombreuses gravures.

**Pianiste (Le guide du)** par Mlle POUSSART, ouvrage orné de 440 gravures.
Broché............. **3 fr. 50** ‖ 1 volume in-18.

**Styles (L'art de reconnaître les)**, par EMILE-BAYARD, inspecteur au Ministère des Beaux-Arts.
Le volume............. **5 fr.** ‖ 1 volume in-18 jésus de 460 pages, orné de nombreuses reproductions.
Relié toile, plaque spé- ‖ *Les styles, physionomie générale. — Inspiration initiale et les*
ciale, tête verte....... **6 fr.** ‖ *styles. — Différents styles : égyptien, assyrien, grec, romain, moyen-*
*âge, latin, ogival, gothique. Renaissance, Louis XIII, Louis XIV, style régence dit rocaille ou*
*rococo, styles Louis XV, Louis XVI, styles de la Révolution et du premier Empire, styles sous les*
*deux Restaurations, Louis-Philippe, second Empire, art nouveau ou moderne-style. — Considérations*
*sur l'art moderne. (20e mille).*

**Style Empire (Le).** Architecture, ameublement par EMILE-BAYARD.

Broché............. **2 fr. 50** ‖ 1 volume in-18 illustré de 130 figures.
Relié toile, plaque spé- ‖ *Notions préliminaires  Napoléon et l'art. — Les styles après Louis*
ciale, tête verte... **3 fr. 50** ‖ *XV, sous la Révolution et sous la première République. —*
‖ *Les promoteurs du style Empire : L.David, Percier et Fontaine.*
*— Le style sous la Révolution  le style Messidor du Directoire. — Le style Empire : physionomie*
*générale. — Des caractéristiques du style Empire dans le décor en général. — Le meuble et les ébénistes.*
*— L'orfèvrerie et les orfèvres, le bijou. — Deux mots sur le costume sous la Révolution et surtout sous*
*l'Empire. — Deux mots sur les sty es après le premier Empire. — Causerie sur nos gravures.*

**Style Louis XVI (Le)**, par Emile BAYARD.

Broché............. **2 fr. 50** ‖ 1 volume in-18 illustré de 160 gravures.
Relié toile, plaque spé- ‖ *Notions préliminaires. — Considérations générales sur le style*
ciale, tête grise.... **3 fr. 50** ‖ *Louis XVI. — Louis XVI, Marie-Antoinette et l'esprit de leur*
‖ *temps. — La peinture et la sculpture. — Le meuble, les ébénistes, etc.*

**Styles Régence et Louis XV (Les)** par EMILE-BAYARD
Broché............. **2 fr. 50** ‖ 1 volume in-18 illustré de 160 gravures.
Relié............... **3 fr. 50** ‖ *Notions préliminaires. — Considérations générales sur l'époque*
*et le style de la Régence. — Des caractéristiques du style Régence. — Considérations générales*
*sur l'époque et le style Louis XV. — L'Architecture. — La peinture et la sculpture. — Le*
*Meuble. — L'orfèvrerie, l'art décoratif, etc. — Le Costume sous la Régence et sous Louis XV. —*
*Quelques mots des styles après Louis XV. — Causerie sur nos gravures.*

## AUTOMOBILISME — AVIATION

**Automobilisme (Manuel pratique d')** voitures à essences, motocyclettes, voitures à vapeur, ca-
nots automobiles, remèdes pour pannes, par M. ZEROLO, ingénieur civil des mines. Édition mise à jour.
Relié toile............. **5 fr.** ‖ 1 volume in-18 jésus, illustré de 150 figures.

**Chauffeur d'automobiles (Guide du).** Description des organes composant une voiture-automobile.
‖ Étude de leur fonctionnement. Les pannes et leur remède. Répa-
Broché............. **3 fr.** ‖ rations, par ZÉROLO.
Relié toile........ **3 fr. 50** ‖ 1 volume in-18 avec 142 figures dans le texte.

**Comment on construit une automobile.** Guide pratique du constructeur d'automobiles, par
M. ZEROLO, ingénieur civil des mines.
Cartonné toile souple, le vol. **5 fr.** ‖ 3 volumes in-18 de 400 pages, avec nombreuses figures.
TOME Ier : *Outillage d'une usine de construction automobile. — Machines-outils, outillage de forge,*
*atelier de montage, fonderie, chaudronnerie, etc.*

Tome II : *Les matières premières. — Métaux employés dans la construction des automobiles. — Notions de métallurgie, propriétés, usages, essais mécaniques et chimiques, métallographie microscopique.*
Tome III : *Procédés de fabrication : Fonderie, moulage mécanique. — Traçage. — Travaux de tour. — Filetage. — Fraisage. — Taille des engrenages. — Réglage des moteurs et essais, etc., etc. — Formules usuelles.*

## Motocyclettes et tricars, par M. Zerolo.

Broché ............ **3 fr.**     1 volume in-18 illustré.
Relié toile.......... **3 fr. 50**     Les motocyclettes : *Description d'ensemble. — La bicyclette. — Le moteur. — La carburation, les carburateurs. — L'allumage.*
— *Le refroidissement. — La transmission. — Les freins. — Organes accessoires et organes de manœuvre.*
Les tricars : *Généralités. — Le châssis. — Le moteur. — La transmission. — L'embrayage et le changement de vitesse. — Les freins. — Organes de manœuvre. — La carrosserie. — Quelques types de tricars. — Entretien et conduite des motocyclettes. — Les pannes. — Règlements relatifs à la circulation des motocycles.*

## Ballons et Aéroplanes, par G. Besançon, directeur de l'*Aérophile*. Nouvelle édition.

Broché ............ **2 fr**     1 volume in-18 illustré.
Relié toile ........ **2 fr. 50**

# BANQUE — BOURSE

## Banque (Traité élémentaire des opérations de) et des principes du droit commercial, suivi d'un dictionnaire des expressions usuelles de banque, de commerce et de droit, par Victor Richard, licencié en droit, directeur d'agence du Comptoir national d'Escompte de Paris.

Broché ............ **7 fr. 50**
Relié toile élég..... **8 fr. 50**     1 volume in-18.

## Bourse et de change (Traité des opérations de), par Alphonse Courtois, secrétaire perpétuel de la Société d'économie politique, 14e édition entièrement revue et mise à jour par Emmanuel Vidal, directeur de la *Cote de la Bourse et de la Banque*.

Broché ............ **5 fr. »**
Relié toile soup. élég. **5 fr. 50**     1 volume grand in-18.

## L'art de n'être pas volé, escroqué. estampé *A la Bourse — Aux courses. — Au jeu, etc.,* par Emile André.

Broché ............... **2 fr.**     1 volume in-18.

Ouvrage contenant
*Des conseils pour se défendre à la Bourse par M. R. de Longchamps. — Des conseils pour se défendre aux courses et au jeu, etc.*

# BARÊMES — TARIFS ET COMPTES FAITS

## Acheteurs et des vendeurs (L'indispensable des). Calculs instantanés, supression de 5 opérations sur 6, par Camille Sicre. Table donnant les prix de vente de 0,001 à 1 million selon le bénéfice que l'on désire obtenir, de 0,25 $^0/_0$ à 99,99 $^0/_0$.

Relié toile souple élég.... **2 fr.**     1 volume in-16 couronne.

*Indispensable aux acheteurs. — Vendeurs. — Commerçants. — Négociants. — Industriels. — Caissiers. — Comptables. — Chefs de rayons. — Entrepreneurs de bâtiments. — Professeurs. — Elèves. — Dans les cours de mathématiques et de comptabilité et à toutes les personnes qui s'occupent des chiffres.*

**Barème ou comptes faits** en francs et centimes, précédés d'une instruction sur la manière de se servir de cet ouvrage, et contenant le calcul et l'intérêt de toute somme à cinq pour cent par an. Le volume cartonné.   **1 fr. 50**  ‖  1 volume in-32.

**Barème d'intérêts (1 2 à 7 %)** avec notice sur les intérêts simples et composés pour faciliter les calculs, par Camille Sicre.
Relié toile souple....   **7 fr. 50**  ‖  1 volume in-8°.

**Barème ou comptes faits (Le livre de).** Comptes faits depuis 0 fr. 02 jusqu'à 100 fr. Tableau des jours écoulés, et à parcourir du 1er janvier au 31 décembre. Mesures légales. Tableau des fers carrés, méplats et ronds, etc., revu pa M. E.-P. Pons.
Broché.............   **2 fr. »**  ‖
Relié toile soupl. élég   **2 fr. 50**  ‖  1 volume in-18.

**Barème universel.** comptes faits des prix par pièces, mesures, nombres, kilogrammes, etc., et des salaires payés à l'heure, au jour et au mois, tableaux relatifs aux poids, mesures et monnaies, etc., par P.-E. de Doncker, comptable, et Henry, géomètre.
Broché...............   **2 fr.**  ‖  1 volume n-8°.

**Capitaliste (Guide manuel du),** ou comptes faits d'intérêts à tous les taux, pour toutes les sommes, de 1 à 366 jours, nouvelle édition, revue par Bonnet.
Broché.............   **2 fr. »**  ‖
Relie toile soupl. élég.   **2 fr. 50**  ‖  1 volume in-18.

**Capitaliste (Manuel du),** ou comptes faits des intérêts au taux de 1 à 6 0/0, pour toutes les sommes, de 1 à 366 jours, par Casimir Bonnet. Nouvelle édition précédée d'une notice sur l'intérêt, l'escompte, etc., par M. Joseph Garnier, revue, mise à jour, complétée et augmentée de nouveaux tableaux, par M. et A. Meliot.
Broché.............   **6 fr. »**  ‖
Relié toile soupl. élég.   **7 fr. »**  ‖
Relié demi chagrin...   **8 fr. 50**  ‖  1 volume in-8°.

**Cubage des bois (Tarif du),** équarris et ronds, évalués en stères et fractions décimales du stère, par J.-A. Francon, cubeur juré de la ville de Lyon. Nouvelle édition considérablement augmentée et mise à jour, contenant une notice explicative sur les bois et les différentes espèces de cubage.
Broché.............   **3 fr. 50**  ‖
Relié toile souple élég.   **4 fr. »**  ‖  1 fort volume in-18.

**Cuber les bois en grume et équarris (Tarif pour),** d'après les mesures anciennes, avec 'eur réduction en mesures métriques, par Etienne Prugneaux, arpenteur-forestier.
Broché...............   **2 fr.**  ‖  1 volume in-18.

**Intérêts simples et composés (Les),** par Camille Sicre. Ouvrage donnant la clef pour résoudre tous les calculs relatifs aux intérêts. Nombreuses tables.
Relié toile souple élégante   **2 fr.**  ‖

**Poids et métaux employés dans la construction (Manuel des),** à l'usage de MM. les Architectes et Constructeurs, par Arnould, constructeur en fer.
1 volume relié toile...   **2 fr. 50**  ‖

**Des Racines carrées, cubiques et des logarithmes,** par Camille Sicre.
Relié toile souple élégante   **2 fr.**  ‖  1 volume.

*Nouvelle table des carrés. — Table des logarithmes. — Tableau des dix premières puissances des dix premiers nombres. — Tableau des 4e et 5e puissances des 100 premiers nombres. — Table donnant la valeur de 1 franc plus ses intérêts composés.*

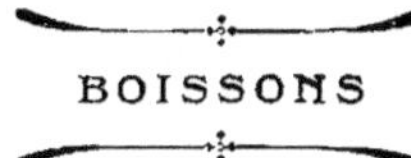

# BOISSONS

**Boissons économiques et liqueurs de table.** Traité pratique de la fabrication des vins, bières, cidres, poirés, sirops, ratafias, etc., par Léon Krebs.
Broché............ **3 fr. 50**  ‖  1 volume in-18.

**Brasserie (Traité théorique et pratique de la)**, contenant l'analyse détaillée des méthodes les plus récentes appliquées à la fabrication de la bière, tant en vue d'obtenir des produits de premier ordre, qu'afin de préserver ces derniers contre les nombreuses affections susceptibles de les atteindre, par A. Bedel.
Broché ............ 3 fr. 50 ‖ 1 volume in-18 avec nombreuses gravures.

**Fabrication du cidre, du poiré et de ses dérivés**, par M. Tritschler, ingénieur des Arts et Manufactures.
Broché ............ 3 fr. 50 ‖ 1 volume in-18 avec gravures.

**Eaux-de-vie (Fabrication des)**, par la distillation des vins, cidres, marcs, lies, gentiane, etc., fabrication des eaux-de-vie communes avec le troix-six d'industrie, etc., par Charles Steiner, chimiste-distillateur, 50 figures dans le texte.
Broché ............ 3 fr. 50 ‖ 1 volume grand in-18.

**Fruits de pressoir (L'art de reconnaître les)**, Pommes et poires, par A. Truelle, pharmacien de 1re classe, correspondant de la Société nationale d'Agriculture de France, etc.
Broché ............ 3 fr. 50 ‖ 1 volume in-18.

**Culture de la vigne et de vinification (Les nouvelles méthodes de)**, par A. Bedel, rédacteur en chef du *Journal de la Vigne*.
Broché ............ 3 fr. 50 ‖ 1 volume in-18 orné de nombreuses gravures.

**Fabrication des liqueurs et des vins dits d'imitation (Traité complet de la)**, par A. Bedel.
Broché ............ 3 fr. 50 ‖ 1 volume in-18.

**Manipulation des vins (Traité complet de)**, suivi d'une revue générale de la législation des boissons, par A. Bedel. Nouvelle édition entièrement refondue et mise à jour.
Broché ............ 3 fr. 50 ‖ 1 beau volume in-18 avec gravures.

**Sucrage des vendanges (Le)**, dans la vinification et la production des vins de seconde cuvée, la fabrication des vins de raisins secs, par A. Bedel.
Broché ............ 0 fr. 75 ‖ 1 volume in-18.

## CHASSE — PÊCHE

**Chasseur au chien courant (Le)**, formant, avec le *Chasseur au chien d'arrêt*, un cours complet de chasse à tir et à courre, contenant les habitudes, les ruses des bêtes, l'art de les guetter, de les juger et de les détourner, de les attaquer, de les tirer, l'éducation du limier, des chiens courants, leurs maladies, etc., par E. Blaze.
Broché ............ 3 fr. 50 ‖ 1 volume in-18.

**Chasseur au chien d'arrêt (Le)**, contenant les habitudes, les ruses du gibier, l'art de le chercher et de le tirer, le choix des armes, l'éducation des chiens, leurs maladies, etc., par Elzéar Blaze.
Broché ............ 3 fr. 50 ‖ 1 volume in-18.

**Chasseur au chien d'arrêt (Guide du)** sous ses rapports théoriques, pratiques et juridiques, par Ferdinand Cassassoles.
Broché ............ 3 fr. 50 ‖ 1 volume in-18, gravures.

**Chasseur aux filets (Le)**, ou *la chasse des dames*, contenant les habitudes, les ruses des petits oiseaux, leurs noms vulgaires et scientifiques, l'art de les prendre, de les nourrir et de les faire chanter en toute saison, la manière de les engraisser, par E. Blaze.
Broché ............ 3 fr. 50 ‖ 1 volume in-18 orné de nombreuses gravures.

**Chasses et pêches anglaises,** variétés de pêches et de chasses.
Broché ............... 3 fr. ‖ 1 volume in-8°.

**Pêche à toutes lignes des poissons d'eau douce (La),** par John FISCHER, nouvelle édition complètement revue et contenant la législation sur la pêche jusqu'à ce jour.
Broché ............... 2 fr. ‖ 1 volume in-18 jésus, illustré de nombreuses gravures.

**Pêche en mer et la culture des plages (La),** par Albert LARBALÉTRIER.
Broché ............. 3 fr. 50 ‖ 1 volume in-18, 140 gravures.
*Pêches côtières à la ligne et aux filets. — Pêcheries. — Pêches à pied. — Grandes pêches.*

**Pêcheur à la mouche artificielle et le pêcheur à toutes lignes (Le),** par Charles DE MASSAS. 4ᵉ édition revue et corrigée, augmentée d'une étude sur le repeuplement des cours d'eau et la pisciculture, par Albert LARBALÉTRIER, 80 vignettes.
Broché ............... 2 fr. ‖ 1 volume in-18.

## ÉCONOMIE DOMESTIQUE
## HYGIÈNE — SAVOIR-VIVRE

**Dentiste du foyer (Le),** hygiène de la bouche et des dents, par le Dʳ Paul-A. RICHER, médecin-dentiste des hôpitaux de Paris.
Broché ............ 2 fr. »
Relié toile soupl. élég. 2 fr. 50 ‖ 1 volume in-18 jésus, illustré.
*Eclairer le public, montrer l'importance qu'il y a à conserver sa bouche en parfait état, et la simplicité des moyens à mettre en œuvre pour y parvenir, telle est la tâche que l'auteur a voulu entreprendre et pour atteindre ce but, il s'est servi d'un langage autant que possible clair et précis, évitant les termes trop techniques et se servant de préférence des expressions usuelles pour être bien compris.*

**Ménages (Guide pratique des),** par le docteur ELGET.
Broché ............ 3 fr. 50 ‖ 1 volume in-18.
*Contenant plus de deux mille recettes sur la préparation et la conservation des aliments, l'art d'entretenir la santé et de soigner les malades, de préparer les médicaments, l'hygiène de la toilette, l'entretien des meubles et des vêtements, l'assainissement des habitations, etc., etc.*

**Mille trucs (Les)** pour conserver ou réparer les mille objets d'un ménage, par POUSSART.
Broché ............ 3 fr. 50 ‖ 1 volume in-18 de 340 pages, illustré.
Relié toile souple élégante. ........... 4 fr. » ‖ *Le bois. — Les métaux. — Peinture. — Meubles. — Livres, papier, gravures.— Cuir et peau, caoutchouc. — Vêtements. — Cuisine. — Voyages. — Déménagements. — Colles. — Mastics.*

**Mille nouveaux trucs (Les),** par LE MÊME.
Broché ............. 3 fr. 50 ‖ 1 volume in-18 jésus illustré.
Relié toile .......... 4 fr. » ‖ *Produits divers. — Les meubles. — Les vernis. — Horlogerie. — Dorure. — Peintures, colles, mastics. — Menuiserie. — Métaux. — Cadres, gravures, peintures. — Hygiène. — Chaussures, cuisine.*

**Savons et des parfums (Traité pratique des),** manuel raisonné du cabinet de toilette, renfermant plus de 500 recettes et formules, permettant de préparer soi-même les savons et les parfums usuels, par Albert LARBALÉTRIER.
1 volume in-18 ...... 2 fr. 50 ‖

**Bréviaire de la femme (Le),** par Mme la comtesse DE TRAMAR. Pratiques secrètes de la beauté, illustré par la photographie d'après nature.
Broché ............. 3 fr. 50
Relié toile ......... 4 fr. ‖ 1 volume in-18, couverture illustrée.

**Enfant (L'),** hygiène et soins médicaux pour le premier âge ; à l'usage des jeunes mères et des nourrices, par Ermance DUFAUX DE LA JONCHÈRE. Précédé d'une introduction par le docteur BLACHEZ.
1 volume in-18 ...... 3 fr. 50 ‖ Nombreuses gravures.

**Hygiène à l'usage des gens du monde,** par le docteur Carvalho, ex-interne des hôpiteux.
Broché ............... 3 fr. ‖ 1 volume in-18.

**Médecin du foyer (Le),** contenant l'exposé de tous les soins nécessaires à la conservation de
Broché ............... 2 fr. ‖ la santé, par A. Ysabeau.

**Médecin (En attendant le),** soins et secours à donner en cas d'accidents ou de maladies, par
Broché ............... 2 fr. ‖ le docteur Pablo Mandoza.
‖ 1 volume in-18 jésus, illustré.

**Bon goût, dans le geste, sur soi, dans la maison (Le),** étude théorique et pratique de la
Broché ............ 3 fr. 50 ‖ beauté mise à la portée de tous, par Emile-Bayard.
‖ 1 volume in-18.

**Étiquette mondaine (L').** Usages de la société moderne dans toutes les circonstances de la vie.
Broché ............ 3 fr. 50 | Nouveau guide des gens du monde.
Relié toile ......... 4 fr. » | 1 volume in-18, illustré de nombreuses gravures.

**Jeune femme chez elle (La).** La vie représentative, la vie d'intérieur, guide moderne de la
Broché ............ 3 fr. 50 | jeune maîtresse de maison.
Relié toile .......... 4 fr. » ‖ 1 volume in-18.

**Maîtres et les domestiques doivent savoir (Ce que les),** par Mlle Dufaux de la Jonchère.
Le volume ......... 3 fr. 50 ‖ 1 volume in-18.

**Mode et l'élégance (La).** Orné de nombreuses illustrations de Lucien Métivet, Fernand Fau, Henry
Broché ............ 3 fr. 50 | Morin, et de 23 gravures hors texte en couleurs.
Relié toile ......... 4 fr. » | 1 volume in-18. couverture illustrée.

**Politesse (La).** Manuel des bienséances et du savoir-vivre, par E. Muller.
Le volume ............ 2 fr. ‖ 1 volume in-18.

**Politesse française (Petit traité de la).** Codes des bienséances et du savoir-vivre, par E. Muller.
Le volume ......... 1 fr. 50 ‖ 1 volume in-18.

**Savoir-vivre dans la vie ordinaire et les cérémonies civiles et religieuses (Le),** par
1 volume in-18 ...... 2 fr. » ‖ Ermance Dufaux.
Relié toile soupl. élég. 2 fr. 50 | *Cet ouvrage de civilité est un travail neuf par la forme et par le*
*fond, rempli d'appréciations personnelles, et décelant, à chaque*
*page, un auteur appartenant à la bonne compagnie.*

## ÉCONOMIE INDUSTRIELLE ET COMMERCIALE

**A B C de la comptabilité (L'),** avec modèles de pièces comptables, par C.-E. Brisset.
Broché ............ 2 fr. » ‖ 1 volume in-18.
Relié toile ......... 2 fr. 50 |

**Commerçant (Guide du),** par A. Roger, ancien avocat à la Cour d'appel de Paris; nouvelle édition
revue, corrigée et mise en harmonie avec les lois nouvelles par Ch. Lejeune, officier de l'Instruction
publique, professeur et examinateur à l'École des Hautes Études Commerciales et à l'Institut Commercial
de Paris, ancien membre du Jury d'État pour les Écoles supérieures de Commerce. directeur de
Broché ............ 3 fr. » | l'École préparatoire d'administration.
Relié toile souple. 3 fr. 50 | 1 volume in-18.

*Commerce et commerçants. — Banque et bourse. — Opérations commerciales et financières. — Compta-*
*bilité. — Droit commercial. — Brevets d'invention. — Marques de fabrique. — Juridiction commer-*
*ciale. — Législation ouvrière., etc., etc.*

**Correspondance commerciale (Nouveau guide de la)**, par H. Page.

| | | |
|---|---|---|
| Le volume......... | 6 fr. | » |
| Relié toile soupl. élég. | 7 fr. | » |
| Rel. 1/2 chag., tr. jasp. | 8 fr. | 50 |

1 volume in-8º.

*Contenant 515 lettres : circulaires, offres de services, entrée en relations, lettres d'introduction et de recommandation, lettres de crédit, prise d'informations et demande de renseignements,* etc.

**Secrétaire commercial (Le)**, par Henr. Page. Extrait de la *Correspondance commerciale.*

| | | |
|---|---|---|
| Broché ............. | 2 fr. | » |
| Relié toile souple élégante........... | 2 fr. | 50 |

*Contenant plus de 300 lettres, offrant des modèles usuels et variés sur les divers points de la corresvondance commerciale.*

1 volume in-18.

**Secrétaire commercial (Le nouveau)**, par J. Capon, directeur de l'Ecole supérieure de commerce de Rouen, P. Fabre et G. Le Mercier, professeurs à l'Ecole supérieure de commerce de Rouen.

| | | |
|---|---|---|
| Broché........... | 3 fr. | 50 |
| Relié toile........ | 4 fr. | |

1 volume in-18 broché.

COMPRENANT :

*Circulaires. — Offres de services. — Entrée en relations. — Lettres de crédit. — Demandes de renseignements. — Ordres et commandes. — Consignations. — Affaires en participation. — Transports par terre et par eau. — Assurances maritimes. — Avaries et expertises. — Douanes.*

**Tenue des livres, apprise sans maître (La)** en partie simple et en partie double, mise à la portée de toutes les intelligences, comptabilité des commerçants, banquiers, industriels, propriétaires, entrepreneurs, agents de change, courtiers, agriculteurs, des sociétés en commandite et par actions, etc. Ouvrage offrant un cours complet de contentieux commercial. Adopté par le tribunal de commerce de la Seine, et par l'Ecole de Commerce de Paris, par Louis Deplanque, expert près les Cours et Tribunaux, professeur de comptabilité générale. 24e édition, refondue et mise à jour par MM. Chariot et Camelin, experts comptables à Paris.

| | | |
|---|---|---|
| Broché ........... | 7 fr. | 50 |
| Relié toile soupl. élég. | 8 fr. | 50 |
| Rel. 1/2 chag. tr. jasp | 10 fr. | » |

1 fort volume in-8º.

**Tenue des livres rendue facile (La)** par Edmond Degrange, Édition revue avec soin par Lefebvre.

| | | |
|---|---|---|
| Broché ............. | 5 fr. | » |
| Relié 1/2 chagrin..... | 7 fr. | 50 |

1 volume in-8º.

*Comprenant une instruction pratique pour l'application à toute espèce de compte des règles de la comptabilité en vartie double et en partie simple, suivie d'une nouvelle manière rapide et sûre de calculer les intérêts et d'un projet d'établissement de livres pour simplifier les écritures de commerce.*

**Tenue des livres rendue facile,** à l'usage des personnes destinées au commerce : comprenant une instruction pratique pour l'application à toute espèce de comptes, des règles de la comptabilité en partie double et en partie simple, par un ancien négociant.

| | | |
|---|---|---|
| Broché ............. | 2 fr. | » |
| Relié toile soup. élég. | 2 fr. | 50 |

1 volume in-18.

**Sténographie (Traité pratique de)** par Ch. Lejeune à l'usage des écoles et des affaires.

| | | |
|---|---|---|
| Relié toile........ | 2 fr. | 50 |

1 volume in-18.

**Sténographie (Corrigé des exercices de)**, par le même auteur.

| | | |
|---|---|---|
| Relié toile........ | 3 fr. | |

1 volume in-18.

# ÉLECTRICITÉ

**Electricien (Manuel de l')**, 7e édition, par A. Soulier. Traité pratique des machines dynamo-électriques. Construction des machines, installation, entretien, dérangements.

| | | |
|---|---|---|
| Broché ............. | 2 fr. | » |
| Relié toile.......... | 2 fr. | 50 |

1 volume in-18, illustré de 400 gravures.

**Électricité (Traité pratique d')**, 11ᵉ édition, revue et augmentée par Alfred SOULIER, ingénieur-électricien, chargé du service électrique de la section technique de l'artillerie, secrétaire de la rédaction de l'*Industrie électrique*.

Broché............ **2 fr.** »  
Relié toile.......... **2 fr. 50**

1 volume in-18, avec de nombreuses figures.

*Sonneries électriques. — Téléphones. — Eclairage électrique. — Rayons X. — Télégraphie sans fil.*

**Électricité (Les grandes applications de l')**, 5ᵉ édition, par Alfred SOULIER.

Broché............ **2 fr.** »  
Relié toile......... **2 fr. 50**

1 volume in-18 jésus illustré

*Eclairage électrique. — Transmission de la force à distance. — Tramways et chemins de fer électriques. — Électrochimie. — Extraction des métaux. — Fabrication des couleurs.*  
*Ouvrage honoré d'une souscription du Ministre de l'Instruction publique*

**Installations électriques**, par A SOULIER.

Broché............ **2 fr.** »  
Relié toile......... **2 fr. 50**

1 volume in-18 illustré.

*Transformateurs électriques. — Appareils de mesures électriques. — Appareillage électrique. — Installations d'appartements. — Installations d'usines.*

**Moteurs électriques**, par A. SOULIER.

Broché............ **2 fr.** »  
Relié toile....... .. **2 fr. 50**

1 volume in-18 illustré.

*Moteurs à courant continu. — Moteurs à courant alternatif. — Mise en marche. — Traction électrique. — Montage. — Bobinage. — Réparations. — Entretien. — Adaptation des moteurs électriques aux machines-outils.*

**Galvanoplastie (Traité de)**, par LE MÈME.

Broché............ **2 fr.** »  
Relié toile......... ... **2 fr. 50**

1 volume in-18 illustré.

*Sources de courant, préparation des pièces, cuivrage, nickelage argenture, dorure, reproduction des objets, moulages, recettes pratiques*

**Télégraphie sans fil (La)**, par Lucien FOURNIER.

Broché............ **2 fr.**  
Relié toile........ **2 fr. 50**

1 volume in-18 illustré

*Historique. — Ondes électriques. — Différents systèmes. — Applications, etc., etc.*

# ÉLEVAGE

**Animaux de basse-cour (Les)**, par Albert LARBALÉTRIER, ingénieur agronome, diplômé de l'École nationale d'agriculture de Grignon, professeur à l'École pratique d'agriculture du Pas-de-Calais. Nouvelle édition revue et mise à jour.

Broché............ **3 fr. 50**

1 volume in-18 illustre.

*Élevage des poules et coqs, dindons, pintades, oies, canards, cygnes, paons, pigeons, cobayes et lapins, léporides.*

**Achat et de la vente du bétail (Manuel pratique de l')**, par Henri VILLIERS, professeur vétérinaire, et Albert LARBALÉTRIER. Nombreuses gravures.

Broché............ **2 fr. 50**

1 volume in-18.

*Bœufs. — Veaux. — Moutons. — Porcs. — Élevage. — Engraissement. — Police sanitaire. — Foires et marchés. — Vices rédhibitoires. — Boucherie, etc.*

**Éleveur du bétail (Manuel de l')** et de tous les animaux domestiques : caractères, qualités, défauts, par L. PAUTET, ancien répétiteur de physiologie à l'École d'Alfort, vétérinaire sanitaire au marché de la Villette.

Relié toile souple élégante............ **4 fr.** »

1 volume in-18 jésus.

**Prairies et élevage du bétail,** guide pratique de l'éleveur, par A. BEDEL, rédacteur en chef du
Broché.......... 3 fr. 50 || *Journal de la Vigne et de l'Agriculture.*
1 volume in-18 illustré de nombreuses vignettes.

**Anatomie, d'hygiène et de médecine vétérinaire (Traité pratique d').** Art de prévenir
et de guérir les maladies chez le cheval, l'âne, le mulet, le bœuf, le mouton, le porc et le chien, par
Broché............ 3 fr. 50 | H.-A. VILLIERS et A. LARBALÉTRIER.
Relié toile souple élég. 4 fr. » | 1 fort volume in-18 orné de 35 figures.

**Abeille domestique (L'),** son élevage et ses produits, par M ICHES, secrétaire de la Société centrale d'apiculture, de sériciculture et de zoologie agricole. Préface de M. Joannes CHATIN, de l'Institut.
Ouvrage illustré de M. Al. CLÉMENT, officier de l'instruction publique et du Mérite agricole, vice-pré-
Broché.............. 3 fr. | sident de la Société centrale d'apiculture.
1 volume illustré de 134 figures.

**Cheval (Le)** Traité complet d'hippologie, suivi d'un cours d'équitation pour le cavalier et la dame,
d'une étude détaillée du cheval et de son entretien, d'un aperçu sur l'hippophagie et sur les diverses
races élevées en France et à l'étranger, etc., par E. SANTINI, ancien directeur de l'école des enfants de
Broché............ 3 fr. 50 | troupe et de la remonte des jeunes chevaux. Nombreuses figures.
1 volume in-18 illustré.

**Cheval (Le).** Manuel à l'usage de nos amateurs de chevaux et des gens d'écurie, par un HOMME DE
Le volume............. 2 fr. || CHEVAL. Nouvelle édition complètement refondue.
1 volume in-18 jésus, illustré.

**Races chevalines et leurs améliorations.** par J.-H. MAGNE, directeur de l'Ecole nationale
vétérinaire d'Alfort, membre de l'Académie de médecine, 3e édition, avec gravures.
Broché............... 8 fr. || 1 volume grand in-18 jésus.
*Comprenant: Entretien, multiplication, élevage, éducation du cheval, de l'âne et du mulet. — Ouvrage*
*précédé de considérations générales sur l'amélioration des animaux domestiques.*

**Chien d'appartement et d'utilité (Le).** Education, dressage, hygiène, maladies, par Jean ROBERT.
Broché............... 2 fr. || 1 volume in-18 jésus.

**Chiens (Manuel pratique de l'amateur de** : chiens de chasse, chiens de garde, chiens de berger.
chiens d'agrément, par Albert LARBALÉTRIER, ingénieur agronome, lauréat de la Société protectrice
Broché............... 2 fr. || des animaux.
1 volume in-18.
*Histoire, origine, intelligence, races canines, alimentation, élevage, dressage, maladies.*

**Lapins (L'éleveur de).** Manuel pratique contenant les monographies des races primées, par Paul
Broché............ 1 fr. 50 | DEVAUX. *Elevage. — Maladie. — Reproduction. — Hygiène.*
1 volume in-18 illustré.

**Oiseaux (L'art d'élever et d'instruire les),** oiseaux chanteurs, oiseaux parleurs, oiseaux de
Broché........... 3 fr. 50 | volière, par L.-E. CHAMPAIME.
1 volume in-18 avec de nombreuses vignettes.

**Porc (Traité pratique de l'élevage du)** et charcuterie, par Aug. VALESSERT, ancien charcutier,
suivi d'une étude sur les truffes et les truffières, par Alb. LARBALÉTRIER, professeur d'agriculture.
Broché............ 3 fr. 50 || 1 beau volume in-18, orné de gravures.

**Vaches laitières (Les),** par Albert LARBALÉTRIER. Nouvelle édition revue et mise à jour.
Broché............ 3 fr. 50 || 1 volume in-18, orné de 36 figures.
*Choix. — Races. — Entretien. — Habitation. — Alimentation. —*
*Reproduction. — Elevage. — Le lait et ses produits. — Fonctions économiques des bovidés. — Caractères*
*généraux du genre bœuf. — Races bovines laitières. — Caractères distinctifs généraux de la bonne vache*
*laitière. — Système Guénon. — Système de M. Magne et divers systèmes. — Détermination de l'âge*
*des vaches laitières : 1o par les dents ; 2o par les cornes. — Alimentation des vaches laitières. — Les*
*étables. — Reproduction et élevage. — Les mamelles et la lactation. — La traite, soins hygiéniques,*

*transport du lait. — Le lait : composition, falsification, altérations, tuberculose. — Conservation du lait, pasteurisation. — Lait condensé en poudre, képhir. — Législation.*

**Laiterie (Traité pratique de la)** : lait, beurre, fromages, par Albert LARBALÉTRIER.
Broché............... **2 fr.** ‖ 1 volume in-18, orné de 73 gravures.

## INDUSTRIE — ARTS INDUSTRIELS

**L'art appliqué à l'industrie,** par A. BROQUELET.
  2 volumes
Le volume broché.... **3 fr. 50** ‖ In-18 jésus, illustrés.

  TOME Ier : *L'art décoratif. — Etude de la fleur. — Pochoirs. — Papier peint. — Impression des étoffes. — Eventail. — Miniature. — Photographie sur soie. — Scénographie ou décoration théâtrale. — Peinture des stores et des écrans. — Photopeinture. — Vernis Martin. — Peinture ou imitation de tapisserie. — Fleurs artificielles. — Vitrail. — Modelage et moulage. — Coloration et patines artistiques des plâtres. — Céramique. — Peinture sur porcelaine.*

  TOME II : *La bijouterie à travers les âges. — Etat naturel et propriétés des métaux, des alliages. — Composition et technique du bijou. — La ciselure. — Emaillage. — Poinçon et marques de garanties. — Perles fines et pierres précieuses. — L'étain, l'argent, le cuivre repoussés et ciselés. — La pyrogravure sur ivoire, étoffes, cuir. — La pyrosculpture. — L'art du velours frappé. — La corne. — Le découpage du bois à la scie. — Marqueterie et plaquage. — L'imitation de la marqueterie. — Mosaïque. — Incrustation.*

**Cuir (Traité de l'art du) :** Maroquinerie, cuir d'art, par A. BROQUELET.
Broché............. **3 fr. 50** ‖ 1 volume in-18 illustré.

**Ébénisterie et de marqueterie (Traité d'),** par Paul FOURNIER, professeur de trait.
Broché............. **3 fr. 50** ‖ 1 volume in-18 jésus, illustré de 318 figures.

**Encres et cirages (Traité méthodique de la fabrication des), colles de bureau, cires à cacheter,** par A.-F. GOUILLON, chimiste.
Broché............. **4 fr. 50** ‖ 1 volume in-18 illustré.

  *Encres à dessiner, à écrire, à marquer, à timbrer. — Gommes et colles de bureau. — Cires à cacheter, à paqueter, à sceller. — Pains à cacheter. — Cirages, vernis, etc.*

**Art lithographique (Traité pratique de l')** au point de vue artistique et pratique, par MAUROU et BROQUELET.
Relié toile............. **5 fr.** ‖ 1 volume in-18 jésus, illustré, augmenté d'une feuille explicative de 36 pages en chromolithographie.

**Imprimeur lithographe (Manuel de l')** à la presse à bras et à la machine, par BROQUELET et BRÉGEAUT.
Relié toile............ **5 fr.** ‖ 1 volume in-18 illustré.

**Typographie (Traité de),** par H. FOURNIER, imprimeur. 4ᵉ édition revue et augmentée par M. A. VIOT, ancien directeur de l'imprimerie Mame.
Broché............. **3 fr. 50** ‖ 1 volume in-18 jésus.

**Meunerie et de boulangerie (Traité pratique de),** par M. Léon HENDOUX.
Le volume, broché...... **5 fr.** ‖ 1 volume illustré.

  *Nettoyage et appropriation des grains. — Différents modes de mouture. — Meules. — Cylindres, blutage et sassage. — Altération des grains et farines. — Leur conservation. — Fours. — Pétrins. — Panification.*

**Peinture industrielle (Traité encyclopédique de la).** Revue générale des diverses catégories de la peinture dans l'industrie et des connaissances nécessaires au praticien, par FLEURY.
Broché............. **3 fr. 50** ‖ 1 volume in-18 jésus.

**Sellerie, bourrellerie (Traité pratique et complet des ateliers de).** civils et militaires, par M. Gustave BRAY, rédacteur du *Moniteur de la Sellerie civile et militaire.*

Broché .......... 4 fr. 50
Relié toile........ 5 fr. »

1 volume in-18 de 630 pages, 135 figures.

**Teinture et du nettoyage (Manuel méthodique des industries de la),** 3e édition. Teinturerie, nettoyages, détachage, apprêts, travaux accessoires du teinturier, désinfection, etc., par A.-F. GOUILLON, chimiste. Ouvrage honoré d'une souscription de M. le Ministre de l'Instruction publique.

Broché .......... 4 fr. 50
Relié toile.......... 5 fr. »

1 volume in-18 jésus de 652 pages et 120 gravures.

**Vernis (Traité méthodique de la fabrication des),** par A.-F. GOUILLON, chimiste.

Broché.......... 3 fr. 50 ‖ 1 volume in-18.

*Vernis gras. — Vernis à l'essence. — Matières premières. — Colorants. — Considérations commerciales, etc.*

## JEUX

**Bridge (Art de gagner au)** par Henri de GIZAGUET. Préceptes et conseils pratiques.

Broché.......... 2 fr. 50 ‖ 1 volume in-18

**Échecs (Analyse et traité du jeu des)** par A.-D. PHILIDOR. Edition augmentée d'un recueil de 78 parties jouées par PHILIDOR en Angleterre et du *Traité de Greco*, par C. SANSON.

Broché .......... 3 fr. 50 ‖ 1 volume in-18 illustré.

**Jeux (Académie des)** par VAN TENAC (contenant l'historique, la marche, les règles, conventions et maximes des jeux en usage dans les cercles et dans les salons.

Broché ........ 2 fr.
Relié toile........ 3 fr. 25

1 volume in-32 illustré.

**Jeux (Nouvelle académie des)** par Jean QUINOLA, contenant un dictionnaire des jeux anciens ainsi que les règles de tous les jeux de cartes, dominos, loto, billard, échecs, dames, tric-trac, etc.

Broché........ ...... 2 fr. ‖ 1 volume in-18.

**Jeux de société** recueillis par L. DE VALAINCOURT. Jeux d'esprit et d'improvisation, jeux de salon, patience, jeux divers, rondes et danses de société.

Broché.......... 3 fr. 50 ‖ 1 volume in-18 illustré.

**Jeux de salon (Règles simplifiées des)** par Louis BIARS (cartes, jacquet, loto, dames, échecs, dominos, billard, nain jaune).

Broché.......... 1 fr. 50 ‖ 1 volume in-18.

**Patiences et réussites (Cent)** (La plupart inédites), par POUSSART.

Broché.......... 2 fr. ‖ 1 volume in-18.

**Tours de Cartes,** par ROBERT.

Broché.......... 1 fr. 50 ‖ 1 volume in-18 illustré de 50 gravures.

**Gais et curieux tours d'escamotage anciens et modernes.**

Broché.......... 1 fr. 50 ‖ 1 volume in-18 orné de 74 gravures.

**Tours de Physique amusante.**

Broché...... .... 1 fr. 50 ‖ 1 volume in-18 illustré de 50 gravures.

## LÉGISLATION - JURISPRUDENCE
## ADMINISTRATION — ÉCONOMIE POLITIQUE

**Affaires (Nouveau guide en)**, contenant toutes les notions de droit et tous les modèles d'actes dont on a besoin pour gérer ses affaires soit en matière civile, soit en matière commerciale, par DURAND DE NANCY. Nouvelle édition. Considérablement augmentée et mise au courant de la législation et de la jurisprudence les plus récentes, contenant les lois sur les justices de paix, sur les conseils de prud'hommes, sur les ventes et nantissements de fonds de commerce, sur la réhabilitation des faillis, sur les accidents du travail, sur le régime fiscal des successions, etc., ainsi que les décrets, circulaires, instructions ministérielles et les formules relatives à ces matières.

Broché............ **4 fr. 50**
Relié toile......... **5 fr.  »**

1 volume in-18 jésus.

**Code civil (Répétitions écrites sur le)**, contenant l'exposé des principes généraux, leurs motifs et la solution des questions théoriques, par MOURLON, docteur en droit, avocat à la Cour d'appel. Edition, revue et mise au courant, par M. Ch. DEMANGEAT, conseiller à la Cour de Cassation, professeur honoraire à la Faculté de droit de Paris.

3 volumes in-8º..... **37 fr. 50**
Chaque exam. form.
1 vol. se vend sép.. **12 fr. 50**

**Droit commercial, industriel et maritime (Dictionnaire de)**, contenant la législation, la jurisprudence, l'opinion des auteurs, les usages du commerce, les droits de timbre et d'enregistrement des actes, enfin des modèles de tous les actes qui peuvent être faits, soit par les membres des tribunaux de commerce, soit par les commerçants eux-mêmes, par M. J. RUBEN DE COUDER, docteur en droit, conseiller à la Cour de Cassation, rédacteur en chef du *Recueil général des lois et arrêts* et du *Journal du Palais*. 3e édition, dans laquelle a été entièrement refondu et remis au courant l'ancien ouvrage de MM. GOUGET, conseiller à la Cour de Cassation, et MERGER, avoué honoraire à la même cour. Cet ouvrage est aujourd'hui connu de tous ceux qui s'occupent de jurisprudence.

6 forts volumes in-8º... **60 fr.**

**Droit commercial, industriel et maritime (Supplément au dictionnaire de)**, d'après MM. GOUGET et BERGER, par M. RUBEN DE COUDER, conseiller à la Cour de Cassation. Toutes les lois nouvelles, si nombreuses depuis la publication du *Dictionnaire*, se trouvent analysées dans ce *Supplément*.

Le volume broché...... **10 fr.** || 2 volumes in-8º.

**Économie politique, sociale ou industrielle (Traité d')**, par J. GARNIER, Membre de l'Institut. Nouvelle édition revue et augmentée.

Broché............ **8 fr.** || 1 volume in-18.

**Économie politique ou industrielle (Premières notions d')**, par J. GARNIER. Nouvelle édition revue et mise à jour.

Broché............ **3 fr. 50**

1 volume in-18.

**Locataires (Différends et procès entre).** Un demi-siècle de jurisprudence, par M. J. COURTOIS.

Broché......... **3 fr. 50** || 1 volume in-18.

*Baux en concurrence. — Troubles de jouissance. — Clause d'habitation bourgeoise. — Commerces similaires. — Emplacement des enseignes. — Recours du bailleur contre le preneur. — Actions et sanctions.*

**Propriétaires, locataires ou fermiers (Guide pratique des)**, comprenant : 1º la solution de toutes les difficultés pouvant surgir dans leurs rapports entre eux et avec les administrations publiques (expropriation, servitudes de voierie, contributions directes, enregistrement des baux) ; 2º des modèles de tous les actes sous seing privé relatifs aux locations, par A. DEGLOS. docteur en droit. Nouvelle édition entièrement revue et corrigée, par M. RUBEN DE COUDER, conseiller à la Cour de Cassation, ancien vice-président du Conseil général de la Seine.

Broché............ **4 fr. 50**
Relié toile......... **5 fr.  »**

1 volume in-18.

**Maires (Nouveau guide pratique des), des adjoints, des secrétaires de mairie et des conseillers municipaux,** contenant les lois, décrets, arrêtés, circulaires et décisions du Ministre de l'Intérieur, les arrêts du Conseil d'Etat et de la Cour de Cassation sur toutes les matières de l'administration municipale et un traité complet de l'état civil, de la police judiciaire, des tribunaux de simple police, suivi d'un formulaire de tous les actes à dresser par les maires, d'après DURAND DE NANCY. Nouvelle édition, entièrement refondue et annotée et suivie de la LOI SUR LES RETRAITES OUVRIÈRES, par Edmond JOLY, avocat à la Cour d'Appel.

Broché............ 7 fr. 50
Relié toile.......... 8 fr. 50

1 volume in-18.

**Gardes champêtres (Guide pratique des)** et des gardes particuliers, par M. Marcel GRÉGOIRE, préfet, 2e édition revue et corrigée.

Broché............. 2 fr.
Relié toile soupl. élég. 2 fr. 50

1 volume in-18 jésus. *Honoré d'une souscription du Ministre de l'Intérieur.*

**Loi municipale du 5 avril 1884,** modifiée par les lois du 4 février 1901, 7 avril 1902 et 8 janvier 1905 et suivie de la loi du 22 mars 1890, sur les Syndicats des communes et des circulaires des 10 avril et 15 mai 1884, interprétatives de la loi du 5 avril 1884, dispositions spéciales aux villes de Paris et de Lyon. Nouvelle édition.

Broché............. 1 fr. 25
Relié toile soupl. élég. 1 fr. 75

1 volume in-18.

**Pour se marier.** Notions élémentaires et pratiques sur le mariage civil et religieux, les formalités, la dot et le contrat, par A. CLAIR.

Broché............. 2 fr.

1 volume in-18 jésus.

**Orateur populaire (L').** Recueil de discours à l'usage de tous ceux qui sont appelés à prendre la parole en public ou dans les réunions privées, maires, adjoints, etc., par L. FILIPPI.

Broché............. 3 fr. 50
Relié toile soupl. élég. 4 fr. »

1 volume in-18.

**Commis et employés et de leurs patrons (Guide des),** par P. GUIGNARD, docteur en droit, avocat agréé au tribunal de commerce de Lyon.

1 volume in-18 jésus..... 2 fr.

## MÉCANIQUE ET MACHINES

**Chauffeur mécanicien (Le).** Conseils pratiques pour le *montage, la conduite et l'entretien des chaudières à vapeur, moteurs à gaz et à pétrole, gazogènes,* par COUDERT.

Broché............ 2 fr. »
Relié toile.......... 2 fr. 50

1 volume in-18.

**Machines à vapeur** (Ce qui se passe dans le cylindre, distribution), par A. POUSSART.

Broché............. 3 fr. 50

1 volume in-18 jésus de 280 pages, 249 figures.

*Notions de physique. — Principe de la machine à vapeur. — Travail mécanique, indicateur de Watt. — Machines à plusieurs cylindres. — Détente variable. — Le cylindre. — Le piston.*

**Mécanique (Traité élémentaire de),** par A. POUSSART, ancien élève de l'Ecole polytechnique, ancien officier de marine.

2 volumes.
Le volume, broché.. 3 fr. 50

2 volumes in-18 jésus de 500 pages, illustrés de nombreuses figures.

1re PARTIE : MÉCANIQUE THÉORIQUE ET CINÉMATIQUE : *Vitesse, accélération.— Mouvements rectilignes. — Mouvements curvilignes. — Compositions des mouvements. — Mouvements des corps. — Principe de la dynamique. — Mouvement et équilibre d'un point matériel libre. — Travail mécanique. — Mouvement et équilibre d'un point qui n'est pas libre. — Equilibre et mouvement d'un solide invariable. — Centre de gravité. — Des machines en général. — Machines élémentaires. — Machines quelconques. — MÉCANISMES: Solides naturels. — Résistances passives.— Roulement.— Raideur des corps. — Résistance des matériaux. — Généralités sur les mécanismes. — Articulations prismatiques et de rotations. — Vis, combinaison de vis. — Articulation de roulements. — Engrenages. — Courroies. — Câbles. — Chaînes. — Hydrostatique. — Hydrodynamique.*

2ᵉ Partie : Moteurs : *Moteurs animés. — Moteurs thermiques.— Gaz.— Vent.— Moteurs hydrauliques.— Roues hydrauliques. — Turbines.—*Opérateurs: *Navires, aérostats.— Elévation des fardeaux. — Transport des fardeaux. — Elévation et compression des liquides. — Pompes. — Accumulateurs — Presse hydraulique. — Horlogerie. — Meunerie. — Electricité. — Machines dynamo-électriques*

**Mécanismes (Les)**, par H. Leblanc, ingénieur-mécanicien. Nouvelle édition revue et mise à jour.

Relié toile.......... 5 fr.  |  1 volume in-18 jésus de 500 pages environ, illustré de nombreuses figures.

*Ouvrage honoré d'une souscription du Ministre de l'Instruction publique*

## PHOTOGRAPHIE

**Photographie pratique (Traité élémentaire de la)**, par G.-H. Niewenglowski, préparateur de chimie à la Faculté des Sciences de l'Université de Paris, professeur de photographie à l'Association philotechnique.

Broché............ 3 fr.  »
Relié toile.......... 3 fr. 50  |  1 volume in-18 jésus, de 240 pages, 139 figures.

*Principes de la photographie. — Le matériel, choix, essai, entretien. — Surfaces sensibles, plaques, pellicules, papiers, halo, orthochromatisme. — Le laboratoire. — Préparation des bains. — Le sujet, photographie artistique, paysage, portrait, intérieurs, photographie documentaire, reproductions. — L'obtention du négatif, mise au point, temps de pose, développement, éclaircissement, renforcement, affaiblissement.— Le tirage des positifs sur papier : papiers aux sels d'argent à image apparente et à image latente ; papiers aux sels de fer et aux sels de platine.— Montage et encadrement des épreuves sur papier. — Choix de formules et recettes.*

**Photographie pratique (Traité complémentaire de)**, par G. H. Niewenglowski.

1 volume in-18 de 412 pages, 172 figures.

Broché............ 3 fr.  »
Relié toile.......... 3 fr. 50

*La photographie sans objectif. — Les objectifs anachromatiques. — Les procédés pigmentaires. — Montage à sec des photogrammes. — Photogrammes positifs sur verre. — Examen des photographies. — Photographie panoramique et stéréoscopique. — Projections. — Agrandissements. — Photographie directe et indirecte des couleurs. — Choix de formules et recettes.*

**Applications de la Photographie (Les)**, par G.-H. Niewenglowski.

1 volume in-18 de 460 pages, 180 figures.

Broché............ 3 fr.  »
Relié toile.......... 3 fr. 50

*Aperçu d'ensemble sur les applications scientifiques de la photographie. — La photographie astronomique. — La photographie des étoiles, la carte du ciel, etc. — La photographie aérienne par ballons. — La photographie aérienne par cerf-volant. — La microphotographie. — La radiographie. — Le radium. — Les procédés photomécaniques. — La photogravure. — La transmission lointaine des photographies. — La phototeinture, etc.*

**Photographie des couleurs (Traité pratique de)**, par le même.

1 volume in-18.

Broché............ 3 fr.  »
Relié toile.......... 3 fr. 50

*Photographie directe des couleurs. — Photographie interférentielle des couleurs. — Photographie directe des couleurs par décoloration. — Photographie par dispersion chromatique. — Trichromie. — Synthèse optique. — Photogrammes transparents. — Photogrammes sur papier. — Trichromie par pigments juxtaposés. — Triages des couleurs sur une surface unique. — Plaques autochromes et similaires. — Pratique de l'autochromie.*

**Projections lumineuses (Traité pratique des)**, par le même.

1 volume in-18.

Broché............ 3 fr.  »
Relié toile......... 3 fr. 50

*Historique. — La lanterne à projections. — Les sources lumineuses : éclairages au pétrole, à l'alcool, à l'acétylène, au gaz, à l'électricité. — Les accessoires : écran, pied, châssis, passe-vues. — Les tableaux de projection dessinés en noir et en couleurs. Les tableaux de projections photographiques. — Montage et coloriage des tableaux de projection. — Les séances de projections. — Projections en pleine lumière. — Les ombres. — Recettes et renseignements divers.*

## Projections lumineuses spéciales (Traité pratique des), par LE MÊME.

Broché............. 3 fr. » | 1 vol. in-18.
Relié toile......... 3 fr. 50 | *Projections animées. — Projections panoramiques. — Projections stéréoscopiques. — Appareils pour projections scientifiques. — L'optique en projection. — La chimie en projection. — Les sciences naturelles en projection.*

## PROFESSIONS

## Choix d'une profession (Guides pour le), contenant des renseignements précis sur les professions qui exigent des préparations spéciales et sur les Institutions, Facultés et Écoles qui préparent aux différentes carrières, par F. DE DONVILLE.

*A l'usage des jeunes gens.* — Nouvelle édition entièrement revue et mise à jour avec une préface par Robert DOUCET.
Broché ............. 3 fr. 50 | 1 volume in-18 jésus.

*A l'usage des jeunes filles et des dames.* — Nouvelle édition entièrement revue, mise à jour et augmentée, avec une préface par Georges BROQUELET, licencié en droit.
Broché ............. 3 fr. 50 | 1 volume in-18 jésus

## Coupe des chemises (Traité pratique et scientifique de la) et spécialités du tailleur-chemisier, par Marcel DESSAULT, professeur de coupe à Paris.

Broché ............. 3 fr. 50 | chemisier, par Marcel DESSAULT, professeur de coupe à Paris.
Relié toile.......... 4 fr. » | 1 volume in-18 jésus.

## Coupe et confection des vêtements (Traité pratique de), *Vêtements civils et militaires (Pantalons, culottes, gilets, etc., par LE MÊME.*

HOMMES ET ENFANTS.
Broché ............. 3 fr. 50 | 1 volume in-18, 275 figures.
Relié ............. 4 fr. »

DAMES ET ENFANTS. *Mesures. — Corsages. — Patrons. — Pinces. — Collets. — Manches. — Jupes. —*
Broché ............. 3 fr. 50 | *Vêtements d'enfants.*
Relié toile.......... 4 fr. » | 1 volume in-18 jésus.

## Coupe et essayages (Traité pratique de), *Mesures. — Tracé du corsage. — Coupe des jupes. — Coupe des manches. — Revers. — Cols, etc., par LE MÊME.*

Broché ............. 3 fr. 50 |
Relié toile ......... 4 fr. » | 1 volume in-18 jésus.

## Essayages et de retouches (Traité pratique d'), *Erreurs dans les hauteurs du dos et du devant, etc., par LE MÊME.*

Broché ............. 3 fr. 50 |
Relié toile.......... 4 fr. » | 1 volume in-18.

## Cordonnier (Guide du), *La chaussure. — Les outils. — Les crépins. — Le cuir. — Prendre mesure du pied, couper, etc., par CHARLIES.*

1 volume in-18 illustré. 3 fr. 50 |

## Construction des formes (Traité de la) et du patronage géométrique à l'usage de la fabrication de la chaussure civile et militaire. Dédié à la Cordonnerie française et en particulier aux écoles professionnelles de France, par M. H. MERMET, bottier.

Broché ............. 3 fr. 50 | 1 volume in-18, illustré de nombreuses figures.

## Bien chausser (L'art de), Méthode de coupe et de patronage, enseignée à l'école de cordonnerie de Paris, par M. SAUZAT, professeur. Publié sous les auspices du Syndicat des chausseurs de Paris. 2e édition.

Le volume ........... 3 fr. 50 | 1 vol. in-8º jésus, avec gravures.

**Dorure sur bois (Traité pratique de la),** procédé à l'eau, procédé à la mixtion, pour travaux du meuble, du cadre, travaux du bâtiment, par Paul Fleury.
Broché . . . . . . . . . . . . . . . **2 fr.** ‖ 1 volume in-18 jésus, illustrations en chromolithographie.
*Description des procédés rationnels. — Développements théoriques. — Explications pratiques. — Apprêts. — Réparure. — Dorure, finission. — Restauration des vieilles dorures. — Salissages et patines. — Recettes et procédés.*

**Sculpteur sur bois (Guide du),** par Poussart et Wagner.
Broché . . . . . . . . . . . . **8 fr. 50** ‖ 1 volume in-18 jésus illustré de 433 gravures.
*Les arts du dessin. — Les bois. — Les outils. — Couper le bois. — Sculpture d'ornements plats. — La gravure. — Moulures. — Ornements des moulures. — Fleurs et feuilles. — Travail d'ensemble. — Architecture antique. — Architecture romane. — Style ogival. — La Renaissance. — Louis XIV, Louis XV, Louis XVI. — Les armoiries.*

**Tourneur (L'art du),** par Poussart.
Le volume broché . . . . **8 fr. 50** ‖ 2 volumes in-18 jésus, ornés de 200 gravures.
Tome I : *Forme des objets tournés. — Le bois. — Le tour à pointes. — Le tour en l'air. — Outils. — Affûtage et entretien des outils. — La manière de tourner. — Gorges et baguettes. — Exercices divers. — Différentes manières de tourner, percer, creuser.*
Tome II : *Assemblages, collage. — Vases. — Sphères, polyèdres, étoiles, chaînes. — Surfaces excentriques. — Tour figuré ou composé. — La vis. — Tour ovale ou elliptique. — Le guillochage. — Les métaux. — Ivoire, corne, albâtre, etc. — Polir et vernir. — Coloration des bois. — Ornementation.*

**Peintre décorateur (Traité classique du).** Etude comparative des principaux styles, arts anciens et art nouveau, dessins, couleurs, harmonie d'ensemble, indications techniques, mélanges de couleurs, par P. Fleury, peintre décorateur, directeur technique et rédacteur du *Journal Manuel de Peinture.*
Broché . . . . . . . . . . . . **3 fr. 50** ‖ 1 volume in-18 jésus.

**Epicier moderne (L'),** par A. Domont.
Broché . . . . . . . . . . . . **3 fr. 50** ‖ 1 volume in-18 illustré de 95 gravures.
*Objet de l'épicerie. — Conserves. — Sucre et matières sucrées. — Café. — Thé. — Cacao. — Chocolat, vanille. — Epices et condiments. — Féculents, pâtes alimentaires, légumes. — Fruits conservés. — Confiseries. — Conserves de viandes. — Poissons, crustacés, coquillages. — Lait, fromages, beurre et œufs. — La cave, le vin, l'alcool. — Huiles et vinaigres. — Articles de nettoyage. — Eclairage.*

**Garçon limonadier (Manuel du),** de restaurant et de marchand de vins, par Catusse, maître d'hôtel.
Broché . . . . . . . . . . . . **3 fr. 50** ‖ 1 volume in-18 illustré de nombreuses figures.
*Le placement. — Organisation générale d'un café-restaurant. — Offices. — La bière et le pompier. — Bière de chez le débitant. — Boissons étrangères. — Le vin. — L'alcool. — Le caviste et la cave. — Le garçon de café. — Le fournier. — Garçon de rang. — Journaux et jeux. — Le billard. — Service du restaurant. — Le garçon marchand de vin. — Bar.*

**Naturaliser les animaux (Art de conserver et de)** (Vertébrés et Insectes) **et d'utiliser leurs dépouilles** (Fourrures, Plumes, etc.), par H. L. Alph. Blanchon. Ce volume est destiné non seulement aux naturalistes et entomologistes, mais aux chasseurs, aux pêcheurs, aux maîtresses de maison, en un mot à toutes les personnes qui habitent la campagne.
Broché . . . . . . . . . . . . **3 fr. 50** ‖ 1 volume in-18.

## SCIENCE HÉRALDIQUE

**Abrégé méthodique de la science des armoiries,** suivi d'un glossaire des attributs héraldiques, d'un traité élémentaire des ordres modernes de chevalerie et de notions sur l'origine des noms de famille et des classes nobles, les anoblissements, les preuves et les titres de noblesse, les usurpateurs et la législation nobiliaire, etc., par M. Maigne. Nouvelle édition, remaniée et augmentée, illustrée.
1 volume in-8º . . . . . . . . **10 fr.**
Imprimé à 154 ex. num. sur papier de Hollande. **20 fr.**

## SCIENCES MATHÉMATIQUES

**Algèbre (Cours d')** à l'usage des candidats au baccalauréat ès sciences et aux écoles du gouvernement, par M. A. BEZODIS, professeur au lycée Henri IV.
Broché.............. **6 fr.** ‖ 1 volume in-8º.

**Arpentage (Traité pratique d'),** par POUSSART.
Le volume, broché...... **3 fr.** ‖ 2 volumes in-18 jésus illustrés de nombreuses gravures.

> 1ʳᵉ PARTIE : *Nivellements. — Levé de plans. — Notions de géométrie, plan de l'ouvrage. — Instruments. — Mesure des lignes. — Mesure des angles. — Reproduction du plan levé. — Partage des terres. — Bornage. — Levé au graphomètre. — Levé à la boussole et à la planchette. — Exemple d'un levé complet.*
> 2ᵉ PARTIE : *Opérations à grande portée. — Tachéométrie. — Forme de la terre. — Notions de physique. — Instruments. — Alignements. — Opérations sur le terrain. — Exercices pratiques. — Méthodes de nivellement, etc.*

**Astronomie (Traité d')** appliquée à la géographie et à la navigation, suivi de la géodésie pratique, par M. Emm. LIAIS, astronome à l'Observatoire national de Paris, auteur de l'*Espace céleste*, etc.
Broché............. **7 fr. 50** ‖ 1 fort volume grand in-8º cavalier.

**Géométrie élémentaire (Cours de)** à l'usage des aspirants au baccalauréat ès sciences et aux écoles du gouvernement, par M. COLAS, professeur de mathématiques au lycée Henri IV.
> 1ʳᵉ PARTIE : *Géométrie plane.*
Broché.............. **9 fr.** ‖ 1 volume in-8º.
> 2ᵉ PARTIE : *Géométrie dans l'espace, courbes usuelles.*
Broché.............. **3 fr.** ‖ 1 volume in-8º.

**Géométrie descriptive (Cours de)** à l'usage des candidats au baccalauréat ès sciences et aux écoles du gouvernement, par M. A. BEZODIS.
Broché.............. **5 fr.** 1 volume in-8º.

**Racines carrées, cubiques et des logarithmes (Des)** par Camille SICRE.
Relié toile souple élég.. **2 fr.** ‖ 1 volume.

> *Nouvelle table des Carrés. — Table des Logarithmes. — Tableau des dix premières puissances des dix premiers nombres. — Tableau des 4ᵉ et 5ᵉ puissances des 100 premiers nombres. — Table donnant la valeur de 1 franc plus ses intérêts composés.*

**Orientations scientifiques (Nouvelles),** par Fernando ALSINA, traduit du catalan par J. PINY SOLER.
Relié toile.......... **3 fr. 50** 1 volume in-8º illustré.

## SCIENCES OCCULTES

**Les mystères de la main révélés et expliqués,** chiromancie nouvelle en harmonie avec la phrénologie et la physiognomonie. Art de connaître la vie, le caractère, les aptitudes et la destinée de chacun d'après la seule inspection de la main, par A. DESBAROLLES, 23ᵉ édition, avec figures.
Broché.............. **5 fr.** ‖ 1 fort volume grand in-18 de 324 pages

*(Voir pages 25-26 pour volumes divers).*

## SCIENCES PHYSIQUES ET NATURELLES

**Géologie (Abrégé des éléments de),** par sir Charles LYELL, traduit par M. Jules GINESTOU. Ouvrage illustré de 644 gravures.

Broché.............. 10 fr. || 1 fort volume grand in-18 jésus.

**Histoire naturelle (Cours élémentaire d')** à l'usage des lycées et des maisons d'éducation.

Chaque volume broché... 6 fr. || 2 forts volumes in-18, ornés de plus de 2.000 figures.

COMPREND :

*Botanique*, par M. A. DE JUSSIEU, de l'Institut, professeur au Jardin des Plantes.
*Minéralogie et géologie*, par M. F.-S. BEUDANT, de l'Institut, inspecteur général des études.
La géologie seule, broché. 4 fr. || 1 volume.

## SPORTS

**Armes (La science des),** l'assaut et les assauts publics, le duel et la leçon de duel, par Georges ROBERT, professeur d'escrime au lycée Henri IV, notices sur Robert, par M. Ernest LEGOUVÉ, de l'Académie française.

Broché.............. 8 fr. || 1 volume grand in-8º jésus, avec 7 grands tableaux.

**Boxe, lutte pratique et de canne (Manuel de),** par M. E. ANDRÉ. Ouvrage contenant des chapitres complémentaires sur les principaux coups de lutte pratique et sur les ruses diverses utiles pour la défensive dans la rue.

Broché.............. 2 fr. || 1 volume in-18 jésus, illustré de 73 gravures.

**Danse (La).** Comme on dansait, comme l'on danse, par Raoul CHARBONNEL. Technique de Mme Berthe BERNAY, professeur à l'Opéra. Notation musicale de MM. F. CASADESUS et MAUGUÉ. Ouvrage Ilustré de 8 aquarelles, 38 planches en noir et de 150 gravures d'après les dessins de VALVERANE.

Broché.............. 12 fr.
Belle reliure, fers spéc. tranches dorées...... 16 fr. || 1 magnifique volume in-8º jésus.

**Danse (Traité théoriqueet pratique de la),** *Danses diverses et étrangères*, par Edmond BOURGEOIS.

Broché............ 3 fr. 50 || 1 volume in-18 jésus, illustré.

**Danse (Théorie de l'art de la),** par Mlle Berthe BERNAY, de l'Opéra.

Broché.............. 1 fr. || 1 volume in-18 de 60 pages.

*Cet opuscule a le mérite de combler une lacune et renferme, sous une forme concrète, tous les principes indispensables aux professionnels de la danse.*

**Danse (Manuel pratique de la)** (valse, polka, mazurka, cotillon, etc.), par AJAS, de l'Opéra, professeur de maintien et de danse.

Broché.............. 2 fr. || 1 volume in-18 illustré.

**Équitation à l'usage des deux sexes (Manuel pratique d'),** par Ch. LE BRUN-RENAUD, ouvrage orné de 45 figures.

Le volume......... 2 fr. »
Relié toile.......... 2 fr. 50 || 1 beau volume in-18.

**Escrime (Manuel pratique d').** fleuret, épée, sabre, comprenant l'escrime moderne et l'historique de l'escrime ancienne, par M. Emile ANDRÉ. fondateur de la revue l'*Escrime française*. Dessins inédits d'après Mérignac, Pini, Hissard, adjudant Alessandri, Chevillard.

Broché............ 3 fr. 50 || 1 volume in-18 jésus.

**Massage sportif,** par Coste, masseur.

Broché . . . . . . . . . . . . . .    **2 fr.** || 1 volume in-18 illustré.

**Natation (La)** ou l'art de nager, appris seul en moins d'une heure, avec figures par Brisset.

Cartonné . . . . . . . . . . .    **0 fr. 50** || 1 volume in-32.

**Natation et de sauvetage (Traité pratique de),** contenant toutes les nages nouvelles, les plongeons, la règle du water-polo, une nouvelle méthode de sauvetage avec indication des soins à donner aux asphyxiés, etc., par L. Blache, professeur de natation.

Broché . . . . . . . . . . . . . . .    **2 fr.** || 1 volume in-18 jésus illustré de nombreuses figures.

**Sports athlétiques,** par Ern. Weber, lauréat de l'Académie des Sports. Préface de Henri Desgranges, rédacteur en chef au journal l'*Auto.*

Broché . . . . . . . . . . . . .    **3 fr. 50**    1 volume in-18 jésus, illustré de nombreuses figures.

Relié toile soupl. élég.    **4 fr.**    »

*Entraînement. — Gymnastique. — Natation. — Water-polo. — Course à pied. — Marche. — Concours athlétiques. — Lancement du disque. — Lancement du poids. — Saut à la perche. — Saut en longueur. — Saut en hauteur. — Football Association. — Football Rugby. — Tennis. — Longue Paume. — Pelote basque. — Hockey.— Croquet. — Règle des exempts. — Système des poules.*

**Sports et jeux de l'école,** par E. Weber. Ouvrage illustré de 325 figures, par O'Galop, indiquant succinctement et clairement les règles de 115 jeux ou sports que peuvent pratiquer les écoliers. Une courte méthode de gymnastique suédoise y est donnée avec 125 dessins.

1 volume in-18 . . . . . .    **3 fr. 50**

Relié toile . . . . . . . . .    **4 fr.**    »

## DIVERS

**Voyageur et de l'expéditeur (Manuel pratique du).** Voyages par chemin de fer, colis postaux, grande vitesse, petite vitesse, envois par poste, par Pucet.

*Billets de voyageurs. — Billets dits « quarts de place », demi-place. — Contrôle des billets. — Billets d'aller et retour (durée de validité, prolongation de durée). — Wagons-restaurants. — Places de luxe. — Cartes à demi-tarif. — Abonnements. — Responsabilité des abonnés. — Abonnements hebdomadaires de famille, d'associés. — Cartes collectives et individuelles. — Bagages. — Correspondance des trains. — Responsabilité des Compagnies. — Voyages circulaires. — Colis postaux. — Grande vitesse. — Petite vitesse. — Envois par poste. — Index alphabétique.*

Broché . . . . . . . . . . . . .    **2 fr. 50**

Relié toile . . . . . . . . . .    **3 fr.**    »    1 volume in-18.

**Un million de Faits,** aide-mémoire universel des sciences, des arts et des lettres, par MM. J. Aicard, L. Lalanne, etc.

Broché . . . . . . . . . . . . . .    **3 fr.** || 1 fort volume in-18, 1.720 colonnes, orné de gravures.

# COLLECTION DE VOLUMES DIVERS
# IN-18 JÉSUS

## SECRÉTAIRES DIVERS, ORACLES o
## o CARTOMANCIE, SONGES, ETC.

*Nouvelles Couvertures illustrées en couleurs*

1re **SÉRIE**. — Le volume broché...................... 2 fr.

**ASMODÉE.** — L'oracle complet et infaillible du beau sexe (zodiaque magique). 1 volume.

**BRANTOME.** — Vie des dames galantes. Edition, revue et corrigée sur l'édition de 1740. 1 vol.

**CAGLIOSTRO.** — Le grand interprète des songes, par le dernier de ses descendants. 1 vol.

**CHARLOTTE DE LATOUR.** — Langage des fleurs, illustré de 12 gravures coloriées et de nombreuses vignettes dans le texte.

**DUCRET.** — Le charlatanisme dévoilé (ruses, trucs, supercheries, etc.). 1 volume.

— Les passe-temps intellectuels. Récréations mathématiques, géométriques, physiques, etc., suivis de l'art d'improviser les vers, jeux de mots et rébus. 1 volume in-18 illustré.

— Pour rire en société, recueil choisi de calembours, etc., 1 volume.

— La Muse fantaisiste, curiosités poétiques, etc., 1 volume.

— Le Spiritisme dévoilé, évocation des esprits, suggestion, télépathie, somnambulisme, transmission de la pensée, écriture spirite, apparition, tables tournantes.

— Mots pour rire (Les). Quolibets, facéties, combles, gasconnades, enfantillages, naïvetés, paysanneries, boutades, etc., etc.

**DUNOIS (Armand).** — Le secrétaire des familles et des pensions. 1 volume.

— Le secrétaire des compliments, lettres de bonne année, lettres de fête, compliments. 1 volume.

— Le secrétaire universel, modèles de lettres, modèles d'actes sous seing privé. 1 beau volume de 422 pages.

**MAGUS.** — L'art de tirer les cartes. 150 gravures. 1 volume.

**MERLIN.** — Le grand livre des oracles, 1 volume.

**MULLER (E.).** — La politesse, Manuel des bienséances et du savoir-vivre. 1 volume.

**PETIT (E.).** — Le pâtissier-confiseur et le liquoriste, etc. 1 volume in-18 illustré.

**PREVOST (L'abbé).** — Histoire de Manon Lescaut et du chevalier des Grieux. Nouvelle édition. Notice historique, par Jules JANIN. 1 volume.

**SECRÉTAIRE DES AMANTS (Nouveau),** Recueil complet de lettres à l'usage des amoureux. 1 volume.

**SYBILLE MODERNE ou Trésor du beau sexe,** comprenant : *Le lavater des dames* ou l'art de connaître les défauts des personnes d'après leur physionomie ; *Le langage des cartes* pour se dire à soi-même la bonne aventure ; *L'explication des songes, rêves, visions,* etc. 1 volume illustré.

2<sup>e</sup> **SÉRIE**. — Le volume broché...................... **1.50**

**ASMODÉE. — L'oracle infaillible du beau sexe.** (Petit zodiaque magique), couverture en couleurs. 1 volume in-18.

**BALSAMO. — Les petits mystères de la destinée,** illustré. 1 volume.

**BARÈME OU COMPTES FAITS** en francs et centimes. 1 volume in-32 cartonné.

**BIARS (Louis). — Règles simplifiées des jeux de salon :** cartes, jacquet, lotos, dames, échecs, dominos, billard. 1 volume in-18 jésus.

**BOCHET. — Le livre du Jour de l'An.** Recueil de compliments et de lettres pour fêtes et anniversaires, à l'usage des enfants. 1 volume.

**CAGLIOSTRO. — L'interprète des songes,** par le dernier de ses descendants. 1 volume.

**CRUDET. — Le jardin des appartements** ou la culture des plantes et des fleurs dans les salons. sur les fenêtres, balcons et terrasses, en pots, en caisses, serres, étagères, jardinières, aquariums, etc. Conservation des bouquets. 1 volume illustré.

**DUCRET. — Les secrets admirables du grand Albert** comprenant : les influences des astres, les vertus magiques des végétaux, minéraux et animaux. 1 volume.

**— Le bréviaire du devin et du sorcier,**
CONTENANT :

*La bague divinatoire. — Le dragon rouge. — Les secrets du petit Albert. — L'Enchiridion du pape Léon XIII,* avec de nombreux dessins fantastiques. 1 volume.

**— Le manuel du magicien,**
CONTENANT

*La poule noire, le grand grimoire et la clavicule de Salomon* avec l'indication des talismans, avec de nombreux dessins fantastiques. 1 volume.

**— Les fourberies des charlatans démasquées.** 1 volume in-8°.

**— Le gai Boute-en-Train** , recueil choisi de calembours, jeux de mots, devinettes, charades. 1 vol.

**— Récréations géométriques, physiques, chimiques, mécaniques,** etc., 1 volume in-18.

**— Récréations mathématiques.** 1 volume.

**— Les sciences occultes.** 1 volume.

**— Le secrétaire poétique,** acrostiches, madrigaux, épithalames, épitaphes, compliments, sonnets. 1 volume.

**— Les petits Secrets du Magnétisme.**

**DUNOIS. — Le petit secrétaire français.** 1 volume.

**— Le petit secrétaire des compliments.** lettres de bonne année, lettres de fêtes. 1 volume.

**ESMAEL.** — **Manuel de cartomancie,** ou l'art de tirer les cartes mis à la portée de tous. 132 figures. 1 volume.

**GILL (Mlle Berthe), pâtissière bourgeoise.** — **La pâtissière en chambre,** contenant les meilleures recettes pour la confection sans four des entrées, hors-d'œuvre, entremets, desserts. 1 volume in-18 broché.

**MARTIN (Mme Aimé).** — **Le langage des fleurs.** 1 volume.

**MERLIN (Albertus).** — **Le livre des oracles.** 1 volume.

**MULLER.** — **Petit traité de la politesse française.** Code des bienséances et du savoir-vivre. 1 volume.

**PÉRIGORD.** — **Le Trésor de la cuisinière et de la maîtresse de maison,** édition revue, corrigée. 1 volume.

**ROBERT (Gaston).** — **Les tours de cartes.** 1 volume in-18, illustré de 50 gravures.

— **Les gais et curieux tours d'escamotage anciens et modernes.** 1 volume in-18, 74 figures explicatives.

— **Tours de physique amusante, anciens et modernes.** 1 volume in-18, 53 gravures explicatives.

**ROBERT.** — **L'art de connaître les défauts et les qualités des gens.** In-18 jésus, illustré de 145 gravures.

**SECRÉTAIRE DES AMANTS (Petit).** 1 volume.

# COLLECTION D'ALBUMS HUMORISTIQUES

### ÉDITIONS SIMONIS EMPIS
**ALBUMS à...........................** 15 fr.

## Mich

*A l'Hippique.* 1 album in-folio.

## P. de Lano

*Les bals travestis et les tableaux vivants sous le second Empire.* 1 volume album grand in-8°.

### COLLECTIONS D'ALBUMS, FORMAT IN-4°...... 5 fr.

## Bac (Ferdinand)

*La Femme intime.* 1 album.
— *Les fêtes galantes.* 1 album.
— *Les Alcôves.* 1 album.
— *Nos Femmes.* 1 album.
— *Nos Amoureuses.* 1 album.
— *Femmes de théâtre.* 1 album.
— *Modèles d'artistes.* 1 album.
— *Le triomphe de la femme.* 1 album.
— *Belles de nuit.* 1 album.

## Gerbault (Henry)

*Boum, voilà !* 1 album.

## Guillaume (Albert)

*Des Bonshommes* (1re série). 1 album.
— *Des Bonshommes* (2e série). 1 album.
— *P'tites Femmes.* 1 album.
— *Mes Campagnes.* 1 album.
— *Mémoires d'une glace.* 1 album.
— *Faut voir.* 1 album.

## Guillaume (Albert)

*Mon sursis.* 1 album.
— *Etoiles de mer.* 1 album.
— *Y a des Dames.* 1 album.
— *Madame est servie.* 1 album.
— *Mes 28 jours.* 1 album.
— *R'vue d'fin d'année.* 1 album.
— *Pour vos yeux beaux !* 1 album.

## Hermann (Paul)

*Alphabet pour les grands enfants.* 1 album.

## Lami (M.-G.)

*Entre femmes.* 1 album.

## Léandre (Charles)

*Nocturnes.* 1 album.

## Vebers (Les)

*La joviale Comédie.*
1 volume in-8°.

### ALBUMS ILLUSTRÉS. — 3 Fr. 50

## Darc (Jean)

*Guillaume II.* 1 album in-4°.

## Gil Baer

*Nos Parisiennes. — Celles qui aiment,* par Gil Baer. 1 album, format in-4°.
— *Nos Parisiennes. — Celles qui dansent,* par Gil Baer. 1 album in-4°.
— *La Légende de Béguinette.* 100 dessins, par Préjelan. 1 volume in-8°.
— *L'Amour en dentelles,* 100 dessins, par Préjelan. 1 volume in-8°.
— *Les grands enterrements.* 1 volume grand in-8° avec illustrations.

## X.

*A la mer. — Nos baigneuses,* 20 planches photographiques en couleurs. 1 album in-4°.

## Mes campagnes, Mes 28 jours, Mon sursis,
par Albert Guillaume. 3 albums réunis en 1 volume.

Relié toile, plaque spéciale.. **10 fr.**

## Y'a des dames, Faut voir, Étoiles de mer.
3 albums réunis en 1 volume.

Relié toile, plaque spéciale. **10 fr.**

### SÉRIE DE 100 DESSINS
Volumes in-18 jésus brochés.................. 3 fr. 50

## Gerbault (Henry)

*Bonjour, Messieurs et Dames.* 1 volume in-18.
— *Ach'tez-moi, joli blond.*

## Willette

*Œuvres choisies,* par Willette. 1 volume in-18.

# ROMANS MODERNES

## Assis (Machado de)
*Quelques contes.* 1 volume in-18 jésus . . . . . **3 fr.**
— *Mémoires de Braz Cubas.* 1 volume in-18. **3 fr.**

## Azevedo
*Chemin faisant.* 1 volume in-18 . . . . . . . . **3 fr.**

## Crozière
*Le sous-lieutenant « La Fille ».* 1 volume
in-18 . . . . . . . . . . . . . . . . . . . . . **3 fr. 50**
— *L'école des Piqu-assiettes.* 1 vol. in-18 **3 fr. 50**

## Etchegoyen
*Les contes de ma giberne.* 1 volume in-18,
illustré . . . . . . . . . . . . . . . . . . . . **3 fr. 50**

## Gomez Carrillo (E.)
*Terres lointaines.* 1 volume in-18 jésus. **3 fr. 50**

## Gomez Carillo (E.)
*Psychologie de la Mode.* 1 volume in-18 . . . **2 fr.**

## Jho'pale
*A coups de gaule.* 1 volume in-16 jésus Hol-
lande . . . . . . . . . . . . . . . . . . . . . . **7 fr. 50**
— *Croquis parisien.* 1 volume in-8° carré . . . **5 fr.**

## Lucius (Cléa)
*Inferna, roman.* 1 volume in-18 broché **3 fr. 50**

## Sari-Flegier (Blanche)
*L'humaine détresse.* 1 volume . . . . . . . . **3 fr. 50**

## Trilby
*Petites oies blanches.* 1 volume in-18 . . . **3 fr. 50**

## Willy et Curnonsky
*Chaussettes pour dames,* 1 vol. in-18 . . . **3 fr. 50**

---

### ÉDITIONS SIMONIS EMPIS, VOLUMES IN-18 JÉSUS .. 3 fr. 50

## Acker (Paul)
— *A côté de l'amour.* 1 volume.

## Alméras (Henry d')
*Les sept maris de Suzanne.* 1 volume.

## Appray (Paul)
*Par elle.* 1 volume.

## Ballieu (Jacques)
*Contes aigrelets.* 1 volume.
— *Pierline.* 1 volume.

## Barde (André)
*Au bord de la folie.* 1 volume.

## Beaubourg (Maurice)
*La crise de Mme Dudragon.* 1 volume.

## Bertol-Graivil
*Le Monsieur de Madame.* 1 volume.
— *Main droite et main gauche.* 1 volume illustré.

## Berton (Claude)
*Ces messieurs du Tiers.* 1 volume.

## Bilhaud
*Nous deux.* 1 volume.

## Comminges (Comte de)
*La comtesse Panier.* 1 volume.
— *Une demi-carrière.* 1 volume.

## Corday (Michel)
— *Cœurs de soldats.* 1 volume illustré.
— *Mon petit mari, ma petite femme.* 1 vol. illust.
— *Gentillane.* 1 volume.
— *Les Bléaux.* 1 volume.
— *Confession d'un enfant du siège.* 1 volume.

## Crozière (Alphonse)
*Le jeune Marcheur.* 1 volume.

## Dubarry (Armand)
— *Etoile de Cirque.* 1 volume.

## Fraycourt (Paul)
*Philédonis.* 1 volume.
— *Journal d'un Curé de campagne.* 1 volume.

## Garches
*Les secrets de beauté d'une parisienne.* 1 volume.

## Gavault (Paul)
*Snob.* 1 volume.
— *Le petit Guignol.* 1 volume.
— *Mon bon oncle.* 1 volume.

## Germain (Auguste)
*Bichette.* 1 volume.
— *Nos princes.* 1 volume.
— *Carillon de Paris, roman.* 1 volume.
— *En fête.* 1 volume.
— *Théâtreuses,* 1 volume.
— *Famille.* 1 volume.

## Guilbert (Yvette)
*La vedette.* 1 volume.

**Guillain**
*Sous la toque.* 1 volume illustré.

**Héon (Paul)**
*Trois semaines d'amour.* 1 volume.

**Lano (Pierre de)**
*A confesse.* 1 volume illustré.
— *La cour de Berlin.* 1 volume.
— *Après l'empire.* 1 volume.
— *Un drame aux Tuileries sous le second Empire.* 1 volume.
— *L'Amour à Paris.* 1 volume.
— *Carnet d'une femme.* 1 volume.
— *L'Enfant.* 1 volume.

**Landay**
*La Grappe.* 1 volume.

**Lysle (de) et Ahrenberg**
*Les illuminés.* 1 volume.

**Montjoyeux**
*Le Baron Lecogne.* 1 volume.

**Mourville (de)**
*Laure de Pers.* 1 volume.

**Musany**
*Propos d'un écuyer.* 1 volume.

**Perdicas**
*Le Bréviaire des Courtisanes.* 1 volume.
— *Le Métier d'amant.* 1 volume.

**Pert (Camille)**
— *Amour vengeur.* 1 volume.

**Pommerol (Jean)**
*Le Crible.* 1 volume.

**Rabier**
*Rapport sur les Congrégations.* 1 volume.

**Rachilde**
*L'Animale.* 1 volume.

**Rolland**
*L'Embâcle.* 1 volume.

**Saint-Marcet**
*Les aventures amoureuses de Jean de Saint Lary.* 1 volume.

**Sermet**
*Le Baiser suprême.* 1 volume.
— *La Voilette bleue.* 1 volume.

**Téramond (Guy de)**
*Péchés d'amour.* 1 volume illustré.
— *Schmam'ha.* 1 volume illustré.
— *La glorieuse Canaille.* 1 volume illustré.
— *Sur le chemin du bonheur.* 1 volume.
— *La volupté de vivre.* 1 volume.
— *L'adoration perpétuelle.* 1 volume.
— *La route amoureuse.* 1 volume.

**Toulet**
*Monsieur du Paur.* 1 volume.

**Tusquets (F.)**
*Jusqu'à la mort.* 1 volume.
— *Le justicier de la maison.* 1 volume.

**Veber (Pierre)**
*Amour, amour...* 1 volume.

**Willy**
*A manger du foin.* 1 volume illustré.

**Yvel**
*Madame Flirt.* 1 volume.

**Zamacoïs**
*Articles de Paris.* 1 volume illustré.

## NOUVELLE COLLECTION ..................... O fr. 95

**Acker (Paul)**
*Amant de cœur.* 1 volume.

**Brulat**
*Sous la fenêtre.* 1 volume.

**Germain (Auguste)**
*Les étoiles.* 1 volume.

**Pert (Camille)**
*Les Florifères.* 1 volume.

**Ugarte.** *Contes de la Pampa.* 1 volume.

# CAUSES CÉLÈBRES
# DE TOUS LES PEUPLES

### o Par A. FOUQUIER o

*Illustrations de* Pauquet, Janet-Lange, Beaucé, de Bar, Bocourt, F. Lix, Morin, *etc.*

Cette nouvelle édition est destinée à remplacer les collections de Causes célèbres publiées au siècle dernier. Elle forme 10 volumes in-4º, ornés de nombreuses gravures, scènes, portraits et plans.

### DIX VOLUMES SONT EN VENTE

Prix de chaque volume.................. 7 fr·
Le tome X........................... 8 fr·

*Tous les volumes se vendent séparément
(sauf les tomes I et VII)*

Les Causes célèbres se publient en outre par cahiers et par procès séparés.

Le prix de chaque cahier est de **1 fr. 50.**

Le prix des procès séparés est en raison du nombre de pages dont ils se composent.

Chaque procès a sa pagination propre et distincte et une couverture spéciale.

*Liste des procès se vendant séparément :*

### TOME I. — Cahiers 1 à 5

#### Cahier 1

Les Chauffeurs : la Bande d'Orgères.... 0 fr. 90

#### Cahier 2

Papavoine. — Henriette Cornier....... 0 fr. 30
Soufflard et Lesage. — Montcharmont.. 0 fr. 30

#### Cahier 3

De Praslin : le Drame de l'Hôtel Sébastiani................................ 0 fr. 60
Les régicides : Damiens. — Louvet... 0 fr. 30

#### Cahier 4

Le Frère Léotade : meurtre de Cécile Combettes....................... 0 fr. 90
Louis XVI (son procès devant la Convention)...................... 0 fr. 60

#### Cahier 5

Béranger (Procès des Chansons de)..... 0 fr. 30
Le curé Mingrat. — L'abbé Contrafatto. 0 fr. 30
Fieschi, Morey et Pepin : machine infernale de 1835.................. 0 fr. 90

### TOME II. — Cahiers 6 à 10

#### Cahier 6

Le capitaine Doineau : attentat de Tlemcen........................ 0 fr. 90

#### Cahier 7

Benoît le parricide. — Donon-Cadot et Rousselet....................... 0 fr. 60
Le curé Delacollonge : le Drame de Sainte-Marie................... 0 fr. 30

#### Cahier 8

Calas. — Sirven. — Le chevalier de la Barre........................ 0 fr. 60
Les faux Dauphins : Math. Bruneau, Naundorff, etc.................. 0 fr. 30
Duel Sirey-Durepaire. Duel Sirey-Caumartin........................ 0 fr. 40

#### Cahier 9

Le Squelette de la rue de Vaugirard..... 0 fr. 30
Madame Lacoste : le Drame de Riguepeu 0 fr. 60
Les Aventuriers : Louis de Marsilly. — Collet........................ 0 fr. 60

#### Cahier 10

La bande Lemaire, Ville, Hugot, etc.... 0 fr. 30
Duel Dujarier-Beauvallon ; d'Ecquévilley......................... 0 fr. 60

### TOME III. — Cahiers 11 à 15

#### Cahier 11

Affaire Marcellange : le Drame de Chamblas............................ 1 fr. »
Les Crimes d'intention : Levaillant. Vᵉ Morin....................... 0 fr. 50

#### Cahier 12

Le Courrier de Lyon : Joseph Lesurques. 0 fr. 90
Institutrice Doudet : acquittement en cour d'assises, condamnation en police correctionnelle................... 1 fr. »

#### Cahier 13

Institutrice Doudet (*Suite* et *fin*)....... »
Le duc d'Enghien : Conspiration d'Etat. 0 fr. 90
L'enfant de la Villette : Eliçabide....... 0 fr. 30

#### Cahier 14

Dautun le fratricide et Girouard. — Saint-Clair .................... 0 fr. 30

#### Cahier 15

La reine Caroline d'Angleterre : Adultère 0 fr. 60

**N.-B.** — *Par suite du nombre restreint des volumes complets des* **CAUSES CÉLÈBRES**
*nous ne pouvons garantir la livraison des procès séparés.*

# COLLECTION

## OF

# STANDARD BRITISH AUTHORS

—o———o—

**Volumes in-8 brochés** ........ 1.50

**Cooper's** (Fenimore) Works :
— Deerslayer. 1 vol.
— Headsman of Bern. 1 vol.
— Jack O'Lantern. 1 vol.
Naval History of the United States. 2 vol.

**Dickens's** Charles). Works
— Pick-Nic Papers. 1 vol.

**D'Israeli's.** Amenities of Literature. 2 vol.

**Dodd's** Beauties of Shakespeare. 1 vol

**Drake's.** Shakespeare and his friend. 1 vol.

**Halliburton's.** Clockmaker (the). 1 vol.

**Inchbald's.** Simple story. 1 vol.

**Jameson's.** Dary of a Desennuyée. 1 vol.

**Scott's** (Walter). *Novels*, etc.
— Antiquary (the). 1 vol.

**Scott's** Black Dwarf and Old Mortality. 1 vol.
— Chronicles of the Canongate. 1 vol.
— Guy Mannering. 1 vol.
— Hearth of mid Lothian, 1 vol.
— Kenilworth. 1 vol.
— Kenilworth. 3 vol. in-18.
— Notices and anecdotes illustrative of the Novels. 1 vol.
— Pirate (the). 1 vol.
— Quentin Durward. 1 vol.
— Redgauntlet. 1 vol.
— Rob-Roy. 1 vol.
— St Ronan's Well. 1 vol.
— Talisman (the), a tale of the Crusaders. 1 vol.
— Waverley. 1 vol.

**Trollope's.** Adventures of Jonathan Jefferson. 1 vol.

## VOLUMES DE FORMATS ET DE PRIX DIVERS

**Dodd.** Beauties of Shakespeare. 1 vol. in-12.  0.75

**Edgeworth** Helen a tale. 1 vol. in-12.  0.75

**Goldsmith's.** History of Greece. 1 vol. in-12 ............................  0.50
— History of Rome. 1 vol. in-12 .......  0.50

**Scott.** Black-Dwarf. 1 vol. gr. in-8° à 2 col..  0.75
— Quentin Durward. 1 v. g. in-8° à 2 col.  0.75
— Waverley. 1 vol. gr. in-8° à 2 colonnes  0.75

## OUVRAGES CLASSIQUES AVEC NOTES

**Plaquettes in-8 à 0.50**

**Milton's.** Paradise lost, les 2 premiers livres annotés par Witcomb.

**Shakespeare's.** King Lear.
— Roméo et Juliette.

## JUVENILE LIBRARY

**Volumes in-18 brochés, chaque volume 0.50**

**Children's own book.** 3 vol. à 0 fr. 75 par exception
I. Aladdin, etc.
II. Philip Quarl, etc.
III. White cat, etc.

**Cooper's.** History of England. 1 vol.

**Day's.** Sandford et Merton. 1 vol.

**Edgeworth's.** Almeria. 1 vol.
— Angelina. 1 vol.
— Baring Out. 1 vol.
— Basket Woman. 1 vol.
— Birth-Day present. 1 vol.
— Bracelets of the Mercants. 1 vol.
— Comic dramas. 1 vol.
— Contrast. 1 vol.

**Edgeworth's.** Emilie de Coulanges. 1 vol.
— Frank. 1 vol.
— Good Aunt. 1 vol.
— Good French Governess. 1 vol.
— Grateful Negro. 1 vol.
— Harry and Lucy. 1 vol.
— Lame Jervas. 1 vol. cart.
— Lazy Lawrence. 1 vol.
— Limeric Gloves. 1 vol.
— Lottery. 1 vol.
— Modern Griselda. 1 vol.
— Murad the unlucky. 1 vol.
— Old Poz. 1 vol.
— Orlandino. 1 vol.

**Goldsmith.** Vicaire de Wakefield en anglais et en français. 2 vol.

**Grammar of the French tongue.** Méthode de français à l'usage des Anglais. A theoretical and practical. In wich The present usage is displayed agreeably to the decisions of the French Academy, by M. DE LEVIZAC, Thirty-first edition revised, corrected and improved . **1.50**

## LIVRES ALLEMANDS

### I. — BIBLIOTHEK DER BESTEN, AELTERN UND NEUERN DEUTSCHEN SCHRIFTSTELLER

*Chaque volume grand in-8 d'environ 1.000 pages à deux colonnes 5 fr.*

**Jean Paul's.** Sæmmtliche Werke. 4 vol.  |  **Klopstock's.** Sæmmtliche Werke. 1 vol.

### II. Autres volumes allemands de formats et de prix divers

**Ermeler.** Deutsches Lesebuch.......... 0.75
**Fénelon.** Telemachus. in-12............ 1. »
**Gœthe.** Egmont. Plaquette in-8º....... 0.50
— Hermann und Dorothea........... 0.50
— Iphigenie auf Tauris............. 0.50

**Gœthe.** Werther. 1 vol. in-8º............ **1.50**
— Faust. 1 vol. in-12 long............ **1.50**
**Schiller.** Wilhelm Tell. Long in-12....... **0.40**
— Guerre de trente ans.............. **0.60**

## LIVRES ITALIENS

### I. — Volumes in-32 carré à 0.25

**Maroncelli.** Addizioni alle mie Prigioni.  |  **Pellico.** Dei Doveri degli Uomini.

### II. — Volumes de formats divers

**Guarini.** Il pastor fido. In-18. Édition d'Avignon, avec l'accent prosodique.  |  **Petrarca.** Rime. 2 vol. in-18, Avignon.
**Piranesi.** Scelta di Novelle. In-12.

### III. — BIBLIOTHECA POETICA ITALIANA.

*Scelta e publicata da A. BUTTURA*

#### Volumes in-32, ornés de portraits et de vignettes

**Grossi.** Novelle. 1 vol................. 0.75
**Machiavelli.** Il principe. 1 vol ......... 1. »
**Manzoni.** Opere poetiche. 1 vol......... 0.50
**Monti.** Opere scelte. 1 vol.............. 1. »
**Niccolini.** Tragedie scelte. 1 vol ........ 0.50

**Rime scelte.** di Baldacchini, Borghi, etc. 1 vol......................... **0.50**
**Scelta di Poesie.** dell eta media. 1 vol.. **1.25**
— d'autori moderni. 1 vol............ **0.75**
— di Prose d'autori antichi. 1 vol...... **1. »**
— di Prose del' eta media. 1 vol....... **1. »**
**Tasso Aminta.** e l'amore fugitivo. 1 vol. **0.75**

### IV. Volumes de formats divers à 1 fr.

**Tasso.** Aminta. Edit. Prault, gravures fines. 1 vol. in-18.  |  **Rosini.** Il conte Ugolino. 1 vol. in-12.

### V. — THÉATRE ITALIEN

**Goldoni.** Commedie scelte. 1 joli vol. in-12, vendu jusqu'ici .................. 1.50  |  **Nota.** Commedie scelte. Joli vol. in-12, **1.50**

### VI. — COLLEZIONE DE MIGLIORI AUTORI ITALIANI, ANTICHI E MODERNI

#### Volumes in-8 d'environ 500 pages chacun

*Magnifique impression sur beau papier. Chaque volume broché, 1.25*

**Guicciardini.** Storia d'Italia (1490-1534). 5 vol.  |  **Manzoni.** Opere scelte: Tragédie, Poésie et la Morale cattolica. 1 vol.
**Pellico.** Opere scelte. 1 vol.  |  **Petrarca.** Rime. 2 vol.

VII. — BIBLIOTECA SCELTA DEGLI SCRITTORI CLASSICI ITALIANI

**Tola.** Nuovissima celta di prose italiane.
1 vol. in-18......................... 0.75

**Mamiani.** Poeti italiani dell' eta media.
1 vol. in-8º de 730 pages ............. **4. »**

## VIII. — Ouvrages en langue italienne

**Le Mie Prigioni** par S. PELLICO, texte italien.
Le volume...... 1 fr. **50** ‖ 1 volume in-18.

**Le Mie Prigioni** par S. PELLICO, texte italien
suivi du *Devoir des hommes.*
Le volume........ 3 fr. ‖ 1 volume in-18.

# LIVRES POLYGLOTTES

## Ouvrages en deux ou plusieurs Langues

Conversation d'une mère avec sa fille, dialogue en français et en italien. 1 vol. in-8   1 fr.

**Brunet.** Maximes morales, du duc de La Rochefoucauld, traduites en grec et en anglais............................. 1.50

**Edgeworth.** Forester, en anglais et en français, 2 vol. in-18 br............... 2.

**Fénelon.** Aventures de Télémaque, en français et en anglais, traduction en regard du texte. 2 vol. in-12........ 2.
— *Le même*, en anglais et en italien. 2 vol. in-12.................... 2.
— *Le même*, en anglais et en allemand. 2 vol. in-12.................... 2
— *Le même*, en anglais et en portugais. 2 vol. in-12, brochés............ 2.

**Fénélon.** *Le même*, en français et en portugais. 2 vol. in-12, br........... 2.
— *Le même*, en portugais. 1 vol........ 2.

**L'Hermite.** Clef de la correspondance commerciale, en anglais, en français et en espagnol. 9e édit. 1 vol. carré à 3 vol., percaline ................. 3.50

**Milton.** Le Paradis perdu, en anglais et en français, traduction en prose. Mosneron, 5e édit. 1 vol. in-8º br........ **3. »**

**Pifferrer.** Tableaux de la littérature espagnole. 1 vol. in-18............... **3. »**

**Pellico.** Mes Prisons, en anglais et en italien. 1 vol. in-8 ................. **2. »**

# MÉTHODES ET GRAMMAIRES A L'USAGE DES FRANÇAIS

## I. — Pour apprendre l'anglais

Abécédaire anglais-français, relié........ 1.50

**Cobbett.** Le Maître d'anglais, ou grammaire raisonnée de la langue anglaise, 35e édit. revue et corrigée, 1 v. in-18 cart............................. 1. »

**Marquam.** Grammaire des grammaires anglaises, in-18 cartonné.......... 1. »

**Mavor.** The English spelling book, 1 vol. in-18 cartonné ................. 0.75

**Murray.** Abridged grammar. 1 vol. in-18 cartonné ..................... 0.75

The English Reader ................... 0.75

Exercices anglais. 1 vol. in-18 cart........ 0.75

**Siret.** Grammaire anglaise. 1 vol. in-8 cart   1.25
Le nouveau Siret, méthode simplifiée et pratique pour apprendre facilement l'anglais, par M. Witcomb. 1 vol. in-18 cartonné..................... 1.50

**Tibbins.** Le premier livre d'anglais, en 46 leçons. 1 vol. in-18, reliure percaline.   **1. »**

**Turner.** Grammaire anglaise, in-8º br......**1. »**

**Vergani.** Grammaire anglaise, simplifiée en 21 leçons, revue, par Sadler, 1 vol. in-18, cartonné................... **1. »**

## II. — Pour apprendre l'italien

**Bellinger.** Dialogues italiens, in-18 br...   0.75
Cours gradué de la langue italienne, par A. Vergani. Édition revue par Giuseppe Zirardini. On vend séparément, savoir :

**Vergani.** Grammaire italienne, simplifiée et réduite à 20 leçons, avec des thèmes et des dialogues. Nouvelle édition, par G. Zirardini. 1 vol. in-18...   1.25
— *Le même*, cartonné............... 1.50

**Vergani.** Scelta di Favole Novelle Lettere e Poesie italiana, nueva editione, correcta ed aumentada da G. Zirardini. 1 vol. in-8º br.............. 0.75

**Le nouveau Veneroni.** ou grammaire italienne avec un cours de thèmes, par Zoti, 1 vol. in-18 broché ....... 1. »

**Zoti.** Grammaire italienne. 2 vol. in-12...   0.50

### III. — Pour apprendre l'allemand

**Abbé Martin.** Éléments de la langue allemande. 1 vol. in-8° broché....... 0.50
— Grammaire classique de la langue
allemande. 1 vol. in-8° broché.... 1.50

**Meidinger.** Grammaire allemande, édition
revue par Eichhoff. 1 vol. in-8°, cart.   2. »

### IV. — Pour apprendre l'espagnol

**Aubouin et Orrit.** Cours de thèmes espagnols, suivi d'un choix de versions et
d'un traité de versification espagnole.
Broché in-18 .................. 1.50

**Sotos Ochando.** Grammaire complète de
la langue espagnole, à l'usage des
Français, approuvée par l'Université,

nouvelle édition 1898, 1 vol. in-18,
cartonné ..................... 2. »
— Cours de thèmes de la langue espagnole, 1 vol. in-18 broché,...... 2. »
— Abrégé de la grammaire espagnole.   1. »

**Pifferrer.** Tableau de la littérature espagnole, depuis le XIIe siècle, jusqu'à
nos jours. 1 vol. in-18, broché...... 2. »

# BROCHURES DIVERSES

**Ollivier** (Émile), de l'Académie française:
— Thiers à l'Académie. 1 vol. in-18....   1. »
— Le Pape est-il libre à Rome. 1 vol.
in-18 ...... .................   1. »
— Le Concordat est-il respecté. 1 vol.
in-18 ..................... 2. »
— Le Concordat et le Gallicanisme.
1 vol ..................... 1. »
— Le Concordat et la Séparation de
l'Église et de l'État. Discours.
1 vol ..................... 1. »

**Ollivier** (Émile), Encyclique de Léon XIII.
1 vol...................... 1. »
— Le Féminisme. 1 vol.............. 1. »
— La femme dans les luttes religieuses,
1 vol...................... 1. »
— Lamartine. 1 vol................ 1. »

**Galli** (Henri). La République du peuple.
1 volume ................... 1. »
— L'Internationalisme c'est la guerre..   1. »
— La Politique de demain ........... 1. »

# L'ILLUSTRATION

**1ʳᵉ SÉRIE**. — Le volume broché.......... **10 fr.**

Tomes 2, 3, 4, 8, 9, 11, 13, 15, 17, 19 à 26 (années 1852 à 1855) 53 à 56 années 1869-1870).

**2ᵉ SÉRIE**. — Le volume broché.......... **4 fr.**

Tomes 27 à 52 (années 1856 à 1868), 57 à 70 (1871 à 1877).

## COUVERTURES COLORIÉES POUR CAHIERS D'ÉCOLIERS

Mémorial de Sainte-Hélène

Guerre à Madagascar

Guerre Russo-Japonaise

Les Oiseaux (12 sujets)

Les Sports (12 sujets)

Locomotion (12 sujets)

Jeux et Sports du jeune âge (12 sujets)

Le mille.................................... **12 fr.**

# HÉLIOGRAVURES

**ALFRED DE MUSSET.** — Suite de 26 héliogravures exécutées par BRÉARD, d'après les dessins de MAILLART (Grand Prix de Rome). Illustration des œuvres complètes. **10 fr.**

**BAC (Ferdinand).** — 4 héliogravures à 5 fr. :

**La Soupeuse,** fac-similé d'aquarelle, tiré à 300 exemplaires numérotés. **5 fr.**

13 exemplaires de ce fac-similé à grandes marges à **25 fr.**

**Le Bal au château,** lithographie originale en couleurs, tirée à 200 exemplaires numérotés et signés par l'auteur. **5 fr.**

10 exemplaires de cette lithographie à grandes marges à **25 fr.**

**Dans les Coulisses,** héliogravure en couleurs, tirée à 200 exemplaires. **5 fr.**

15 exemplaires de cette héliogravure à grandes marges à **25 fr.**

**Bonne nuit,** héliogravure en couleurs, tirée à 200 exemplaires. **5 fr.**

15 exemplaires de cette héliogravure à grandes marges à **25 fr.**

# OUVRAGES
# SUR L'HYGIÈNE DE LA GÉNÉRATION

DOCTEUR GARNIER

10 volumes in-18 jésus, le volume broché........................ **2 fr.**

DOCTEUR JOZAN

3 volumes in-18, le volume broché............................ **5 fr.**

*(Envoi franco sur demande du catalogue spécial et détaillé)*

# TABLE DES MATIÈRES

| Pages | | Prix |
|---|---|---|
| 2 | FRANÇAIS (Petit), par Martin et Vanier, *1 vol. in-32* | **1.20** |
| 2 | HISTOIRE (D'), par L. Grégoire, *1 vol. in-18* | **5.** » |
| 2 | HISTOIRE (D'), BIOGRAPHIE (de), MYTHOLOGIE (de), GÉOGRAPHIE (de), par Whal, *1 vol. grand in-8°* | **20.** » |
| 2 | HISTOIRE (D'), GÉOGRAPHIE (de), MYTHOLOGIE (de) (Petit), par Quitard, *1 vol. in-32* | **1.50** |
| 8 | ITALIEN, par Melzi, *1 vol. in-16* | **6.** » |
| 3 | MARINE (Des termes de), par Poussart. *1 vol. in-32* | **3.50** |
| 3 | MONNAIES (Des), par Méliot, *1 vol. in-8°* | **10.** » |
| 8 | PORTUGAIS, par Castro de La Fayette, *1 vol in-32* | **6.** » |
| 3 | RIMES (De), par Quitard, *1 vol. in-32*. | **2.** » |
| 2 | SCIENCES (Général des), par Privat-Deschanel et Focillon, *2 vol. grand in-8°* | **40.** » |
| 8 | SLANG (De), Expressions familières anglaises, par Legras, *1 vol. in-16* | **3.** » |
| 2 | SYNONYMES (Des), par Bourguignon et Bergerol, *1 vol. in-32* | **5.** » |
| 2 | VERBES FRANÇAIS (Des), par Bescherelle, *2 vol. in-8°* | **12.** » |

## DICTIONNAIRES
### en 2 Langues

| Pages | | Prix |
|---|---|---|
| 5 | FRANÇAIS-ALLEMAND ET ALLEMAND-FRANÇAIS, par Birmann, *2 vol. in-8°*, *le vol* | **10.** › |
| 7 | FRANÇAIS-ALLEMAND ET ALLEMAND-FRANÇAIS, par Rotteck et Kister, *1 vol. in-18* | **6.** › |
| 8 | *1 vol. in-32* | **5.** » |
| 5 | FRANÇAIS-ANGLAIS ET ANGLAIS-FRANÇAIS, par Clifton et Grimaux, *2 vol. grand in-8°*, *le vol* | **10.** » |
| 7 | — par Clifton et Laughlin, *1 vol. in-18*. | **6.** » |
| 8 | — par Clifton et Fenard, *1 vol. in-32*... | **5.** » |
| 5 | FRANÇAIS-ESPAGNOL ET ESPAGNOL FRANÇAIS, par Salva, *1 vol. grand in-8°* | **16.** » |
| 7 | *1 vol. in-18* | **6.** » |
| 8 | *1 vol. in-32* | **5.** » |
| 8 | FRANÇAIS-GREC MODERNE ET GREC MODERNE-FRANÇAIS, par Legrand, *2 vol. in-32, le vol* | **6.** » |
| 6 | FRANÇAIS-GREC, par D. Courtaud Diverneresse, *2 vol. grand in-8°, 3 col* | **25.** » |
| 6 | FRANÇAIS-GREC (abrégé), par Courtaud-Diverneresse, *1 vol. grand in-8°, 3 colonnes* | **12.** » |
| 7 | FRANÇAIS-HOLLANDAIS ET HOLLANDAIS-FRANÇAIS, par Janssen, *1 vol. in-18* (*Préparation*) | |
| 5 | FRANÇAIS-ITALIEN ET ITALIEN-FRANÇAIS, par Ferrari et Caccia, *1 vol. grand in-8°* | **20.** » |
| 7 | — par Lacombe et Rouède, *1 vol. in-18* | **6.** » |
| 8 | — par Ferrari, *1 vol. in-32* | **5.** » |
| 5 | FRANÇAIS-LATIN, par Gœlzer, *1 vol. in-8°* | **10.** » |
| 8 | — par Benoist, *1 vol. in-32* | **5.** » |
| 5 | FRANÇAIS-LATIN (Lexique), par H. Gœlzer, *1 vol. in-8°* | **6.** » |
| 5 | FRANÇAIS-PORTUGAIS ET PORTUGAIS-FRANÇAIS, par Valdez, *2 vol. in-8° reliés* | **19.** » |
| 7 | — par Souza Pinto et Fonseca, *1 vol. in-18* | **6.** » |
| 8 | — par S. Pinto, *1 vol. in-32* | **5.** » |
| 7 | FRANÇAIS-RUSSE ET RUSSE-FRANÇAIS, par Veys-Chabot, *1 vol. in-18* | **12.** » |
| 8 | — par Sokoloff, *2 vol. in-32, le vol*... | **5.** » |
| 7 | ALLEMAND-RUSSE ET RUSSE-ALLEMAND, par Lourie, *1 vol. in-18* (*Préparation*) | |
| 5 | ANGLAIS-ESPAGNOL ET ESPAGNOL-ANGLAIS, par Lopez et Binsley, *1 vol. in-8°* | **20.** » |
| 7 | — par Arturo Angeli et J. Mc Laughlin, *1 vol. in-18* | **6.** » |
| 8 | — par F. Corona Bustamente, *2 vol. in-32* | **6.** » |
| 7 | ANGLAIS-HOLLANDAIS ET HOLLANDAIS-ANGLAIS, par Kesler, *1 vol. in-18* (*Préparation*) | |
| 7 | ANGLAIS-ITALIEN ET ITALIEN-ANGLAIS, par Birmingham, Enenkel et Laughlin, *1 vol. in-18* | **6.** » |
| 8 | ANGLAIS-ITALIEN ET ITALIEN-ANGLAIS, par Birmingham, *1 vol. in-32* | **5.** » |
| 5 | ANGLAIS-PORTUGAIS ET PORTUGAIS-ANGLAIS, par Valdez, *2 vol. in-16* | **12.** » |
| 8 | — par Castro de Lafayette, *1 vol. in-32* | **6.** » |
| 8 | ESPAGNOL-ALLEMAND ET ALLEMAND-ESPAGNOL, par Enenkel, *1 vol. in-32*. | **6.** » |
| 7 | ESPAGNOL-ITALIEN ET ITALIEN-ESPAGNOL, par Salva et Arturo-Angeli, *1 vol. in-18* | **6.** » |
| 8 | — par Caccia, *1 vol. in-32* | **5.** » |
| 8 | ESPAGNOL-RUSSE ET RUSSE-ESPAGNOL, par J.-D. Lewsky, *1 vol. in-32* | **12.** » |
| 6 | GREC-FRANÇAIS, par Chassang, *1 vol. in-8°* | **12.** » |
| 8 | *1 vol. in-32* | **6.** » |
| 6 | GREC-FRANÇAIS (lexique), par A. Chassang et Durand, *1 vol. grand in-8°* | **7 50** |
| 8 | ITALIEN-ALLEMAND ET ALLEMAND-ITALIEN, par Enenkel, *1 vol. in-32* | **6.** » |
| 5 | LATIN-FRANÇAIS, par Benoist et Gœlzer, *1 vol. in-8°* | **10.** » |
| 8 | — par Suckau, *1 vol. in-32* | **5.** » |
| 6 | — (Lexique), par H. Gœlzer et L. Martel, *1 vol. in-8°* | **6.** » |
| 8 | PORTUGAIS-ALLEMAND ET ALLEMAND-PORTUGAIS, par Enenkel et S. Pinto, *1 vol. in-32* | **6.** » |
| 8 | PORTUGAIS-ESPAGNOL ET ESPAGNOL-PORTUGAIS, par Wildick, *2 vol. in-32*. | **6.** » |
| 8 | PORTUGAIS-ITALIEN ET ITALIEN-PORTUGAIS, par Rozzol, *1 vol. in-32* | **6.** » |
| 7 | RUSSE-ANGLAIS ET ANGLAIS-RUSSE, par Golowinski, *1 vol. in-18* | **12.** » |
| 44 | DIEUX DE LA PEINTURE, *1 vol. in-8*... | **12.** » |
| 109 | DIFFÉRENDS ENTRE LOCATAIRES, *1 vol. in-18* | **3.** » |
| 10 | DISCOURS (Voir Orateur populaire, par Filippi, p. 144). | **3.50** |

## M

## POÉSIE

# TABLE ALPHABÉTIQUE

| Pages | | Prix |
|---|---|---|
| 118 | **Biars.** Jeux de salon. 1 vol. in-18. (v. p. 108). | 1.50 |
| 17 | **Biblia sacra.** 1 vol. in 8 | 6. » |
| 51 | **Biré.** Les dernières années de Chateaubriand. 1 vol. in-8 | 6. » |
| 59 | 1 vol. in-18 | 3. » |
| 5 | **Birmann.** Dictionnaire français-allemand et allemand-français. 2 vol. in-8 à | 10. » |
| 11 | — Grammaire allemande. 1 v. in-18. | 2. » |
| 8 | **Birmingham.** New Dictionary of the english and italian languages. 1 vol. in-32 | 5. » |
| 7 | **Birmingham, Enenkel et Mc Laughlin.** Nouveau Dictionnaire anglais-italien. In-18. | 6. » |
| 116 | **Blache.** Traité de natation et de sauvetage. 1 vol. in-18 | 2. » |
| 75 | **Blanchard.** Le Plutarque de la Jeunesse. 1 vol. in-8 | 5. » |
| 113 | **Blanchon.** Art de conserver et de naturaliser les animaux. 1 vol.. | 3.50 |
| 101 | **Blaze.** Chasseur au chien d'arrêt. 1 vol. | 3.50 |
| 101 | — Chasseur au chien courant. 1 vol.. | 3.50 |
| 101 | — Chasseur aux filets. 1 vol. in-18.. | 3.50 |
| 48 | **Blaze.** Vie Militaire. 1 vol. in-18 | 3.50 |
| 59 | **Boccace.** Contes. 1 vol. in-18 | 3. » |
| 44 | — 1 vol. grand in-8 illustré | 15. » |
| 28 | **Bochet** (M^lle L.). Premier livre des enfants. 1 vol. in-18 | 2.50 |
| 118 | — Le livre du jour de l'an. 1 vol. in-18. | 1.50 |
| 38 | **Boileau.** Œuvres complètes. 1 vol. grand in-8 (Compactes Garnier) | 12.50 |
| 32 | — Œuvres complètes, 4 v. in-8 cav. à | 7.50 |
| 59 | — Œuvres (Gidel). 1 vol. in-18 | 3. » |
| 38 | — Œuvres (Compactes Laplace), gravures coloriées. 1 vol. gr. in-8.. | 18. » |
| 59 | — 1 vol. in-18 (Laplace) | 3. » |
| 94 | **Bona.** Constructions rurales | 2. » |
| 93 | — Tracé et ornementation des jardins. In-18 | 3.50 |
| 59 | **Bonaventure des Périers.** Le Cymbalum mundi. 1 vol. in-18 | 3. » |
| 100 | **Bonnet.** Manuel du capitaliste. 1 vol. in-8 | 6. » |
| 100 | — Guide du capitaliste. 1 vol. in-18. | 2. » |
| 18 | **Bossuet.** Méditations sur l'Évangile. 1 vol. grand in-8 | 12. » |
| 59 | — 1 vol. in-18 | 3. » |
| 18 | — Élévations. 1 vol. grand in-8 | 12. » |
| 59 | — 1 vol. in-18 | 3. » |
| 17 | — Oraisons funèbres. 1 vol. gr. in-8. | 12. » |
| 59 | — 1 vol. in-18 | 3. » |
| 17 | — Discours sur l'Histoire universelle. 1 vol. in-8 | 12. » |
| 59 | — 1 vol. in-18 | 3. » |
| 18 | — Œuvres oratoires. 4 vol. in-8 | 20. » |
| 17 | — Œuvres complètes. 11 vol. grand in-8 (collection Migne) | 60. » |
| 59 | — Sermons choisis. 1 vol. in-18 | 3. » |
| 59 | **Bossuet.** Sermons. 4 vol. in-18 à | 3. » |
| 59 | — De la connaissance de Dieu. 1 vol. in-18 | 3. » |
| 59 | — Traité de la Concupiscence. 1 vol. in-18 | 3. » |
| 59 | — Histoire des variations des Églises protestantes. 2 vol. in-18 à | 3. » |
| 19 | — Préparation au carême. 1 vol. in-18 | 2.50 |
| 28 | **Bouilly.** Conseils à ma fille. 1 vol. in-18 broché | 2.50 |
| 28 | — Causeries et nouvelles causeries. 1 vol. in-18 broché | 2.50 |
| 28 | — Encouragements à la jeunesse. 1 vol. in-18 broché | 2.50 |
| 59 | **Bourdaloue.** Oraisons. 1 vol. in-18... | 3. » |
| 18 | — Temps de l'Avent. 1 vol. in-18... | 2.50 |
| 59 | **Bourgoin.** Maîtres de la critique. 1 vol. in-18 | 3. » |
| 115 | **Bourgeois.** Traité de la Danse. 1 vol. in-18 | 3.50 |
| 4 | **Bourguignon.** Grammaire de la langue d'oïl. 1 vol. in-18 | 2. » |
| 2 | **Bourguignon et Bergerol.** Dictionnaire étymologique. 1 vol. in-32 | 5. » |
| 2 | — Dictionnaire des Synonymes. 1 vol. in-32 | 5. » |
| 43 | **Bourrienne.** Mémoires. 5 vol. in-18 à | 3.50 |
| 60 | **Boursault.** Théâtre choisi. 1 vol. in-18 (Laplace) | 3. » |
| 94 | **Bousquet.** Traité pratique du maçon. 1 vol. in-18 | 4.50 |
| 94 | — Tailleur de pierres. 1 vol. in-18.. | 3.50 |
| 59 | **Boutet.** Pasteur et ses élèves. 1 v. in-18. | 3. » |
| 117 | **Brantôme.** Vies des Dames galantes. 1 vol. in-18 | 2. » |
| 60 | — 1 vol. in-18 | 3. » |
| 60 | — Vies des Dames illustres. 1 vol. in-18 | 3. » |
| 108 | **Bray.** Traité de bourrellerie-sellerie... | 4.50 |
| 96 | **Breteuil.** Cuisinier européen. 1 vol. in-18, toile | 3.50 |
| 97 | **Brieuves** (M^me de). La Dentelle. 1 vol. in-18 | 2. » |
| 97 | — La Broderie. 1 vol. in-18 | 2. » |
| 97 | — La Tapisserie. 1 vol. in-18 | 2. » |
| 97 | — Le Crochet, le Tricot. 1 v. in-18 | 2. » |
| 97 | — Les Arts féminins. 1 vol. in-18... | 2. » |
| 60 | **Brillat - Savarin.** Physiologie du goût. 1 vol. in-18 | 3. » |
| 103 | **Brisset.** A. B. C. de la Comptabilité. 1 vol. in-18 | 2. » |
| 116 | **Brisset.** La Natation. 1 vol. in-32 | 0.50 |
| 60 | **Brizeux.** Œuvres. 4 vol. in-18 à | 3. » |
| 52 | 4 vol. in-18 illustrés à | 3.50 |
| 107 | **Broquelet.** Art du cuir. 1 vol. in-18.. | 3.50 |
| 107 | — L'art appliqué à l'industrie. 2 vol. in-18 à | 3.50 |

6

| Pages | | Prix |
|---|---|---|
| 103 | **Mendoza.** En attendant le médecin. | 2. » |
| 67 | **Mennechet** (E.). Histoire de France. 2 vol. in-18 à | 3. » |
| 67 | — Matinées littéraires. 4 vol. in-18 à | 3. » |
| 43 | — Histoire de France. 1 vol. grand in-8°, gravures | 12. » |
| 14 | **Mench.** Le Secrétaire français-allemand. 1 vol. in-18 | 3.50 |
| 67 | **Merlin Coccaie.** (Histoire macaronique de). 1 vol. in-18 | 3. » |
| 117 | **Merlin** (Albertus). Le Grand Livre des Oracles. 1 vol. in-18 | 2. » |
| 119 | — Le Livre des Oracles. 1 vol. in-18. | 1.50 |
| 112 | **Mermet.** Traité de la construction des formes. 1 vol. in-18 | 3.50 |
| 67 | **Meslier.** Le bon sens du Curé Meslier. 1 vol. in-18 | 3. » |
| 68 | **Mille et un jours.** 1 vol. in-18 | 3. » |
| 68 | **Millevoye.** Œuvres. 1 vol. in-18 | 3. » |
| 92 | **Million de rimes gauloises.** 1 vol. in-32 | 2. » |
| 117 | **Million de faits** (Un). 1 vol. in-18 | 3. » |
| 68 | **Mirabeau.** Lettres d'Amour. 1 vol. in-18 | 3. » |
| 68 | **Moland.** Vie de Molière. 1 vol. in-18. | 3. » |
| 21 | — Histoire de Jeanne d'Arc. Album in-4° bradel | 4.25 |
| 40 | **Molière.** Œuvres complètes. 1 vol. grand in-8° | 12.50 |
| 33 | — 12 vol. in-8° à | 7.50 |
| 68 | — 3 vol. in-18 à | 3. » |
| 75 | — 2 vol. in-18 (Laplace) à | 3.50 |
| 40 | — 1 vol. grand in-8° (Laplace) | 18. » |
| 68 | — Fêtes et naissances. 1 vol. in-32. | 3. » |
| 34 | **Montaigne.** Essais. 4 v. in-8° cavalier à | 7.50 |
| 68 | — 2 vol. in-18 à | 3. » |
| 34 | **Montesquieu.** Œuvres complètes. 7 vol. in-8° à | 7.50 |
| 68 | — Esprit des Lois. 1 vol. in-18 | 3. » |
| 68 | — Lettres persanes. 1 vol. in-18 | 3. » |
| 68 | — Grandeur et décadence des Romains. 1 vol. in-18 | 3. » |
| 40 | **Moralistes français.** 1 v. grand in-8° | 12.50 |
| | **Morand** (Dr). Le magnétisme animal. 1 vol. in-18 (*Voir catalogue spécial*) | 2. » |
| 15 | **Moratin.** El sí de las niñas. 1 vol. in-18 | 1.50 |
| 68 | **Moreau** (Hégésippe). Œuvres. 1 vol. in-18 | 3. » |
| 109 | **Mourlon.** Code civil. 3 vol. in-8° à | 12.50 |
| 103 | **Muller.** La Politesse française. 1 vol. in-18 (v. page 117) | 2. » |
| 103 | — Petit Traité de Politesse. 1 vol. in-18 (v. page 119) | 1.50 |
| 68 | **Murger.** Vie de bohème. 1 vol. in-18 | 3. » |
| 51 | **Musset** (Alfred de). Œuvres complètes. 8 vol. in-8° à | 6. » |
| 68 | — 9 vol. in-18 à | 3. » |
| 53 | — 9 vol. in-18 illustrés à | 3.50 |
| 40 | — 1 vol. gr. in-8° illust. (Compactes) | 15. » |

| Pages | | Prix |
|---|---|---|
| 88 | **Musset** (P. de). Voyage en Italie. 2 vol. in-8° jésus à | 12. » |

### N

| | | |
|---|---|---|
| 53 | **Necker de Saussure** (Mme). De l'Education progressive. 2 vol. in-18 à | 3.50 |
| 20 | **Nettement.** La plus belle des histoires. Album in-4° | 4. » |
| 111 | **Niewenglowsky.** Traité élémentaire de photographie. 1 vol. in-18 | 3. » |
| 111 | — Traité complémentaire de photo pratique. 1 vol. in-18 | 3. » |
| 111 | — Les applications de la photographie. 1 vol. in-18 | 3. » |
| 111 | — La photographie des couleurs. 1 vol. in-18 | 3. » |
| 111 | — Les projections lumineuses. 1 vol. in-18 | 3. » |
| 112 | — Les projections lumineuses spéciales. 1 vol. in-18 | 3. » |
| 69 | **Ninon de Lenclos.** Lettres. 1 vol. in-18 | 3. » |
| 25 | **Nodier.** Génie-Bonhomme, etc. 1 vol. in-8° | 5. » |
| 30 | — Neuvaine de la Chandeleur. 1 vol. in-18 | 2.50 |

### O

| | | |
|---|---|---|
| 21 | **O'Galop.** Le Dirigeable « Cage à mouches n° 1 ». Album in-4° | 4.25 |
| 21 | — L'Auto K-6-6-20. Album in-4° | 4.25 |
| 21 | — Le Capitaine des Cranequiniers. Album in-4° | 4.25 |
| 21 | — Aventures d'une Poupée. Album in-4° bradel | 4.25 |
| 128 | **Ollivier** (E.). Neuf volumes divers. | |
| 19 | — Nouveau Manuel de droit ecclésiastique. 2 vol. in-18 à | 3.50 |
| 47 | — Empire libéral. 16 vol. in-8° à | 6. » |
| 49 | — 16 vol. in-18 à | 3.50 |
| 53 | — Marie-Magdeleine. 1 vol. in-18 | 3.50 |
| 53 | — Michel-Ange. 1 vol. in-18 | 3.50 |
| 53 | — La Révolution. 1 vol. in-18 | 3.50 |
| 53 | — Principes et conduite. 1 vol. in-18 | 3.50 |
| 30 | **Ollivier** (Mme E.). Petites histoires. 1 vol. in-18 | 2.50 |
| 48 | **O'Meara.** Napoléon en exil. 2 vol. in-18 à | 3.50 |
| 77 | **Ovide.** Métamorphoses, *latin-français*. 1 vol. in-18 | 4.50 |
| 77 | — Les Amours, l'Art d'aimer, *latin-français*. 1 vol. in-18 | 3. » |
| 77 | — Les Fastes, les Tristes, *latin-français*. 1 vol. in-18 | 3. » |
| 77 | — Les Héroïdes, *latin-français*. 1 vol. in-18 | 3. » |
| 69 | — Les Amours, texte *français*. 1 vol. in-18 | 3. » |
| 82 | — Œuvres complètes. 10 vol. (Panckoucke) à | 7. » |

IMP. E. DESFOSSÉS

# MODE D'EXPÉDITION

Tous nos envois sont faits **franco de port et d'emballage.**

Nous recommandons à nos Clients de mettre lisiblement leur adresse en indiquant la gare ou le bureau de poste les desservant.

---

# CONDITIONS

**Toute commande doit être accompagnée de son montant en un mandat-poste, un chèque sur Paris ou en timbres-poste français.**

**L'envoi contre remboursement,** qui nous est souvent demandé, est fort onéreux pour le destinataire. Le paiement en faisant la commande, est le mode le plus simple et le plus rapide pour les demandes de ce genre.

---

# VENTE A L'ÉTRANGER

L'expédition à l'étranger ne se fait qu'après réception du montant de la commande, en mandat international ou toute autre valeur sur Paris.

---

## ENVOI GRATUIT SUR DEMANDE

du

# *Catalogue Général*

de là

## LIBRAIRIE ESPAGNOLE
## LIBRAIRIE PORTUGAISE
## LIVRES CLASSIQUES
## FONDS MIGNE